学習用語で深まる国語の授業

小学校 中学校

実践と用語解説

［編著］工藤哲夫・中村和弘・片山守道

東洋館出版社

はじめに

国語の授業で文章を読むとき、一読して文章の大意を捉えて「読めた」気になって、この後、授業で読み込んでいくことに、意欲的になれないといった子はいないだろうか。

子どもたちが主体的に学びに向かうためには、どこに目を付け、どのように取り組めばよいのかという、学ぶ内容を捉える観点や学びの方略に対する概念などを得ていく必要がある。そのような観点や概念などを表す、子ども自身が習得して活用していくべき専門用語が学習用語である。

「キツネも登場人物？」「要約と要旨ってどう違うの？」「推敲するってどういうこと？」……学習用語の意味を知り、子どもたちが自ら学習用語を活用していけるようになることは、子どもたち自身の言葉の学びに対する実感を生むことにつながる。

現行のほとんどの小・中学校国語教科書の巻末には、学習用語が整理されて掲載されており、近年、学習用語の意義は認められ、その指導の必要性も高まってきている。

しかしながら、学習用語を獲得することは、単なる知識・技能ではなく、また、それ自体が国語科学習の目的というわけでもない。新学習指導要領で示されている育成すべき資質・能力でみるならば、「知識・技能（何を理解しているか、何ができるか）」と「思考力・判断力・表現力等（理解していること・できることをどう使うか）」を結び、「学びに向かう力」を培うための子どもにとってのツールとなるものであるといえよう。

また、「言葉による見方・考え方」を働かせるためのツールとなるものであるということもできる。例えば「序論・本論・結論」という学習用語を知り、活用することで、文章構成に着目し、言葉と言葉の関係を捉え、意味付けることができることになる。

小・中学生の子どもたちが系統的に「国語科学習用語」を習得し、活用していくことができるよう、本書の第２章には、具体的な学習用語を取り入れた小・中学校の実践事例15本をまとまりごとに示している。また、第３章には、子どもたち自身が習得・活用してほしい主な学習用語128語を整理して意味を解説している。必要な用語の解説をコピーして児童・生徒に配るなど活用されたい。

子どもたち一人ひとりが「国語科学習用語」を身に付け、活用していくことにより、全国の国語教室で、より主体的・対話的で深い、言葉の学びが展開されることを心より願うものである。

2019年３月

編著者

もくじ

第 1 章

理論編

国語科学習用語の意義と役割

学習指導要領が改訂され、コンピテンシー・ベースで教科の目標・内容が整理され、国語科では「言葉による見方・考え方」を駆使して学ぶことが求められている。

子どもたちの「主体的・対話的で深い学び」を生むためには、子どもが「学習用語」を獲得することで「何を」「どのように」学ぶのかを自覚することにより、「言葉による見方・考え方」を働かせていくことが大切である。以下、今、求められる「国語科学習用語」の意味や選定の方法などについて説明していく。

1 ◦「学習用語」の必要性

(1) 本書の目的

国語の授業は、教員から「何をどう教えればいいのかがはっきりせず難しい」といわれることが多い。一方、子どもたちからも、「どのように勉強すればいいのか分からない」とよくいわれる。このように、国語の授業に意欲的になれない教室、その要因はどこにあるのだろうか。

国語科の学習を充実させるためには、ある程度、学習の観点や技術などに着目し、子どもたちが意識して使える技能としていかねばならない。そうすることで授業での「学び」が明確になる。そして、そのためには、そうした観点や技能についての概念を端的に表す言葉が必要となってくる。これが「学習用語」である。しかしながら、子どもに提示し子どもが獲得していく「学習用語」をどう指導するべきかということについては、個々の教師の判断にゆだねられていて非常に曖昧なのが現状で、十分に整理・系統化されているとはいい難い。教師のための指導用語・授業用語は多々あるものの、「指導用語≠学習用語」であり、子どもの立場に立って、いつどのような言葉を獲得することが必要なのかということについて、検討していく必要がある。

本書の目的は、小・中学校での国語科学習において子ども自身が使える学習用語、すなわち「国語科学習用語」を系統的に提示できるよう選定し、子どもが「国語科学習用語」を獲得し使えるようにしていくことで、個々の国語の学びがより「主体的・対話的で深い学び」になるような授業づくりをしていこうということである。

(2)「学習用語」を獲得する意味

学習用語に限らず、言葉を知ることは、その言葉が指す概念を明確にし、意識化するのに役だつ。

例えば、自動車の運転教習で「キープレフト」という言葉を知り意識することで、安定した走行のポイントを自覚することができるようになる。このように言語化することによって、無意識に感じ取っていたことも意識できるようになり、その意味をより深く捉えることができるようになる。

話したり書いたり読んだりと日常的に日本語を使っているものの、いざ授業となると、どんなことをどのように学べばいいのかがみえにくい国語科の学習では、「学習用語」を知ることの意義もより大きいのではないだろうか。

「学習用語」を獲得することは、学習の目的ではない。国語科の学習を充実させる手だてとして、次のような意味があると考えた。

> ①「話す・聞く」「書く」「読む」などの言語活動を主体的かつ円滑に進めるためには、子どもがその内容や観点などについての概念を獲得することが必要である。
> ②「国語科学習用語」とその意味を知ることが、概念をつくり意識化するための有効な手だてとなる。

2 「国語科学習用語」とは

(1)「学習用語」とは何か

「学習用語」は、学習基本語彙など子どもたちの広範な語彙使用を問題とするのではない。国語科授業で子どもが獲得・使用すべき専門用語に限定して選定し、具体的な授業の構想・実践・評価も重ねつつ国語科における実用的な学習用語、すなわち「国語科学習用語」の配当について検討してきた。

「学習用語」に近い意味で使われる言葉に、「国語科専門用語」「指導用語」「授業用語」「基本用語」などがある。これらは、指導者のために、学習指導上必要な語句を選定しているものであることが多い。それに対して、「学習用語」は、子どもが学習に取り組むうえで獲得することが必要と思われる語句を選定し、子どもが主体的に学習活動に取り組み、学習理解できるようにすることを目的としているものである。

以上のことから、「国語科学習用語」を次のように捉えていくことにした。

> 「国語科学習用語」は、国語科において必要な学習内容や学習方法などを表す語句であり、国語科の学習を円滑かつ効果的に行うために、子どもが国語科の学習で獲得し、使用していく専門用語である。

本書では、「国語科学習用語」の必然性と実用性を追究することに重点を置き、「どの国語教室で学んだ子も、少なくともこの『学習用語』は学んでいるべき」という発達段階に即した基準を探るため、最低限学ぶべき「学習用語」は何かという観点から精査することを大切にしたいと考えている。

(2) 対象とする「学習用語」

さまざまに工夫される授業において使用される「国語科学習用語」は多種多様であり、それらを網羅しようとすると膨大なものとなる。しかしながら、実際の授業場面での使用や子どもの学びを想定していくと、子どもが獲得すべき「国語科学習用語」を厳選し、数を絞り込んでいくことが必要である。

焦点化を図るとともに実用性を高めるため、原則として次の条件に当てはまる語は、本書における「国語科学習用語」からは除くこととした。

【本書では「国語科学習用語」として取り上げない語】

① 日常生活でも用いていて、特別な意味の説明を要しない語

×例）様子、気持ち、できごと

国語科の授業において、ほかの「学習用語」と同様に用いられ、子どもが獲得・使用していくが、専門用語としての意味の特異性もなく、生活語彙として、日常的に用いる中で意味理解ができていると考えられる語は除くことにした。

② ほかの教科学習等においても共通して使用する用語

×例）板書、グループ学習、ワークシート

国語科固有という観点から、他の教科学習などでも用いるような「学習用語」は、原則として取り上げないことにした。

③ 学習内容ではなく、具体的な学習方法や活動を指す用語

×例）動作化、紙芝居、吹き出し、心情曲線

「国語科学習用語」の中には、学習内容ではなく、学習活動を意味する語句もあり、これらを獲得・使用することも大切なことである。しかしながら、本書では、学習方法や活動を指す用語は省いていくことにした。言語活動の充実が謳われている中、これらの用語を省いたのは、学習方法や活動は、学習の目的や教材に応じて幅広く選択されるべきものであり、学習内容と同じ土俵で発達段階に即した系統性を示していくことに難しい面があると考えたからである。

ただし、「話し合い」「音読・朗読」「パネル・ディスカッション」など学習内容と切り離せず、指導事項と直接的にかかわりの強い活動を指す語は入れている。

このように、「最低限獲得すべき」用語に限定した意図は、国語科授業づくりの指標として「これだけは」という用語を明確にすることであり、ここで取り上げない「国語科学習用語」を扱うことを否定する意味ではない。

もちろん、さまざまな面を兼ね備えている語もあれば、判別の難しい語もある。あまり厳密に考えず、判断に迷うものは、候補に入れておき、一語一語検討していくこととした。

3 ・「国語科学習用語」選定の方法

(1) 選定の方法

本書では、以下の方法により、総計132語の「国語科学習用語」を取り上げ、それらの用語の配当時期の検討や意味解説の吟味、用語を用いた実践などを進め、まとめている。

①　現行国語教科書における「国語科学習用語」の使用状況を調査し、学年別・領域毎の出現数を整理・分析する。

○平成27年度版小学校国語科全教科書
（光村図書、東京書籍、教育出版、学校図書、三省堂書店の全５社）

○平成28年度版中学校国語科全教科書
（光村図書、東京書籍、教育出版、学校図書、三省堂書店の全５社）

②　学習指導要領における国語科専門用語を抽出し、その出現状況を整理・分析する。

○平成20年告示　小学校学習指導要領　第２章　第１節　国語
○平成20年告示　小学校学習指導要領解説　国語編
○平成20年告示　中学校学習指導要領　第２章　第１節　国語
○平成20年告示　中学校学習指導要領解説　国語編
○平成29年告示　小学校学習指導要領　第２章　第１節　国語
○平成29年告示　小学校学習指導要領解説　国語編
○平成29年告示　中学校学習指導要領　第２章　第１節　国語
○平成29年告示　中学校学習指導要領解説　国語編

③　先行研究・文献における「国語科学習用語」の選定状況を参考にしながら、領域毎の「国語科学習用語」を絞り込む。

○『小学校　子どもが生きる　小学校国語科学習用語　授業実践と用語解説』
東京学芸大学国語教育学会　大熊徹・片山守道・工藤哲夫編著
（東洋館出版社、2013）ほか

④　①、②、③を踏まえ、小・中学校教員並びに国語教育研究者による経験的判断を加味して「国語科学習用語」候補を選定し、発達段階に応じた「国語科学習用語」の系統的な配当や各用語の意味解説について精査・検討する。

(2)「学習用語」の選定

学習指導要領及び指導要領解説における取り扱いを参照しながら、用語の妥当性について吟味・検討し、領域間の関係性を探って、全体の語の分布を14ページの表に整理した。

（片山守道）

新学習指導要領と学習用語

1 国語科の内容構成と授業づくりに向けた課題

平成 29 年版の学習指導要領では、国語科の内容は次のように構成されている。

〔知識及び技能〕
(1) 言葉の特徴や使い方に関する事項
(2) 情報の扱い方に関する事項
(3) 我が国の言語文化に関する事項
〔思考力、判断力、表現力等〕
A 話すこと・聞くこと　B 書くこと　C 読むこと

まず、〔知識及び技能〕では、これまでも扱われてきた文法や語彙、あるいは伝統的な言語文化や書写のほかに、「情報の扱い方に関する事項」が設けられている。国語科におけるこれらの知識・技能を、どのように捉え直したらよいのだろうか。

次に、話すこと・聞くこと、書くこと、読むことが、〔思考力、判断力、表現力等〕として示されている。話す・聞く・書く・読むという言葉を使った活動と、思考力や判断力の育成とは、どのようにつながっているのだろうか。

また、国語の知識・技能と、読んだり書いたりする際に働く思考力や判断力とは、どのように関係しているだろうか。両者は、どのように互いを支え合っているだろうか。

こうした点から、国語科の授業で学習用語を学ぶことの意味を考えてみよう。

2 学習用語が〔知識及び技能〕と〔思考力、判断力、表現力等〕をつなぐ

知識は、単に覚えて量を増やすことがねらいではなく、より深く考えたり、より適切に判断したりするために活用されるものである。また、考えたり判断したりすることを通して、知識同士がつながったり、新しい知識が必要となったりする。

例えば、「順序」という学習用語を学んでいくことで、順序とはどのようなことかを理解するとともに、「この文章はどのような順序で書かれているか」に着目して読んだり、「どの順序で話すと、聞いている人に分かりやすいか」を考えたりすることができる。「順序」という用語を学ぶことが、「順序」という視点から文章の読み方を考えたり、話し方を工夫したりすることにつながっていくのである。

「順序」のほかに、「中心」「理由・事例」「原因・結果」なども、同様である。その用語を学び、その知識を得ることで、話す・聞く・書く・読むという活動の中で、その用語を

使って話し方や書き方を考えたり判断したりすることができるようになる。

そして、用語を通してこれらの知識が蓄積されていくことで、例えば、文章を読む場合には、「順序はどうなっているだろうか」「中心に当たるのはどの部分だろうか」「理由や事例は適切に書かれているだろうか」「原因と結果の書き方に納得できるか」など、一つの文章をさまざまな視点から考えたり、判断したりできるようになっていく。

さらに、「この文章の筆者の工夫を捉えるには、順序に着目して読むとよいだろうか」「それとも、事例の用い方に着目したらよいだろうか」「あるいは、原因と結果の書き方に工夫があるのではないか」などのように、目的や課題に応じて、どの視点から読んで考えればよいかという、選択肢が増えることにもつながるのである。

学習用語を学ぶことが、読んだり書いたりする中で、深く考えたり適切に判断したりすることにつながるというのは、このような理由からである。

3 ◦「主体的・対話的で深い学び」と学習用語

読んだり書いたりする活動が、ただ内容を読みとったり、教科書の作文例をまねして書かせたりするだけのものにならないように、学習用語を有効に活用したい。どう読んだらよいのかを考えたり、どのように書き方を工夫すればよいのかを判断したりしながら、読めるようになっていく、あるいは書けるようになっていくためには、その思考や判断の大元となる知識・技能が必要であり、学習用語はその大切な部分を担っている。

そう考えれば、学習用語を学ぶことが、「深い学び」の実現につながることもイメージしやすい。学習用語を身に付けた子どもたちは、「文章をどのような視点から読めばいいだろうか」「相手に分かってもらうには、どのように構成を工夫して書けばよいだろうか」と、思考を働かせ判断しながら、読んだり書いたりすることができるようになる。それが、国語科の目標に位置付けられた「言葉による見方・考え方」を働かせながら言語活動に取り組むということの一つの姿であり、つまりは深い学びの実現にもつながるものであるといえる。

また、学習用語を使うことで、「この文章は、筆者が事例の使い方を工夫していると思うよ。例えば、○段落の……」「ほんとだ、気が付かなかったな」などのような話し合いが、子ども同士でできるようになっていく。かたちだけの話し合いではなく、資質・能力を高めていくための対話的な学びの実現へとつながるのである。さらに、「このように読んでいこう」「こんな書き方を工夫しよう」と学習の見通しをもち、何を学んだか、どんなことが分かったのかを振り返りやすくなる。これらのことは、主体的な学びの実現にもつながっていく。

学習用語を学び授業で活用することは、「主体的・対話的で深い学び」を通して、国語科の資質・能力を育成することと密接にかかわってくる。

（中村和弘）

「国語科学習用語」整理表

下線部は主に中学校で扱う用語

<table>
<tr><th colspan="3">〔知識及び技能〕</th></tr>
<tr><td rowspan="2">(1)言葉の特徴や使い方</td><td colspan="2">五十音　主語・述語　修飾語　指示語　接続語　和語・漢語・外来語　敬語　複合語　擬音語・擬態語　反復　倒置法　比喩　擬人法　言葉づかい　音読　朗読　黙読　方言・共通語</td></tr>
<tr><td></td><td>仮名　ローマ字　音読み・訓読み　画数・筆順　部首　送りがな　かぎ・かっこ　句読点　熟語　文・文章　口語・文語　漢字</td></tr>
<tr><td>(2)情報の扱い方</td><td colspan="2">順序　中心　構成　展開　はじめ・中・終わり　序論・本論・結論　理由・事例　原因・結果　具体・抽象　比較　分類　批評　相違　類似　構造　共有</td></tr>
<tr><td>(3)我が国の言語文化</td><td colspan="2">ことわざ　慣用句　故事成語　俳句　短歌　古文　漢文・漢詩　落語　能・狂言</td></tr>
</table>

<table>
<tr><td colspan="2" rowspan="2">二領域にまたがる語</td><td colspan="2">取材　アンケート</td><td>←表現領域特有の語</td></tr>
<tr><td>文字言語特有の語→</td><td colspan="2">見出し　段落　題名</td></tr>
<tr><td rowspan="2">領域固有の語</td><td>内容知</td><td>話題　身ぶり
間　調子</td><td>題材　書き出し　文末
常体・敬体　材料</td><td>事例　根拠　論理　場面
登場人物　心情　情景
人物像　設定　山場
会話文・地の文　象徴
伏線　主題　連</td></tr>
<tr><td>方法知</td><td>質問　司会　議題　提案
合意形成</td><td>箇条書き　引用　出典
編集　推敲　清書</td><td>キーワード　対比　筆者
要点　要旨　要約　作者
語り手　視点　あらすじ
暗唱</td></tr>
<tr><td colspan="2" rowspan="4">活動ジャンル／文種ジャンル（形態）</td><td colspan="3">感想／感想文　意見／意見文　説明文　報告／報告文　記録文</td></tr>
<tr><td colspan="2">アドバイス　推薦／推薦文　紹介／紹介文　メモ</td><td>←表現領域特有の語</td></tr>
<tr><td>文字言語特有の語→</td><td colspan="2">観察文　物語　詩　随筆</td></tr>
<tr><td>スピーチ　インタビュー
話し合い　討論
パネルディスカッション
プレゼンテーション
ポスターセッション
ワールドカフェ
ファシリテーション・グラフィック</td><td>手紙　日記</td><td>伝記　エピソード</td></tr>
<tr><td colspan="2">領域</td><td>A　話すこと・聞くこと</td><td>B　書くこと</td><td>C　読むこと</td></tr>
<tr><td colspan="5">〔思考力、判断力、表現力等〕</td></tr>
</table>

第2章

実践編

情報の扱い方

「情報の扱い方」は、平成29年度版学習指導要領の〔知識及び技能〕の中に位置付く一事項である。新設された事項のため、本書ではひとまとまりとして扱い、授業の組み立て方を提案する。

〔情報の扱い方〕で学習する主な国語科学習用語

順序　中心　構成　展開　はじめ・中・終わり　序論・本論・結論　理由・事例　原因・結果　具体・抽象　比較　分類　批評　相違　類似　構造　共有

学習用語「順序」

なるぞ　たんぽぽ　はかせ

―事柄から時間の順序へ―

◇「たんぽぽ」（東京書籍）・「たんぽぽのちえ」（光村図書）

1 ◦「学習用語」の扱い方

本単元で扱う学習用語「**順序**」は、学習指導要領に新設された「情報の扱い方に関する事項」の「情報と情報の関係」に位置付くものであり、共通、相違、事柄の**順序**の関係性から書かれた情報と情報の関係を捉えることと記されている。

筆者の考えを理解するには、そこに書かれている情報と情報がどのように関係しているかを理解しなければならない。特に低学年では、その関係を事柄の**順序**として押さえようとしている。

事柄の**順序**は、時間、手順、重要度などの観点で分類することができるが、本単元では、二種類の**順序**の観点で書かれた、たんぽぽについての説明文をくらべて読むことで、筆者の大切にした視点や論理に迫ることができると考える。

教材一つ目の「たんぽぽ」は、筆者の科学的視点が明確で、たんぽぽが丈夫な草である原因を、目にはみえない根から始めて、花、実、わた毛や茎との関係性の**順序**をもって説明している。また、数値をはっきり出すことで子どもの実感をより明確なものへ導くよさも併せもっている。

一方、教材二つ目の「たんぽぽのちえ」は、たんぽぽの一生を時間的な**順序**に沿って物語調の文体で説明しているため、子どもたちは感情移入しやすい。

二つの趣の違う教材文をくらべて読むことで、情報、書き表し方、筆者の視点の違いなどに気付き、「情報と情報の関係」で扱う「事柄の**順序**」について、さまざまな**順序**が存在することへの理解を更新していくことになる。

また、説明対象が身近で観察可能な「たんぽぽ」であるため、主体的に読みくらべを行い、二つの説明的文章と対話しながら、論理的な思考の枠組みと説明対象への一層の理解とを同時に獲得する、深い学びが可能となると考える。

2 ◦「学習用語」を生かす授業の実践

（1）単元の目標

○**順序**には時間の**順序**以外に事柄の**順序**や重要度の順など、情報と情報との関係によって

並んでいることについて理解できる。　〔知識及び技能〕(2) ア

○時間的な**順序**や事柄の**順序**などを考えながら文章の構造を大づかみに捉え、そのことを手がかりにたんぽぽについての説明内容を読みとることができる。

〔思考力、判断力、表現力等〕C 読むこと (1) ア

○二つの説明的文章の書き手がたんぽぽをどのように捉えているかを考えるため、重要な語や文を考えて選び出せる。　〔思考力、判断力、表現力等〕C 読むこと (1) ウ

○二つの説明的文章をくらべて読み、たんぽぽの捉え方の違いを理解しようとする。

〔学びに向かう力、人間性等〕

(2) 単元の指導計画

第一次 (4時間)　「たんぽぽ」を順序に気を付けて読み深める。

(主な学習活動)

・読み聞かせを聞いたあと、自分でも読み、初読の感想をまとめる。

・感想を交流し、学習計画を立てる。

・本文に説明されている**順序**に沿って、書かれていることとの関係性を読み深めていく。

(留意事項)

・筆者の科学的視点から観察した根、花、茎の関係性を、事柄の**順序**として意識させる。

第二次 (3時間)　「たんぽぽのちえ」を順序に気を付けて読み深める。

(主な学習活動)

・読み聞かせを聞いたあと、自分でも読み、初読の感想をまとめる。

・本文に説明されている**順序**に沿って、書かれていることとの関係性を読み深めていく。

(留意事項)

・筆者がたんぽぽの一生に寄り添い、時間的**順序**で説明していることを意識させる。

第三次 (1時間)　二つの説明文を順序に着目して整理し、筆者のものの見方に迫る。

(主な学習活動)

・二人の説明の仕方の**順序**の違いに気付き、それぞれの筆者の大切にしていることや説明の分かりやすさなどをくらべて、感想をもつ。

(留意事項)

・時間的**順序**以外にも物事を説明するのに適している事柄の**順序**があることを意識させる。

---

(3) 授業の実際

第一次の様子 ―― 事柄の順序　仲間を増やしていくための研究

1時間目

まず、絵本の読み聞かせから出会いを始める。そこには、たんぽぽの長い根や小さな花がたくさん並んで描かれていて、その数の多さに子どもたちは圧倒され、惹き付けられる。そのあと、テキストを与え自分の力で本文を読み、感想を書かせた。絵本の印象そのままに、それぞれの機能に関する感想をもった。その感想を板書すると、それぞれ違う部分に感動している友達の存在に気付く。そこで、一人ではなかなかなれない「たんぽぽ博士」をみんなの力でめざさないかと誘いかけ、本単元が生まれた。

2時間目

板書されたたんぽぽの部分ごとの感想をもとに、どのような計画で学習を進めるかを子どもたちに尋ねたところ、テキストに出てくる順で考えていけば分かりやすいということになり、形式段落ごとに、たんぽぽのどの部分について書かれた段落なのか確認していくことにした。たんぽぽの部分ごとに説明していることに気付き、その意味段落ごとに学習を進める計画が立った。

3・4時間目

①根についての説明が書かれている段落を音読し、確認する。そのあと、子どもたちは学習範囲を読み進めながら、必要な情報をノートに書きとり、その内容を交流する。

根は、地中で100cm以上にも伸び、たんぽぽを支え、栄養を大地から集めている縁の下の力もちであるとまとめる。

②花についても同様のパターンで意見交流する。

日光に左右され花弁が開いたり閉じたりすることに気付き、しかも小さな花びらが180枚以上も集まっていて、その一つひとつに実が付き、わた毛になるという、花と実の関係に話が広がっていった。

③続けて茎の役割についても同様に進めた。

実の熟し具合で茎が低く倒れているときと、高く起き上がるときがあることを読みとり、わた毛は、晴れた日に開き風によく当たることで遠くまで飛ぶことを確認する。教師は、花よりわた毛の茎の方が高く伸びている様子の絵を描き理解を促すと、子どもたちは茎が高く起き上がるのには理由があることに気付く。また、前時で小さい花弁一つに実が一つできることを確認したことで、わた毛の理解にもつながった。根から栄養をとり花が咲き実が熟し、わた毛とともに種が飛んでいくことを教師が絵を描いて説明を加えると、「たんぽぽ」では、仲間を増やしていくための関係を説明の**順序**としていることに気付いた。

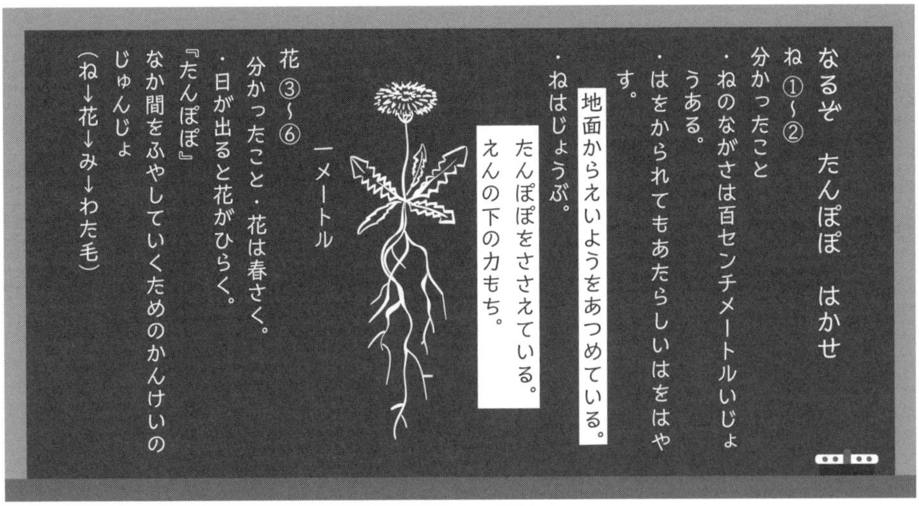

第二次の様子――時間の順序　たんぽぽの一生に寄り添う

１時間目

「たんぽぽ」を学習したあと、たんぽぽ博士になれたかと問うと、まだ不安があるということになり、もう一冊の「たんぽぽのちえ」を読み聞かせる。すると、なんだか書かれ方が違うことに気付き、学習を継続する。

２・３時間目

今まで学習してきた説明文と同じ学習計画でいいかと尋ねると、書かれている**順序**が違うので一緒ではできないと子どもが反論する。どのような学習計画がよいか、子どもが考えるために、本文を音読することにした。しばらく音読していっても、花や根といったま

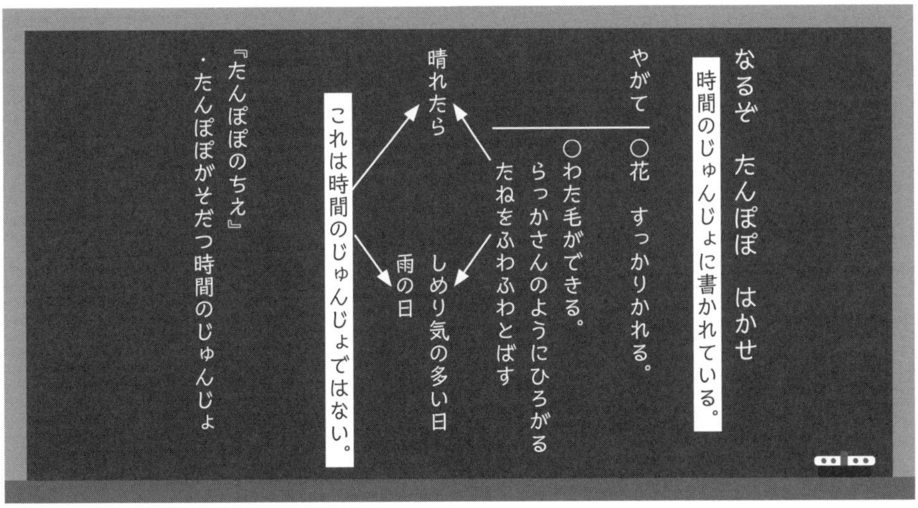

とまりで段落が区切れていないため、「たんぽぽ」とは違う**順序**になっていると子どもたちは主張する。では、どんな**順序**になっているのか考えさせると、たんぽぽが育っていく時間的**順序**で書かれていることに気付く。

そこで、教師は時間の経過や時間を示す言葉に着目して学習をまとめることとなった。

第三次の様子 ── 順序の違いから、お互いの説明のよさに迫る

1時間目

導入では、別々に読んできた二作品の特徴を確認し、真の「たんぽぽ博士」になるために二作品をくらべて読んでみることを提案する。

そこで、学習内容を振り返るために二作品にはどんな内容が書かれていたか振り返らせ、どんな書きぶりであったかを思い起こさせた。

・「たんぽぽ」は、仲間を増やしていくための**順序**
・「たんぽぽのちえ」は、成長を表す時間の**順序**

それぞれの**順序**の特徴を確認して、学習課題を提示した。

「二つのお話から学んだことを整理して、たんぽぽ博士になろう」

次に「たんぽぽ」と「たんぽぽのちえ」の学習で学んだことを振り返る。

〈たんぽぽ〉

○根は 100cm 以上ある。
○日が差すと花が開く。
○葉を取られてもまた生えてくる。
○茎が倒れて実が熟す。
○春の晴れた日に咲く。
○わた毛一つひとつに実がついている。
○小さい花の集まりでできている（180 枚位）。
○晴れた日にわた毛は開く。
○花が夕方閉じる。
○高く伸びた茎のわた毛には風がよく当たる。

〈たんぽぽのちえ〉

○黄色い花が咲く。
○晴れた日に開く。
○二、三日経つと花が黒っぽくなる。
○湿り気の多い日や雨の日はすぼむ。

◯実を太らせるために栄養を送っている。
◯背伸びをするように軸がぐんぐん伸びる。
◯わた毛ができる。
◯わた毛は風のある日に遠くまで飛ぶ。
◯わた毛が落下傘のように開く。

振り返ったあと、それぞれの作品のよかったことを思い出してノートに記述する。第二次で学習したノートを振り返りながら書いてもよいことも伝える。

T1　：「たんぽぽ」のよかったところはどんなところですか。
C1　：一つのまとまりごとに書いてあるから読みやすい。
T2　：どんな**順序**でしたか。
C2　：根、花、実、わた毛、葉、茎……。
T3　：葉と茎は実のところだね。それぞれまとまりごとに書いてありました。だから、分かりやすかったのですね。
C3　：挿絵だけでも、文章を読まなくても分かりやすい。
T4　：絵だけでも分かりますね。
C4　：まとまっていたから考えやすかった。
C5　：筆者が苦労して調べて書いているのがよかった。
T5　：例えば 180 枚の花弁や根が 1 メートルの部分だね。
C6　：一つひとつの特徴が書いてある。
C7　：特徴の説明が書いてある。
T6　：この書かれた**順序**にはどんな意味がありましたか。
C8　：根から栄養をとり花が咲いて実がなり、わた毛になって仲間を増やしていく**順序**です。
C9　：葉も茎の説明もありましたが、筆者は、仲間を増やすための秘密を苦労して観察したり調べたりしたんだと思います。
T7　：それは、筆者の「たんぽぽ」の見方ということになりますね。
それでは「たんぽぽのちえ」はどうですか。
C10：たとえがたくさんあって分かりやすい。
T8　：例えばどんなことですか。
C11：落下傘……。
T9　：それだけ？　まだあるんじゃないかな。
「なになにのように」だったよね。背伸びは？　これそうでしょう。
C12：仲間を増やす。
T10：休み、ぐったり倒れる、もありますね。人がしているように書いてあるから分かりやすかったのですね。

C13：時間の**順序**が分かりやすかった。

C14：わた毛が飛ぶときの様子は、晴れのときと雨のときと分けて書いてあったよ。

C15：そして最後のまとめにつながっていた。

最後は、それぞれのよさを確認し、**順序**立てて書かれていることによって筆者のいいたいことが分かりやすくなっていることに気付き、重ねて読んできたために、筆者二人のたんぽぽの捉え方の違いが分かり、「たんぽぽ博士」になれたことを子どもたちと確認する。

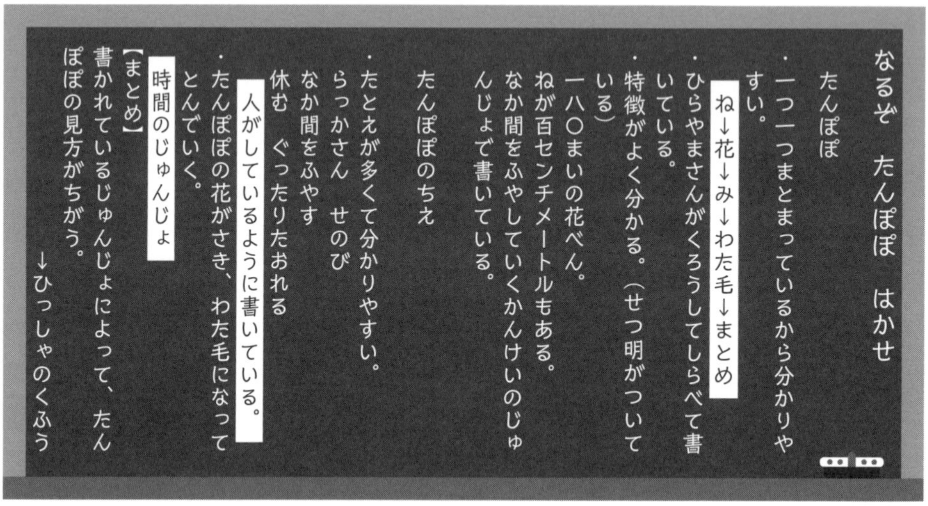

そして、学習感想を書いて学習を終えた。

（4）単元の評価

> A児：『たんぽぽのちえ』は育っていく**じゅんじょ**がくわしく書いてあっていいと思いました。
>
> B児：『たんぽぽ』はなか間をふやしていくための**じゅんじょ**にまとまっているから分かりやすい。
>
> C児：二つの説明文をつづけて読んだので、書いた人がたんぽぽを読む人にどう伝えたかったのかが分かりました。

このように、子どもたちの学習感想から、「**順序**」について、時間的**順序**、事柄の**順序**の両面を意識できていたことが分かる。また、たんぽぽを筆者がどのように見ていて、読者にどのように伝えたかったのかまで意識できる子もいた。このことから、「**順序**」を意識させることで、テキストの内容を読みとることが容易に行えたことが分かる。また、筆者がどのようなものの見方をして説明対象と接しているかまで無理なく対話することができたことは、文章の構造を捉えることにもつながっている。つまり、単元として目標を達成していることになるだろう。この先、この経験を低学年でしたことで、中・高学年と学習が積みあがったとき、自分の経験や既習知識と筆者の視点とを意識して文章と対話する子に育つと考える。

3 ◦「学習用語」を扱うことで得られた学び

本単元を振り返ると、各々学んできた性質の異なる**順序**を同一単元内で扱うことで、「**順序**」という学習用語を、説明文を読むための指針としての、知識・技能として獲得し活用できるようになった。

まず「たんぽぽ」の場合、子どもたちは事柄（根・茎・花・わた毛など）のまとまりを意識した。そのあと、どうして根から書き始めてあるのかを、筆者の考えを想像しながら内容を読みとる糸口とし、根はすべてを支える源であることに気付いた。つまり、**順序**を意識したことによって、筆者のものの見方を感じとったことになる。

続いて「たんぽぽのちえ」では、「文章にはまとまりがあるから読みやすい」ということを学習してきているので、どんなまとまりで書かれているかを気にしながら説明文を読んだ。すると、**順序**は**順序**でも時間の**順序**に並んでいることに気付き、筆者は何を大切にして「たんぽぽ」という対象を伝えたかったのかを考えた。このように、「**順序**」という「情報と情報との関係」の知識・技能を獲得し、どんな**順序**なのかを気にすることで、説明の**順序**から筆者のものの見方を読みとるという思考・判断を自然のうちに経験することになったのである。

（大塚健太郎）

学習用語「理由」「事例」

ゆめのロボットを考えよう

―理由や事例を述べることで、説得力のある文章をつくる―

◇「『ゆめのロボット』を作る」（東京書籍）

1 ◦「学習用語」の扱い方

自分の考えを発信するとき、ただやみくもに話したり書いたりするだけでは相手に伝わらない。小学４年生もこれまでの学習・生活経験からそのことを感じている。そこで、**理由**や**事例**を加えることによって、より説得力をもつことを実感できる授業を考えた。考えを支える**理由**が加わることによって、聞き手や読み手は「なるほど」と思ったり、「そういうことか」と納得したりできる。**事例**は、なぜ必要なのか。話し手や書き手は、表現するときに「具体的なイメージ」を思い浮かべているのではないだろうか。その具体を、**事例**として表すことによって、聞き手や読み手が具体のイメージを描きやすくすることができる。

本単元では、こんなロボットがあったらいいなと思う「ゆめのロボット」を考える。そのロボットが必要だと思う**理由**と、どのような場面で使うのかという**事例**を考えることで、子どもたちがより説得力のある表現をできることをめざした。

まずは、ロボット研究者である小林さんへのインタビュー記事を読み、続けて小林さん自らが執筆した説明文を読む。インタビューの中で、小林さんは「そもそもロボットとは何か」「今研究しているロボットのこと」「研究を始めた動機」「今研究しているロボットは他のロボットとどう違うのか」「これからのロボット」について答えている。そのあとに続く説明文では、小林さんが研究している「着るロボット」である「マッスルスーツ」と「アクティブ歩行器」について説明されている。

インタビューと説明文を併せて読む意義は何か。インタビューでは、小林さんがロボットを研究している**理由**が詳しく説明されており、説明文では、二種類のロボットをどのような場面でどのように使うのか、具体的な**事例**が説明されている。子どもたちは、二つの文章を読むことを通して、**理由**と**事例**があることによって、説得力のある分かりやすい文章になることを実感する。また、小林さんの思いと具体的なロボットの様子を知ることで、自分たちもこんなロボットを作ってみたいという思いをもつ。

子どもたちは、学んだことを活用してみたいと思うだろう。新しい知識や方法を知ったら、どうにか自分なりに表現しようとする。その思いを大切に、自分が考える「ゆめのロボット」について書かせていく。

ねらいは「ゆめのロボット」を作りたい**理由**と、どのように使うかという**事例**を明確にできることとした。また、考えを支えるための**理由**と**事例**を考えることを通して、自分たちの生活を見つめ直し、その課題や解決するための手立てを考えるきっかけにもなることを想定し、授業を構成した。

2 ◦「学習用語」を生かす授業の実践

(1) 単元の目標

○二種類の文章のつながりを意識して読むことを通して、考えとそれを支える**理由**や**事例**の関係を理解することができる。〔知識及び技能〕(2) ア

○**理由**や**事例**を明確にして、自分の考えを表現することができる。〔思考力、判断力、表現力等〕B 書くこと (1) ウ

○**理由**や**事例**を表現することで、より説得力のある文章を書こうとする。〔学びに向かう力、人間性等〕

(2) 単元の指導計画

第一次（3時間） **インタビュー記事と説明文を読み、小林さんがどのような思いや「理由」でロボットを作っているか、そのロボットを使う具体的な「事例」を読みとる。**

(主な学習活動)

・インタビュー記事を通読し、小林さんのロボットへの思いを知る。

・小林さんがロボットを作る**理由**を読みとる。

・説明文を読み、ロボットがどのような場面・用途で使われているか、具体的な**事例**を読みとる。

(留意事項)

・「考え」と「**理由**」の違いを読みとる。

・**事例**がどのように表現されているかに気を付けて読みとる。

第二次（2時間） **インタビュー記事・説明文を読むことを通して学んだことを生かし、自分が開発したいロボットを考える。**

(主な学習活動)

・「ロボットの設計図、そのロボットを作りたい**理由**、仕組みや構造、どのようなとき・場所で使うか」をワークシートに書く。

(留意事項)

・**理由**や**事例**を明確にして、作りたいロボットについて書く。

第三次（1時間） **単元全体を振り返り、「理由」や「事例」の効果について考える。**

（主な学習活動）

・自分が考えた「ゆめのロボット」を互いに読み合い、どのような表現が伝わりやすいかを考える。

・**理由**や**事例**が明確に示されているかどうかを確かめる。

（留意事項）

・**理由**や**事例**の有無によって、伝わりやすさにどのような違いがあるかを考える。

（3）授業の実際

第一次 ―― 学習用語「理由」「事例」と出会う（習得する）

1時間目

「ロボットと聞いて思い浮かぶことは何ですか？」と、子どもたちに問いかける。「アイボ」「ペッパーくん」「将棋のロボット」など、最近話題になっているロボットを挙げる子もいれば「人の生活を助ける」「くらしが便利になる」と、その用途について言及する子もいる。ロボットが人々の生活に大きな影響を与えていることを確認したあと、ロボットの開発に強い思いをもって臨んでいる人がいることを話す。ロボット研究者・小林宏さんのことである。

東京書籍４年下には、小林さんへのインタビュー記事と小林さんが書いた説明文が続けて掲載されている。この二種類の文章を読むことで、学習用語「**理由**」や「**事例**」について学ぶ。まずは、インタビュー記事「わたしの『ゆめのロボット』」を読み、小林さんが「少しでも多くの人の役に立つ機械を作りたい」という**理由**で、ロボットを開発していることを知る。

2時間目

「わたしの『ゆめのロボット』」をより詳しく読んでいく。小林さんが開発した「着るロボット」がどのようなものなのかについて説明を読む。「着るロボット」とほかのロボットとの違いは何かという質問の答えから、小林さんが「着るロボット」の着想を得た**理由**を読みとることができる。また、今後のロボットについて問われたことへの答えから、「着るロボット」を作ろうとした小林さんの思いを読みとれるようにする。

3時間目

小林さんが執筆した説明文「『着るロボット』を作る」を読んでいく。この説明文では、前時までに学習したインタビュー記事にあった、「着るロボット」について詳しく説明されている。ここで紹介されているのは「マッスルスーツ」と「アクティブ歩行器」である。二つのロボットについて、構造とどのような場面で使うのかという具体的な**事例**が説明されている。**事例**が説明されていることで、筆者の思いがより分かりやすく伝わることを確認する。

また、二種類の文章を関連付け、**理由**や**事例**の両方を示すことで、より説得力をもった表現になることにも気付かせたい。

第二次 ―― 学習用語「理由」「事例」を入れて表現する（活用する）

1・2時間目

インタビュー記事と説明文から読みとったことを生かし、自分だったらどのようなロボットを開発したいかを考える。このとき、何も観点を示さずに考える活動を行うと、ロボットの構造を考えるだけに終始してしまう可能性がある。既習事項を生かして「**理由**」や「**事例**」につながる観点を示すことが大切である。

第一次で、小林さんが開発したロボットについて読みとったあとに、子どもたちは「自

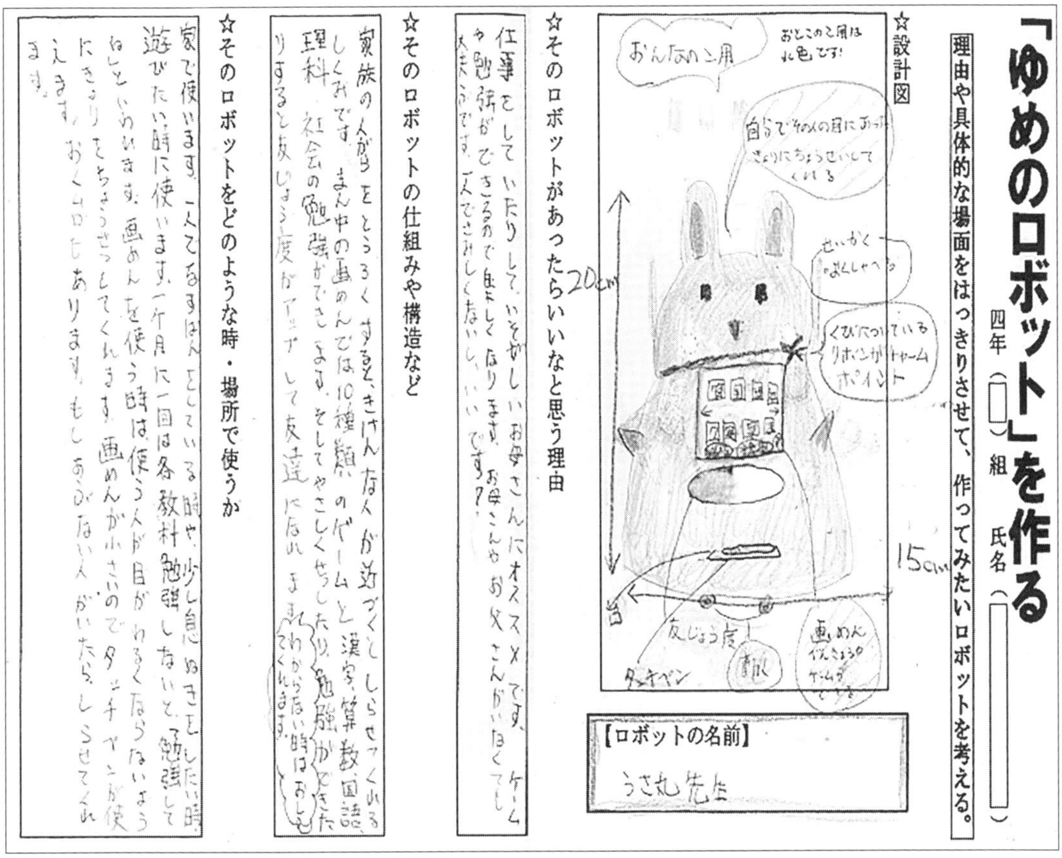
「ゆめのロボット」を作る

理由や具体的な場面をはっきりさせて、作ってみたいロボットを考える。

四年（　）組　氏名（　）

☆設計図

【ロボットの名前】
うさ丸先生

☆そのロボットがあったらいいなと思う理由

仕事をしていたりしていそがしいお母さんにオススメです。ゲームや勉強ができるので楽しくなります。お母さんやお父さんがいなくても大丈夫です。一人でさみしくないし、いいです?

☆そのロボットの仕組みや構造など

家族の人が目をとうろくすると、きけんな人が近づくとしらせてくれるしくみです。まん中の画めんでは10種類のゲームと漢字、算数、国語、理科、社会の勉強ができます。そしてやさしくせっしたり、勉強ができたりすると友じょう度がアップして友達になれます。わからない時はおしえてくれます。

☆そのロボットをどのような時・場所で使うか

家で使います。一人でるすばんをしている時や、少し息ぬきをしたい時、遊びたい時に使います。一ケ月に一回は各教科勉強しないと、勉強してねといわれます。画めんを使う時は使う人が目がわるくならないようにきょりをちょうせつしてくれます。画めんが小さいのでタッチペンが使えます。おくれ口もあります。もしあぶない人がいたらしらせてくれます。

子どもが考えた「ゆめのロボット」

分たちもロボットを考えてみたい」と意欲をみせていた。教師は、「ロボットを考えてみることはいいのだが、ただ考えるだけでは説得力がない。どうしたら自分の思いが伝わるような表現をすることができるか」と投げかけた。この問いかけに対し、「どうしてそのロボットが必要なのか、**理由**をはっきり説明するといい」「どういう場面で使うのかも説明すると説得力が増す」と、第一次での学びを生かそうとする姿勢も見られた。高学年になったら、教師からの問いかけがなくても、自分たちで学びをつなげるような姿をめざしたい。

子どもたちは、前ページに示したワークシートに『ゆめのロボット』についてまとめた。

次のような項目でまとめている。

・設計図　・そのロボットがあったらいいなと思う**理由**
・そのロボットの仕組みや構造など　・そのロボットをどのようなとき、場所で使うか

下線を引いた二つの項目が、学習用語「**理由**」や「**事例**」に当たる項目である。「そのロボットがあったらいいなと思う**理由**」と「そのロボットをどのようなとき、場所で使うか（**事例**）」を明確にするように教師からは話した。子どもが考えたロボットは、例えば、次の通りである。

【食べ物を管理するロボット】
理由：よく冷蔵庫に賞味期限が切れてしまっているものがあるから。
事例：賞味期限が切れそうなものが冷蔵庫にあるときに教えてくれる。また、美味しい食べ方を知りたいときには、その方法も教えてくれる。

【医療用ロボット】
理由：病院の看ごしさんはいつもいそがしくて大変だから。
事例：手術や往診のとき。泣いている子には子守歌を歌う。往診ではテレビ電話も使える。救急車としても使える。お年寄りをお風呂に入れてあげることもできる。

第三次 ── 学習用語「理由」「事例」の効果を考える

ロボットについて考えたあとは、**理由**や**事例**が書かれている場合と書かれていない場合について考えた。どうしてそのロボットが必要であるかの**理由**や、具体的な**事例**があると分かりやすいという声が多かった。友達が考えたロボットの**理由**を知ることで、その友達が何に困っており、何を必要としているか、その友達自身のことを知るきっかけにもなった。中には、「自分と同じようなことを考えていたのだな」と、友達の意外な一面に気付いたという子もいた。また、**事例**を知ることで、具体的な場面をイメージすることができ、読み手からも「自分もこのロボットがあったらいいと思った」という声も挙がった。

(4) 単元の評価

「**理由**」は、学校での学習だけではなく、日常生活でも使う用語である。「なぜ○○したの？」「○○だから、この人の話を聴いてみたい」「○○のために、遅れてしまいました」など、大人でも日常生活の中で「**理由**」を話している場面は多くある。

本単元における学習の中で、「**理由**」をあえて学習用語として取り上げた背景には、日常生活でのコミュニケーションに役立つ言葉の力を身に付けさせたいという教師の思いがある。子どもたちは、日常でも**理由**を含めて会話しているが、意識的に**理由**を話している子は少ないのではないだろうか。今回の学習を通して、**理由**を述べることによって、自分の言いたいことに説得力をもたせ、伝わりやすくなることを実感できたので、今後の日常会話にも生かしてほしいと願っている。

また、「**事例**」を学んだことで、具体的な場面をイメージすることができることを知ったことが本単元での学びの一つである。友達が考えたロボットをみる際に、具体的な場面が示されたことによって、「確かにそういう場面だと便利かも」「どうやって使うのかよく分かった」という声も挙がった。自分の主張に説得力をもたせるために、**事例**を入れることの効果を子どもたちは実感した。

3 ∘「学習用語」によって得られた学び

第一次では、教科書の中からインタビュー記事と説明文を読むことで、学習用語「**理由**」や「**事例**」に出会う。インタビュー記事には、主にロボット研究者である小林さんの思いが書かれているが、その中に「なぜロボットを開発しようとしているのか」という**理由**が含まれていることに子どもたちは気付く。さらに、小林さん自身が執筆した説明文では、開発したロボットを実際にどのように使っているのか、その**事例**が説明されている。子どもたちは自分が見たり聞いたりしたことと結び付けて、小林さんのロボットについて理解を深めることができた。

第一次での学びをもとに、第二次では「自分が作りたいロボット」を考えた。子どもたちと教師とで、第一次で学んだ**理由**や**事例**を明確にして示すと説得力のある表現になることを確認した。子どもたちは、なぜ理想のロボットを作りたいのか、その**理由**を自分の生活経験から考えている。ほとんどの子が、生活の中で困っていることやもっとこうだったらいいなという思いから**理由**を考えている。本単元で、**理由**を考えることによって、自分の生活を見直すという効果も得られている。また、**事例**という学習用語を知り、活用することを通して、読み手や聞き手が具体的なイメージを描けるための手立てを学んでいる。

第三次で、単元全体を振り返り、**理由**や**事例**を明確にすることで、自分の主張に説得力をもたせられることを確認した。今後、意見文や推薦文、またはディベートなどの言語活動において、本単元での学びが応用されていくことを期待している。　**（廣瀬修也）**

学習用語「比較」「分類」

三十年後、世の中はどうなってほしいか？

―意見を聞き合い、比較や分類をして考えを深めよう―

◇「未来がよりよくあるために」（光村図書）

1 ◦「学習用語」の扱い方

本単元では、さまざまな観点から、子どもたちが自由な発想で、自分たちの三十年後に、どのような世の中であってほしいかということを考え、お互いの考えを聞き合うことを通して、自分の考えを深める。このような単元において、学習用語「**比較**」と「**分類**」はどのように扱うことができるのか。または、「**比較**」と「**分類**」という学習用語を生かして、子どもが得られる学びは何かを述べる。

「**比較**」と「**分類**」であるが、国語科だけにとどまらず、日常や学習場面で使用する機会が多いと考えらえる。例えば、理科の観察や実験では、条件をそろえて**比較**することで、どの条件が適切なのかということを学習する。また、算数科では、同じ三角形の種類で**分類**するなどの学習を経験している。そのため、「**比較**」と「**分類**」という言葉に初めてふれる子どもはいないだろう。

学習指導要領解説国語編（平成29年３月告示）においては、〔思考力、判断力、表現力等〕、「Ａ話すこと・聞くこと」並びに「Ｂ書くこと」の第３・４学年と第５・６学年に記述がある。主に、第３・４学年では「集めた材料を**比較**したり**分類**したり」、第５・６学年では、「集めた材料を**分類**したり関係付けたり」とある。では、なぜ第３・４学年で学習しているはずの「**比較**」、「**分類**」を６学年で学習用語として扱うか。それは、第３・４学年では行為として**比較**、**分類**をしているが、その機能を意識して学習していない。機能とは、「伝えたいことを整理し明確にする」ことである。ここに、本単元で「**比較・分類**」を扱う意味がある。

したがって、「**比較**」と「**分類**」を学習用語として習得するというよりは、考えを整理するために、当たり前のように行っている行為を自覚的に学習場面で用いることができるように、本単元では意図していく。本単元では、「三十年後、どのような世の中になってほしいか」という課題、いわば拡散的に意見が出ることに対して、収束的に自分の考えをもったり、その考えを深めていったりするための手段として、「**比較**」と「**分類**」という学習行為が機能するということを自覚できるようにしたい。

2 ◦「学習用語」を生かす授業の実践

(1) 単元の目標

○情報と情報（自分の考えと友達の考え、または、友達同士の考え）の類似点を関連付けながら、情報を**比較**したり**分類**したりすることができる。　〔知識及び技能〕(2) イ

○三十年後の未来がどのような社会であってほしいのかを、日常生活の中から話題を集めた材料を**分類**し関係付けて、伝え合う内容を検討することができる。

〔思考力、判断力、表現力等〕A 話すこと・聞くこと (1) ア

○三十年後のよりよい社会を考えるに当たって、自分たちの考えを伝え合い、物事をみたり考えたりしていこうとする。　〔学びに向かう力、人間性等〕

(2) 単元の指導計画

第一次（2時間）　**最近のニュースから、どんな未来がよりよいのかについて考えを出し合う。**

（主な学習活動）

・最近のニュースから気になることを出し合い、社会問題に関心をもつ。

・三十年後（自分たちが大人になる頃）、どんな世の中であってほしいかを考える。

（留意事項）

・児童から多くの情報を引き出し、「**比較・分類**」の必要感をもたせる。

第二次（3時間）　**児童が考えたよりよい未来について、「比較」・「分類」を通して話題を焦点化して、話し合う。**

（主な学習活動）

・児童が考えたよりよい未来を、教科書の四つの観点で**比較・分類**する。

・それぞれの考えの中から、情報を整理してグループで話題を焦点化する。

・焦点化された話題について、自分のもっている知識や経験をもとに、意見を交流する。

（留意事項）

・異なる観点で**比較・分類**し直し、考えたいことや考えることへの見方や考え方を膨らませる。

第三次（5時間）　**「三十年後のよりよい未来」をテーマに、意見文を書く。**

（主な学習活動）

・自分が興味・関心のある問題についての現状を調べ、問題点を明らかにして、理由や根拠を明らかにして書く。

（3）授業の実際

第一次 —— 学習用語「比較」や「分類」の必要性を認識する（気付く）

1時間目

毎日の家庭学習で、新聞記事から気になる情報をとり上げている子どもがいる。その子どもが、家庭内での虐待問題について自分の考えを述べていたことを挙げ、その問題に対する意見やほかのニュースで気になることがあるか質問した。

T1 ：Aさんは、家庭学習で、気になるニュースについて自分の考えを書くようにしています。皆さんは、家庭内での虐待問題のことを知っていますか。

C1 ：知っています。

T2 ：なぜ、あのような事件が起きてしまうのでしょうか。

C2 ：いろいろな原因が考えられると思います。

C3 ：困っている人がいるのに、周りの人が気付かないとか、気付いているのに気付かないふりをしているとか。

T3 ：C3さんは、自分に子どもができたら、そんなことをしませんよね。（C3：もちろんです。）では、自分が家庭や子どもをもっているような年、三十年後の未来は、どのような世の中になっていてほしいですか。

C4 ：貧困の問題がない世の中。

C5 ：子どもの虐待がない世の中。

T4 ：Aさんが出してくれたニュースから離れてもいいですよ。

地球温暖化の解消、宇宙旅行の実現、国内生産の増加、日本文化の継承、国際紛争の解決などの発言が続く。

T5 ：こんなにいろいろなことを考えられるのですね。それでは、一人ひとりからも、どんな未来であってほしいのか、聞いてみたいですね。

一人ひとりが、自分の考えを短冊に書いて第1時は終わる。短冊の書き方としては、表面に「○○な世の中」「こうなってほしい」といった希望を、裏面に理由を書いた。

2時間目

まずは、35通りの「三十年後のよりよい未来」を列挙する（下記は、一部抜粋したもの）。

ア．国内生産を増やす　イ．公平・平等な世界　ウ．今のような世の中 エ．いじめなどの問題がない世界　オ．科学が進みすぎないでほしい カ．緑（植物）を多くしたい　キ．殺人事件やテロがなくなってほしい ク．AIのない未来　ケ．木を、もっと多くしてほしい

コ．科学で「病人」がいなくなってほしい　サ．自然がふえてほしい
シ．銃を使わない世の中　ス．個性を大事にできる世の中
セ．家の近くにテーマパークのような遊べる所を沢山作ってほしい
ソ．戦争が無くなり、みんなが安心して笑えるような世の中になってほしい
タ．国境をなくす・世界を一つの社会主義国家に
チ．働ける人（子ども）が増えている未来
ツ．ロボットや自動運転がなくなってほしい　テ．不老不死の薬の開発
ト．自分の家系を重んじ、その国の伝統を守っていけるような未来

これらをどうするかという質問をすると、似ているもので**分類**して整理したほうがよいという返答があった。この中で、似ているものを見つけるためには、**比較**しなければならないことを確認した。結果としては、右のように**分類**された。このように、**比較・分類**したことによって、児童から次の三点が話題として挙がった。

〈平等〉イ・エ・ス・タ・チ
〈自然〉カ・ケ・サ
〈平和〉キ・シ・ソ
〈科学〉オ・ク・ツ
〈医療〉コ・テ
〈その他〉ア・ウ・セ・ト

① AI（人工知能）に頼りすぎないという意見が多い。（オ・ク・ツ）
②不老不死になる必要がないのではないか。（コ・テ）
③世界を一つの社会主義国家に、というのはどういうことなのか。（タ）

これら三点について、学級全体で考えを深めることとした。①については、「ウ．今のような世の中」、つまり、これ以上発達しなくてよいという考えである。理由としては、「チ．働ける人が増える未来」と関連するのだが、AI が発達することで、人の仕事が奪われてしまうということを懸念していた。また、人間を超えた能力への恐れも抱いていた。このような姿は、生活が便利になる反面、人が自ら働いたり生活したりすることを未来でも大切にしたいという表れであり、ものの見方や考え方を深めるよい材料になっていた。それは、②の不老不死についても同様であった。命は限りあるものだから大切にしなければいけないということを改めて確認することになり、〈平等〉や〈平和〉の項目との関連を示唆しながら、よりよい未来を考える材料となった。一方で、「タ．世界を一つの社会主義国家に」の考えに対しては、反対意見が挙がった。このことは、〈平等〉という言葉の中にある「よさ」と「悪さ」について考える、よい時間となった。

第二次 ── 学習用語「比較」・「分類」行為を通して考えを深める（活用する）

3時間目

前時に、**比較・分類**したことで、「三十年後の未来」において、AI（人工知能）の発達や命の価値といった事柄についての見方や考え方の素地が、学級で共有できたと感じた。本時からは、具体的に「三十年後の未来」について自分事として考えていく段階になる。

自分が考えた「三十年後の未来」を深めていくのもいいが、前時までの話し合いを通して考えが変化した子どももいる。そこで、教科書 p.93 にある方法で、自分に配布された他の人が考えた「三十年後の未来」を**分類**した。すると、例えば、「ソ」は「新たに実現」と「社会や環境」という項目の両方の要素が強いから「真ん中の方」や、「チ」は「人」と「新たに実現」の要素が強く、社会にも関係しているから、左下の上の方など、それぞれの「三十年後の未来」という情報について関連付けを行えた。

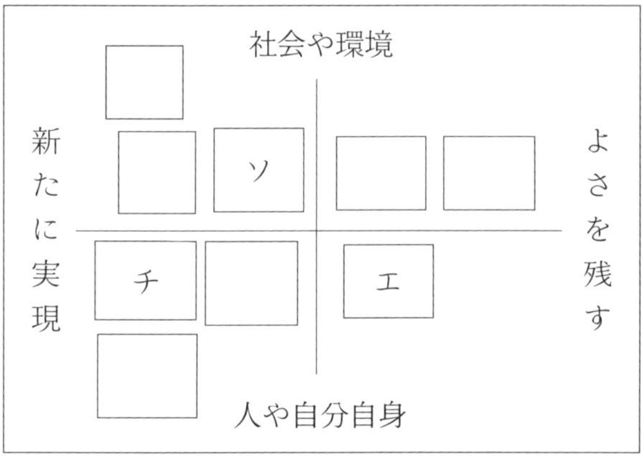

また、**比較・分類**をしてみると、右下「よさを残す」と「人や自分自身」の欄の考えが少なかった。新たな観点で**比較・分類**することで、みえていなかった自分たちの考えの偏りにも気付くことができるという利点があることを認識した。

4時間目

新たな観点で、「三十年後の未来」を**分類**した上で、グループの中で最も実現したい「未来」について話し合い、話題を整理した。前時に、**比較・分類**したことによって、見えていなかった自分たちの考えの偏り、つまり、右下「エ」をグループの中で最も実現したいと考えたり、同様な考えが多かった〈平和〉の「キ」や「ソ」に着目するグループがあったりした。

また、グループは、4人1組なのだが、一つに整理することが難しいグループもあったため、複数の考えがグループとしての意見となることも容認した。最後に、各グループで整理したことを発表した。発表を聞きながら、自分の考えやグループの考えと**比較**しながら聞く姿がみられた。

5時間目

前時、グループで最も実現したい「三十年後の未来」を話し合ったが、一つに整理することは難しかった。それは、一人ひとりの願いや思いが強くなってきた表れでもある。グループで整理することをねらいながらも、意見を集約する過程の中で、それぞれの考えを**比較**して、何が大切なことであるのかということに気付いていき、自分のテーマについて深く考えることにつながった。

(4) 単元の評価

本単元は、教科書の展開では、「話すこと・聞くこと」と「書くこと」の複合単元であるが、学習用語「**比較**」と「**分類**」は、第二次の「話すこと・聞くこと」の段階までに主に機能するようにした。

子どもは、「未来」といわれても漠然と考えるだけであり、今回は「三十年後」というように、今の自分たちの親の生活をもとにイメージしながら考えられるようにした。それでも、一人ひとりの思いというのがあって、多くの意見が出た。意見が多いということは、必然的に**比較**するという行為が起こる。**比較**することによって、類似するものが見えてきたり、自分の考えと相違するものがみえてきたりする。その行為こそが**分類**であるといえる。つまり、子どもたちは、自然に**比較**と**分類**という行為をしているのであり、本単元では、そのことを再認識させるということで、十分に学習用語については習得と活用ができたと考えている。

3 「学習用語」によって得られた学び

「(4) 単元の評価」でも述べたことだが、「**比較**」や「**分類**」は、国語科でなくても、日常の思考行為として無意識的に行われている行為である。それを意識化させて、多様な考えの中から自分にぴったりの考えをもつという過程において、情報を**比較・分類**することの大切さを再認識させることで、学びとなったと推察する。

子どもたちは、「未来」に対しての切実感というものはまだもっていない。だが、「未来」を考えたり、話し合ったりすること自体は、大変意欲的に取り組んだとみえる。それは、教師に**比較・分類**しながら情報を関連付けさせるという意図があったからだと認識している。仮に、教師に**比較・分類**しながら情報を関連付けて話し合うという活動を意図していなかったら、子どもたちは、一人ひとりが理想とする「未来」についてのみを考えてしまっていたと思われる。「話すこと・聞くこと」という領域において、思考したり、判断したりするには、表現することが大切である。お互いの考えを聞き合うことが大切である。その大切さに気付くには、実際にお互いの考えを**比較**するという過程があり、自分の考えとの類似点や相違点という観点で**分類**すること、自分以外の考えの類似点や相違点、関連性という観点で**分類**することが必要であることを学んだと捉えている。

（成家雅史）

学習用語「具体」「抽象」

事柄を「つなぐ」視点

―事柄を「つなぐ」ことについて考える―

◇「フロン規制の物語―〈杞憂〉と〈転ばぬ先の杖〉のはざまで」（三省堂）／「『文殊の知恵』の時代」（三省堂）

1 ◦「学習用語」の扱い方

平成29年 中学校学習指導要領「国語」で、中学校第2学年及び第3学年〔知識及び技能〕において、「(2) 話や文章に含まれている情報の扱い方に関する次の事項を身に付けることができるよう指導する」には、「ア　(意見と根拠、) **具体**と**抽象**など情報と情報との関係について理解を深めること」(「意見と根拠、」の記述については、第2学年のみ) と示されている。さらに「**抽象**」という語に着目してみれば、「(1) 言葉の特徴や使い方に関する次の事項を身に付けることができるよう指導する」の中には、「**抽象**的な概念を表す語句の量を増すとともに (略)」のように示されている。

ここから、「**具体**」と「**抽象**」という学習用語をとり扱うときには、「情報」という観点から対象を捉えていく視点が重要になることが分かる。また切りとる視点により捉え方が変化するものであるからこそ、**具体**／**抽象**を切り離して考えることは難しい。

この点を踏まえ、二つの語の一般的な定義について確認しておきたい。

抽象	ある認識の仕方をするために、いろいろな表象や概念から特定の性質や状態だけを抜き出すこと。また、その抜き出したものを思考の対象にする精神作用。↔具象
具体 (具象)	ものが実体を備え、固有の形体を持っていること。また、そういう形。※

(小学館国語辞典編集部編『精選版 日本国語大辞典』小学館、2006年より)

※具体②＝具象 という記述も踏まえ、具体の定義には具象の引用を示している。

「**具体**」と「**抽象**」という学習用語の活用を図ることは、それを形づくる「情報」をどのように捉え、意味付けていくのかということにつながる。その際、「情報」という事柄についての意識付けや、「関係」において対象を捉えていくことから、「つながり」への着目も重要になる。「つながり」を意識していくということは、対象の単独での理解ではなく、複数の要素の比較や関連付けといった思考操作も求められるだろう。このように、「**具体**」と「**抽象**」という用語によって、**具体**性のある事柄同士をどのように結び付け、そこから何がいえるのか考えを深めていく場面での効果の高まりが期待できるだろう。

2 ◦「学習用語」を生かす授業の実践

(1) 単元の目標

○「推察」のヒントをつかみ、言葉の選択と意味付けから相互の影響を考え、文章にとり上げられた内容の理解を深めることができる。　〔知識及び技能〕(2) ア

○構成要素・構造をもとに、文章の骨子を把握することができる。
〔思考力、判断力、表現力等〕C 読むこと (1) ウ

○現代的課題と接続先を想定し、論ぜられたものを応用することができる。
〔思考力、判断力、表現力等〕C 読むこと (1) イ

○**抽象**度をあげて文章を捉え、「考える」ための土台をつくろうとしている。
〔学びに向かう力、人間性等〕

(2) 単元の指導計画　※本単元では故事成語やことわざ、慣用句特有の意味を伴う表現について、「ことわざ等」と記した。

第一次（2時間） **二つのタイトルをくらべ、「ことわざ等」の特徴を考えるとともに、それらの語の文章との関連からの意味付けを、展開を踏まえて考える。**

（主な学習活動）

・「ことわざ等」の特徴や用いられ方から、言葉の働きに目を向ける。
・「『文殊の知恵』の時代」の構成要素を書き出し、構造を図化する。
・文章で提示された事柄と、タイトルに含まれる語とのつながりを考える。

（留意事項）

・「ことわざ等」の**具体**性／**抽象**性、両面を意識することを促す。
・「形を変えて用いられる」ことについての意味付けを行う。

第二次（4時間） **「フロン規制の物語」の本文を読み、グループで構造を整理したものを比較することについて、情報の結び付きや視点の差について考える。**

（主な学習活動）

・「フロン規制の物語」について、構造図を用いて展開を**具体**化する。
・提示された事柄と「ことわざ等」とのつながりを明らかにする。

（留意事項）

・各グループの取組の共通点・相違点からみえてくるものを意識させる。

第三次（2時間） **タイトルに「ことわざ等」を含むという、共通する特徴に着目し、二つの文章の「つながり」について考える。**

（主な学習活動）

・事柄を「つなぐ」ことについて、四つの点から考える（レポート課題を含む）。

（留意事項）

・「つながり」のないようにみえるものに、共通の視点を与えることで**抽象**度をあげて対象を捉えることを促す。

---

(3) 授業の実際

第一次　学習用語「具体」と「抽象」に触れる（意識化する）

1時間目

「フロン規制の物語―〈杞憂〉と〈転ばぬ先の杖〉のはざまで」と「『文殊の知恵』の時代」、二つの教材文のタイトルを並べて、共通点は何か考えていく。当然「ことわざ等」が含まれていることについては、すぐ目が向けられるが、そこから“それらがどのような機能を果たしているのか”考えていくことにつなげていく。

この段階ではそれぞれの本文をまだ読んでいないからこそ、タイトルからどのような内容が書かれていくか、またどのような事柄が提示されるか予想していくことになるが、その予想に際して、「ことわざ等」を“**具体**的なもの”として捉え、考えていくことになる。

「フロン規制の物語―〈杞憂〉と〈転ばぬ先の杖〉のはざまで」では、タイトルに含まれる“規制の物語”という部分について、規制に伴う事柄が“物語”のような一つの展開で表されているということが予想できる。さらに副題の“はざま”という言葉に結び付けていくと、そこで提示される展開が〈杞憂〉〈転ばぬ先の杖〉という二つの語の間にあるものであることを見出していった。そこから生徒たちは、「ことわざ等」を用いることによるイメージのしやすさという点を指摘した。ではなぜ“分かりやすく”なるのかといえば、「ことわざ等」が特有の意味をもち、それが共有されるからであり、ここから「ことわざ等」のもつ、複数の人にイメージを「共有」させるという働きに意識を向けることにつながっていった。

それだけではなく、「ことわざ等」は、その語が成立するまでの背景（物語）を有している。そこから抽出された“意味”の部分を、類似する要素をもつほかの場面でとり込み、活用しているとみることができる。このような視点から捉えていくと、「ことわざ等」を用いることで、ある文章や話題の中で提示されるものと、「ことわざ等」の有する背景との共通点を見出し、「つながり」を活用していると考えられるのではないだろうか。

つづいて、「『文殊の知恵』の時代」についても考えていく。ここで新たに意識付けたいことは、「**具体**」と「**抽象**」を考えていくときに、何と「つながって」いくのかということである。前段階の活動で考えたことから、「文殊の知恵」が表す意味と、その背景にある事柄は何か確認する。この段階で、「三人寄れば文殊の知恵」という語を知っていた生徒も、「文殊」と「知恵」との結び付きをあらためて見直し、「つながり」を意識すること

板書例

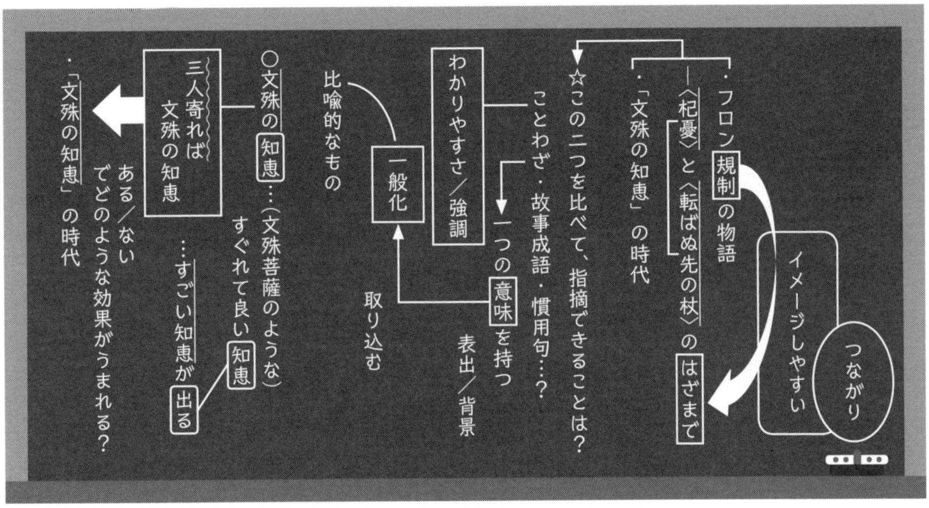

を促した。その上で着目したのが、「杞憂」「転ばぬ先の杖」「文殊の知恵」の違いである。

「杞憂」と「転ばぬ先の杖」は、多くの生徒の既知のものと形を変えずに本文／タイトルに引用されている。しかし「文殊の知恵」は、辞書などを用いてこの形での“意味”を把握できるが、「ことわざ等」という点からみてみると、「三人寄れば文殊の知恵」という形が最も身近な言い回しであろう。そこで“意味”をもとに、「三人寄れば」という表現が付け加える要素に着目し、「文殊の知恵」だけとくらべると、どこが違うのかということを考えた。はじめの活動と同様に、“**具体**的な”表現での比較を通じ、“**抽象**度”を高めた対象の把握ということに取り組むことになる。

２時間目

１時間目の導入を受けて、「『文殊の知恵』の時代」を読み、本文に書かれた内容を把握していく。そのための課題として、本文を構成する要素の抽出と、それを構造化することに取り組んだ。この取組も「**具体**」と「**抽象**」という観点から考えてみると、**具体**については、本文がその位置付けになる。それに対し、内容の把握を促すために本文を別の形に置き換えて整理することに取り組むことが、**抽象**の理解を深めるための要素をもっている。

構成要素を考えるためには、まず**具体**的な対象の中での「かたまり」を考えなければならない。「かたまり」を見出すためには、事柄の**抽象**度をあげた視点を導入する必要がある。さらに構造化し置き換えて捉えることは、文章と“事柄同士のつながりを整理したもの”という関係から考えると、「**具体**を**抽象**に置き換える」ことの取組とみることもできるだろう。また構造ということでは、「つながり」方ということが重要になる。ここから、「**具体**」と「**抽象**」という学習用語を理解／活用するために必要な「情報」についての意識付けや、「つながり」への着目ということに結び付けた。特に、複数の要素の関連付けからどのように「情報」を捉え、意味付けていくのかということを中心に理解を促していく。

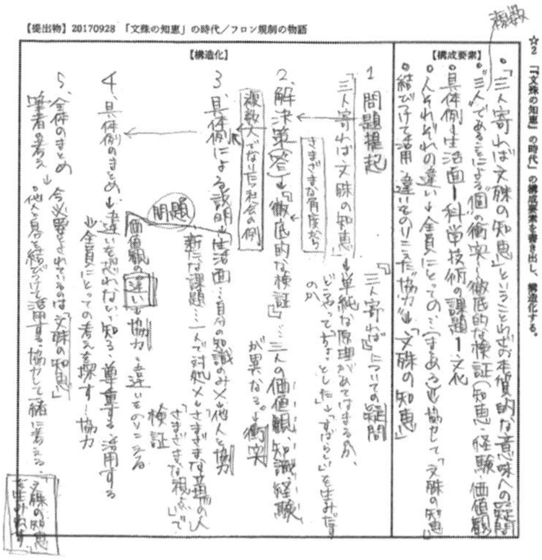

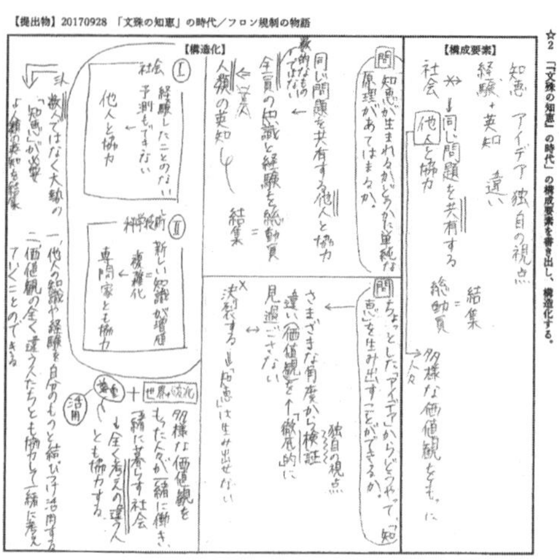

構成要素の抽出や構造化について、何の経験もなくいきなり取り組むことはなかなか難しい。そこで本文の通読を行ったうえで、文章の大枠を展開に沿って、板書例のようなまとめを共有した。文章を読み進めながら問いを重ねていくことで、意識付けとともに「文章の大枠」という点から「**具体→抽象**」への置き換えを一緒に確認していく。これをとり入れることで、情報を整理する視点や方法を経験することになり、このあとの活動で悩んだ際、（生徒同士の取組の中でも）これを共有した「情報」、また「**具体**例」としていくことが期待できる。また、矢印などの記号で置き換えること、それによって示されるもの（方向性）などにふれることになる。この捉えもまた、「**具体**」と「**抽象**」の一つであるといえる。

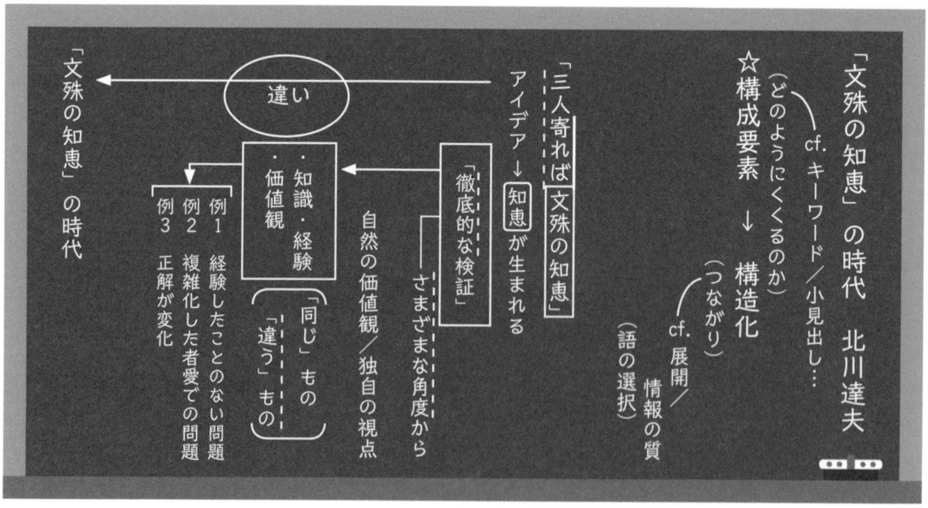

板書例

第二次　学習用語「具体」と「抽象」の活用に向けて（「情報のつながり」に着目）

1時間目

「フロン規制の物語」についても第一次の取組と同様、「『物語』の展開を**具体**化・構造化する」ことを考える。構造化ということから、本文に含まれている情報の「つながり」について着目することを促しながら、「物語」という語の働きをふまえ、“展開”（情報同士の関係性）が明確になるようにすることを伝える。その上で、本文のはじめに書かれているかたまり（小見出しのつかない部分。本授業では話題提示／問題提示として共通理解を図った）の部分を読んでいったとき、生徒から「物語」「登場人物」といった言葉が使われていることが指摘された。導入での取組もあわせ、「フロン規制」をテーマとした「物語」性をもつ展開やそれを踏まえた語の選択という「つながり」への意識の高まりがみえる場面でもある。

さらに、「フロン規制の物語」の文章の特徴として、小見出しを用いてかたまりが明示されていることが挙げられた。ここから「『文殊の知恵』の時代」では、それぞれで把握する必要のあった構成要素は、共通のものを用いることとした。これらのことから、前の文章についての課題は個人での取組が適しているが、今回の本文では「情報を切り取る視点」の差や、同じ「**具体**」（文章／語句）について個々に捉え方が異なることへの気付きを促すことができるため、今回の本文についてはグループでの取組を行うこととした。

活動のとり掛かりとして、グループをつくり本文の通読をおこなった上で、それぞれのグループでの作業手順の計画・確認を行っていく。

2・3時間目

先に提示した課題について４人１組のグループをつくり、A3用紙１枚に構造図をまとめていく。

ここでの取組については、小見出しを中心に大きく二通りのまとめ方の様子がみられた。一つは小見出しの「つながり」に着目し、はじめに文章の大きな流れを把握していこうとするもの、もう一つは、それぞれの小見出しのかたまりに含まれる情報の結び付きを整理したうえで、かたまり同士の展開につなげていくものである。

グループの話し合いの様子をみると、小見出し同士のかかわりに着目したグループでは、話の展開を前提としながら対比関係やかたまり同士の関連付けに着目し、それを軸に細かな部分を確認・抽出していた。それぞれに含まれる情報を確認したグループでは、具体的な言葉と表現に着目し情報のつながり・提示の方法を確認していく姿がみられた。

この段階で、同一の文章での、「**具体／抽象**」を異なる位相から捉えているため、さらにグループの構造図をまとめたうえで、自分たちの班の構造図の特徴は何か考えることを促した。そして、次時の取組では作成した資料を全員に配布したうえで、対象の文章は「どのような特徴をもったものであるか」を発表することを伝えた。各グループの報告を、「共通の資料をもち、視覚的にも情報が共有されたことを前提とした話し方を想定すること」を共通理解とするためである。

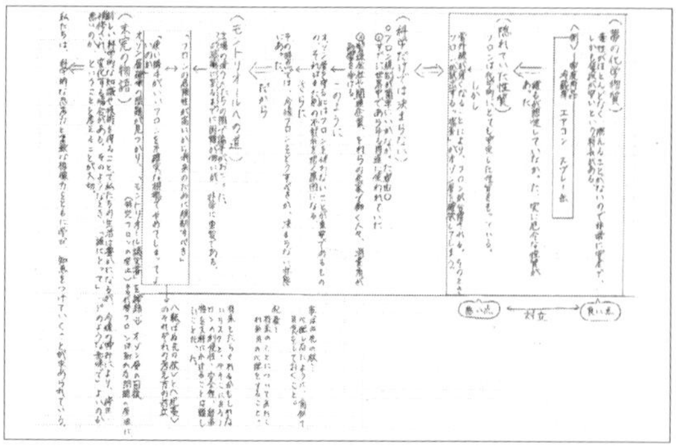 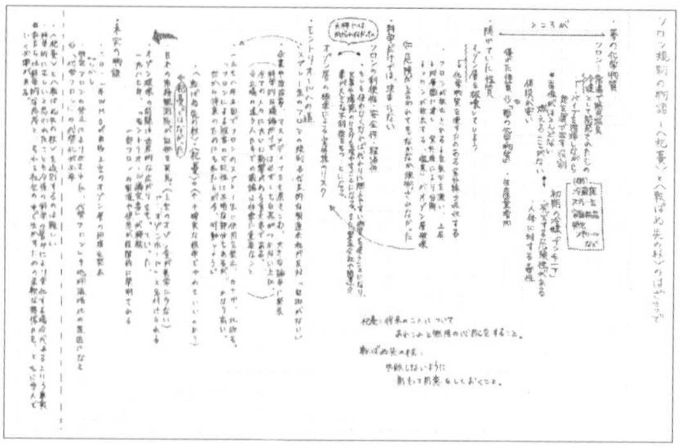

4時間目

前時で提示したように、各グループの資料を用いてそれぞれが把握した文章の特徴と、その根拠について発表をする時間を設けた。発表に際して、自分たちのグループが把握した特徴が構造図にどのように現れ、また文章中でどのように機能しているのか、資料をもとに**具体**的に提示することを条件付けた。これにより、自分たちの話合いを相対化し、記号化した部分や「つながり」に着目した報告につながった。

全グループの発表を受け、全体に共通する事柄＝全体に共有される事柄は何かということについて問いかけた。そして、ここで把握できる事柄が、「**具体**」として文章が担う情報の特徴・内容としてみることができることを共有した。さらに、ほかの班のまとめ方の特徴を受け、もう一度自分たちの班のまとめ方の特徴を考えた。それを踏まえ、本文中に含まれる「ことわざ等」とのかかわりについてさらに踏み込んで考えることを促した。“かかわり”という視点を用いることで**抽象**度をあげて文章を捉えていくことに意識を向けさせた。

第三次　学習用語「具体」と「抽象」を使って“考える”（抽象度を高めてみる）

1・2時間目

これまでの取組をもとに、二つの文章に共通する、「ことわざ等」を題名に含むという特徴について改めて着目してみる。

一見すると大きな「つながり」を見出すことはできないかもしれないが、共通する特徴を有するということは、何か結び付く事柄があるからではないのか、と投げかけた。このような考え方をしてみることで、対象について単独での理解に留まるのではなく、含まれる「情報の質」や視点、前提とする事柄に着目し「つながり」を見出しながら、新たな視点での分析や思考の深化を促すことに結び付くことが期待できる。またこれは、「**具体**」と「**抽象**」という学習用語を獲得し、“考える”ことの効果として指摘できるものでもあるだろう。このようなことを目標に、本時では、「事柄を『つなぐ』ことについて考える」ということから次の４点について考える課題に取り組ませた。

☆1	“何が”／どうすることが、必要なのか。
☆2	二つの文章をもとに、今回は何を見出せるか。**具体**例または根拠も示す。
☆3	☆1に「ことわざ等」はどのようにかかわるのか。／どのような役割を担うのか。またそれは「ことわざ等」のどのような性質によるものか。
☆4	「真実」とはなにか。これまでの経験を踏まえ、あなたの考えを示しなさい。

(4) 単元の評価

日常の中で「**具体**と**抽象**」を意識的に考える機会は決して多くないが、特に「**抽象**」について対象を“あいまいにする”ことのようにイメージしていた子どもたちが、「**具体**と**抽象**」という学習用語と出会うことで、“視点を変えて考える”ことの効果を学び、対象のもつ「**具体**と**抽象**」の両面性について理解を深めた単元であったといえる。

また、共通する要素という点に着目し、事柄を“つなぐ”ことに取り組むことにより、教材文という「**具体**」に“何が”書かれているのかということについて、内容の整理にとどまらず、書かれた（獲得した）ものをほかの事柄に応用するにはどうすればよいのか考える姿につながった。

このように、自分の考えを深めるために情報の結び付きに着目することが、「**具体**と**抽象**」という用語を活用していくうえで重要になる。このとき情報の多面性や条件付けの役割も考えていくことになる。それらを言語化すること／表現していくことにつなげることが、本単元の学習を生かしていくときに重要になるだろう。

3 ◦「学習用語」によって得られた学び

本単元は二つの文章に共通する特徴があったとき、「そこに何かの意味を見出すことができないか」を考えることをきっかけとしている。そして、「ことば」についての向き合い方を段階的に経験していった。

「**具体**と**抽象**」という学習用語を学ぶことにより、既知の事柄を見直すことや、あるものが多角的な意味付けがなされる要素をもつことに気付くことにも結び付いた。また**具体**的な視点を意識することで、言葉のつながりによる効果や「情報」が“開かれる場”、さらに読み手の想定などについて自分たちで意識を向ける姿がみえるようになった。

さらに「**具体**と**抽象**」という学習用語によって得られた学びは、情報の連なりの中に意味を見出したり、それ自体の役割を考えるようなとき「視点」や「思考」という汎用的な力の高まりも促していく。このように、学習を通じて得たものを「そのあと何に使うのか」など、“実用の場への転換”することや自身の考えを形成し表現するときに意識すべきものを考える機会とすることもできた。

（渡邉裕）

「情報の扱い方」の実践の振り返り

平成29年版の学習指導要領では、〔知識及び技能〕に「情報の扱い方に関する事項」が新設され、ア「情報と情報との関係」に関する事項とイ「情報の整理」に関する事項の二つの系統から構成された。アの「情報と情報との関係」の事項では、次のような指導事項が示されている。

低学年	共通、相違、事柄の順序など情報と情報との関係について理解すること
中学年	考えとそれを支える理由や事例、全体と中心など情報と情報との関係について理解すること
高学年	原因と結果など情報と情報との関係について理解すること
中学１年	原因と結果、意見と根拠など情報と情報との関係について理解すること
中学２年	意見と根拠、具体と抽象など情報と情報との関係について理解すること
中学３年	具体と抽象など情報と情報との関係について理解を深めること

ここでいう「情報」とは、文章や話の内容に含まれている情報という意味である。「情報と情報との関係」に示されている事項は、情報を捉えるための枠組みであり、視点であることが分かる。つまり、学習用語そのものである。

これらの用語の意味を理解し使いこなすことによって、例えば文章を読む際に、「筆者の主張とそれを支える理由や事例は、どのように書かれているか」「原因と結果は、どの段落にどのように書かれているか」など、視点を定めて文章を吟味することができる。あるいは、複数の文章を比較して、それぞれの特徴を検討することもできる。

大塚先生の実践では、「順序」を学習用語として設定することによって、たんぽぽについて書かれた二つの説明文を読みくらべている。

文章は、縦書きの場合、上から下へ、右から左へと順に書き連ねていく。これを線条性というが、何を先に書いて何を後に書くかという順序は、読む上でも書く上でもとても大切な視点となる。

順序には、大きく分けて、時間の順序と説明の順序とがある。出来事や作業の手順などは、時系列に沿って時間の順序で説明される。

一方、意見文や論説文などは、重要度や抽象度など、筆者はさまざまなことを考慮して、説明の順序を工夫する。つまり、順序には筆者の意図が込められている。読むときにも、書かれている内容を理解するだけでなく、「なぜ、筆者はこれらのことをこの順序で書いたのだろうか」という視点から、論理の展開の工夫を考えていくこともできる。

「順序」は、文章を読む上でも書く上でも、あるいは話をする上でも聞く上でも、最も基本となる学習用語の一つである。

（中村和弘）

話すこと・聞くこと

〔話すこと・聞くこと〕で学習する主な国語科学習用語

言葉づかい　順序　構成　取材　アンケート　話題　身ぶり　間　調子　質問　司会　議題　提案　合意形成　報告　アドバイス　推薦　紹介　メモ　スピーチ　インタビュー　話し合い　討論　パネルディスカッション　プレゼンテーション　ポスターセッション　ワールドカフェ　ファシリテーション・グラフィック

学習用語「メモ」

メモリアルな「メモ」の学習

―自分にぴったりなメモのフォーマットを作ろう―

◇「ウミガメの命をつなぐ」「ぞろぞろ」（共に教育出版）

1．「学習用語」の扱い方

メモとは、聞いたことや読んだこと、考えたことなどを忘れないように要点を書き留めたものをいう。**メモ**をもとにして作文などを書く際には、思考を整理するためにも使う。いわば、**メモ**とは何らかの目的を達成するための手段の一つである。

日常生活においても**メモ**を活用する機会は多い。しかし、**メモ**をとるためには、一定の技術と経験が必要である。そして、そもそも**メモ**とは何のためにとるのかという理解も必要である。教師は、「**メモ**をとりなさい」というだけではなく、「何を」「どのように」書きとればいいのか指導をしなければならない。

児童らは、目的に応じて用意されたフォーマットを、その都度用いていくのだが、教師が用意したものでは、使いやすさは感じられても、その意図までは分からない。結果、授業での学びが生活に生かされない……ということも少なくない。

本実践は、**メモ**を、目的を達するための一手段として学ぶのではなく、**メモ**の技術そのものを高めることを学びの目的としたものである。今回は、実践時の学級で取り組んでいた「朝のスピーチ」をよりよいものにする**メモ**の形を考えることとした。

そのために、まずは児童のもっている**メモ**というものについての概念を整理し、共有をする。先述したとおり、**メモ**は複数の領域にかかわる言語活動である。概念を整理する際は網羅的にならざるを得ないが、学びまで網羅的にしてしまっては、学びが薄くなってしまうと考えた。

そこで、児童にとって最も必要感のある場として、学級の児童全員が取り組むことになっている「朝のスピーチ」を設定し、「話すこと・聞くこと」の領域に焦点を当てることとした。

単元のゴールは、児童それぞれが自分に合う**メモ**のフォーマットを作ることである。

2 ●「学習用語」を生かす授業の実践

(1) 単元の目標

○**メモ**の必要性を理解し、**メモ**には、用途に応じたフォーマットがあることが分かる。
〔知識及び技能〕(2) イ

○朝のスピーチで使うために、自分に合う**メモ**のフォーマットを考え、作ることができる。　〔思考力、判断力、表現力等〕A 話すこと・聞くこと (1) ア

○**メモ**を活用することで、自分や相手の伝えたいことを整理しようとする。
〔学びに向かう力、人間性等〕

(2) 単元の指導計画

第一次（1時間）　「メモ」についての考えや印象、経験を振り返り、学級児童それぞれがもっている概念を整理し、単元の目標をもつ。

（主な学習活動）

・**メモ**についての考えや印象、経験を振り返る。

・「朝のスピーチ」をよりよくするための**メモ**を作るという、単元の目標を共有する。

（留意事項）

・**メモ**にはさまざまな用途があることを確認し、これまでの学習経験を振り返るようにする。

第二次（5時間）　自分のメモのとり方を自覚し、メモに必要な事柄や、記述の仕方を知り、自分に合ったメモのフォーマットを作る。

（主な学習活動）

・教科書教材の内容を**メモ**にとる。

・自分に合った**メモ**のフォーマットを考える。

（留意事項）

・自分の**メモ**のとり方を自覚させることから、フォーマット作りに取り組ませる。

第三次（2時間）　作ったフォーマットを交流したり、自分が作ったフォーマットの有用性を確かめたりする。

（主な学習活動）

・友達が作ったフォーマットを使ってみる。

・自分が作ったフォーマットを使って、スピーチ**メモ**をつくる。

（留意事項）

・作ったフォーマットを活用する場をきちんと設定する。

---

(3) 授業の実際

第一次 ―― 学習用語「メモ」と出合う（概念を獲得する）

1時間目

子どもたちにとって、**メモ**をとることは、さほど特別な行為ではない。けれども、子どもたちが普段とっている**メモ**をみると、**メモ**というものに対する理解が十分ではないように思えた。朝のスピーチのために、事前に**メモ**を用意している児童のものをみると、話す内容が文章で書かれており、**メモ**というよりも台本であった。また、委員会活動で話し合ったことを**メモ**するときも、同じように箇条書きや短い言葉でまとめるのではなく、文章の形で書いている姿もよくみられた。

そういった児童の実態もあり、まずは**メモ**というものについての概念を整理し、その目的や手段を共有する時間を設定することとした。

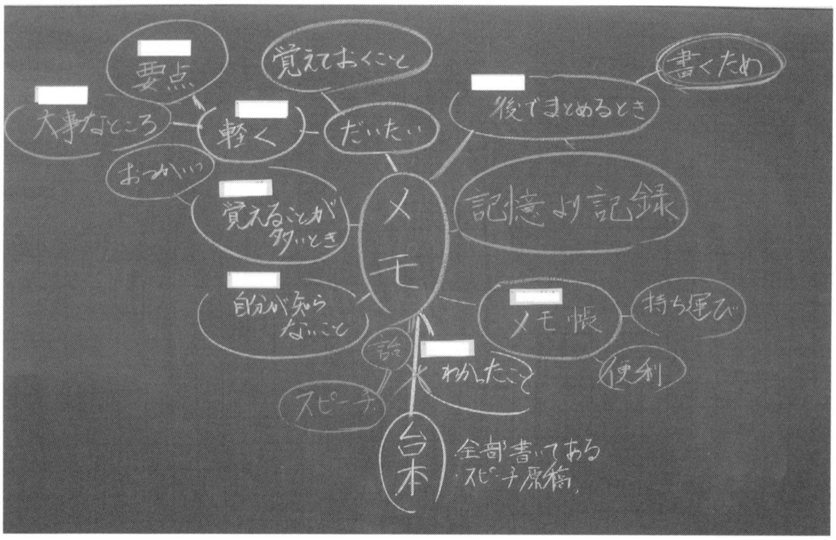

子どもたちに**メモ**という言葉から想起されることを問うと、上記のような意見が出た。**メモ**の役割や使う場面についてはよく意識されていた。ただし、スピーチのための**メモ**という意識はあまりみられなかった。また､短く書くという意見も終盤までは出てこなかった。

スピーチ原稿との違いを確かめ、これから自分に合った**メモ**のフォーマットをつくることを確かめて、本時を終えた。

第二次 ―― 学習用語「メモ」を理解して、フォーマットを作る（習得する）

1時間目

子どもたちが普段どのように**メモ**をとっているのかについての、自覚と共有の時間とした。そこで、教科書にある教材文「ウミガメの命をつなぐ」（教育出版４下）を教師が読み、その内容を**メモ**にとる活動を行った。

前時に、「**メモ**は、大事なことを、短い言葉でまとめる」ということを確かめていたが、子どもたちの多くは、文の形で書いていた。あとで、**メモ**をもとに内容をたずねることを伝えていたため、「一言一句逃さず」という心情になっていたことも要因だっただろうが、情報の取捨選択に慣れていない、つまり何が要点となるのか捉えられていない姿ともいえる。

2時間目

前時に子どもたちの中で理解が十分ではなかった「要点」ということについて確かめをした。「重要なところ」、「大事なところ」という概念を押さえたあとで、「ウミガメの命をつなぐ」であれば、何が要点となるのかを具体化した。

次に、「ぞろぞろ」（教育出版４下）を聞いて、内容を**メモ**する活動に取り組んだ。ここでは、先に何が要点となるのかを確かめた。「お話だから、登場人物とか、気持ちが大事」、「話の展開が大事」と子どもたちから意見が出された。

事前に**メモ**の視点を確かめていたこともあり、前時よりも短い言葉でまとめることができていた。話の流れを、矢印を使って表現する姿もあった。

最後に、スピーチにつなげるために、話の展開を「起承転結」、「序破急」という言葉を使って確かめた。

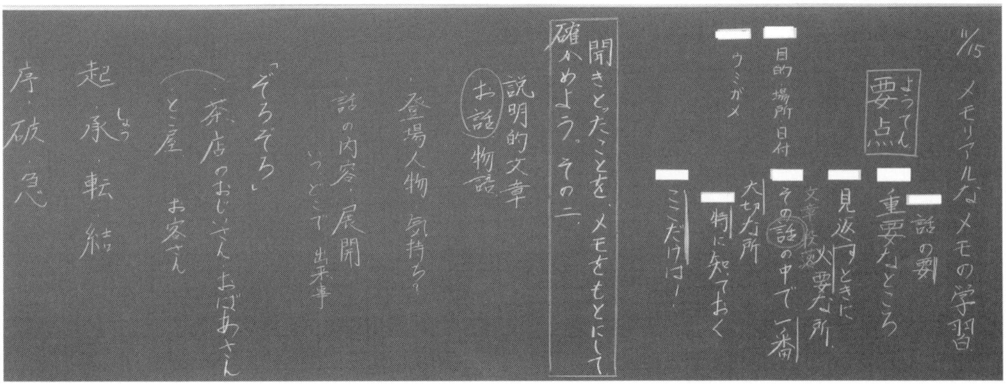

3時間目

自分の**メモ**のとり方を振り返り、より**メモ**をとりやすいメモのフォーマットを考える時間。日記や家庭学習で作ったノートを**メモ**にまとめる活動を通して、振り返った。

この時間ですぐに作るのではなく、ぼんやりとでもよいので、フォーマットイメージをこの時間ではもてればよいこととし、学習のめあても、「フォーマットの『フォ』の字まで作る」とした。

ゴールまでの道のりとして、帰納・演繹（この言葉は、子どもたちに示していない。学習においてはこの言葉の理解は余計なハードルとなる）の二つの方法を示した。

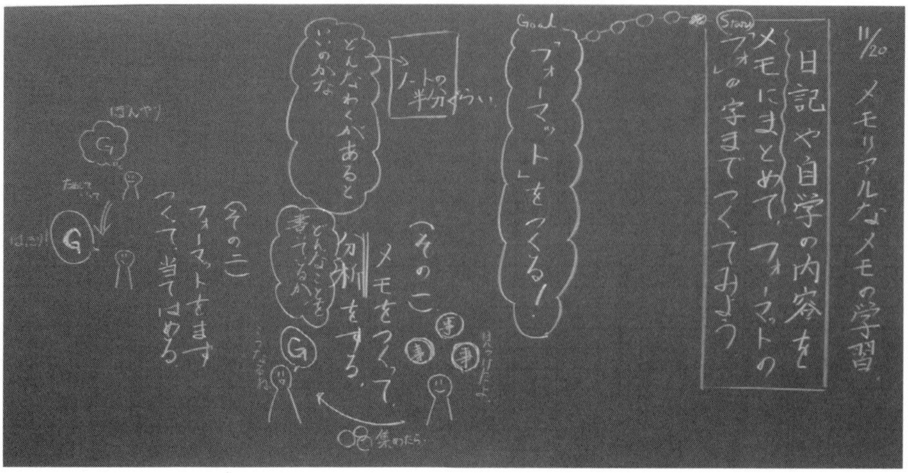

4時間目

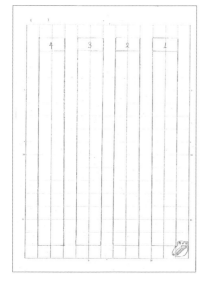

自分に合う**メモ**のフォーマットを作った。

左のフォーマットは、スピーチで話す順番を意識することができるようになっている。フォーマットとしてもとても簡易な形であり、汎用性も高いものとなっている。

作った子どもに、この形にした理由を聞くと、「自分はどうしても台本になってしまうので、短く、分けて書けるようにした」と話した。この児童にとっては、順番を構成することよりも、短く書くことが課題となっていたのである。

この児童とは別に、「いつ」、「どこで」、「自分の感想」など、スピーチを構成する要素を明確にしたフォーマットを作る児童もいた。

第三次 ―― 学習用語「メモ」を実際の場に生かす（活用する）

1時間目

前時に児童が作ったフォーマットを印刷して配布し、交流をした。どのようなことを考えて作ったのか、友達の説明を聞き、フォーマットの効果だけではなく、その友達がどのようなことを考えているのかも知ることができた。

2時間目

実際に作った**メモ**を使って、スピーチで伝えたいことをまとめた。また、作ったフォーマットは教室に常備しておき、いつでも場面に応じて使えるようにした。

(4) 単元の評価

日常的に用いられているものの、その目的や技術について明確な意識がなかった子どもたちが、**メモ**という学習用語と出合うことで、より効果的な使い方を学ぶことができるようになった単元であったといえる。

メモとは、「物事を忘れないように書くもの」という子どもたちの理解が、「物事を忘れないように、要点を短い言葉でまとめて書くもの」、「物事を整理するために書くもの」といった理解に変わっていった。

メモはあくまでも手段である。**メモ**のとり方がいくら上達しても、別のことに生かさなくては仕方がない。今回はその「手段」を学びの「目的」とした。「学び方を学ぶ」単元だったといえる。こういった単元では、このあとの活用場面が重要である。

学習後のスピーチでは、台本を読んで終わってしまっていたり、話にまとまりがなくその場で思い付いたことを脈絡なく話したりする児童の姿はなかった。本単元の学習が生きた姿だといえる。

3 ◦「学習用語」によって得られた学び

メモという学習用語と出合うことで子どもたちは、作業（指示されてする行為）として取り組んでいたことを、活動（自分で考えて行う行為）として取り組むことができるようになった。

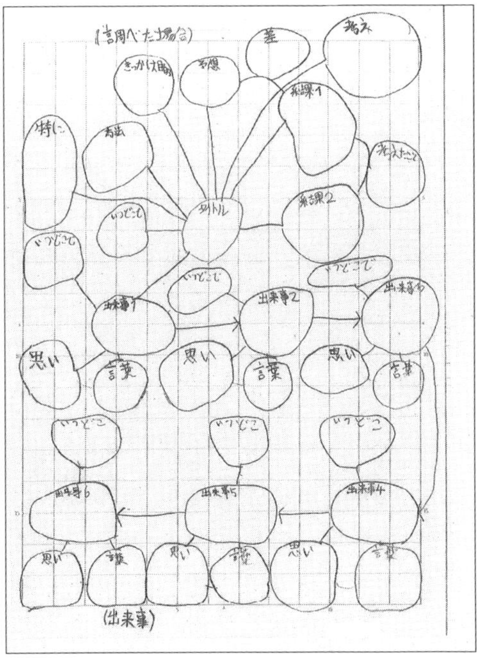

メモについて学習していく過程で、自分の思考傾向を自覚することができていた児童もいた。

右図はそんな児童の一人が作ったフォーマットである。

一見すると、たくさんの項目があり、まとまりがないように思える。しかし、思考を十分に広げてから、整理をしていくという考え方を普段、自分がしていると自覚することができたために、このような形にしたのだった。実際に使う際には、すべての項目を埋めることにはこだわらず、必要な部分だけを埋めていた。

短い言葉でまとめるという**メモ**の書き方を意識したことによって、「要点がどこにあるのかを考えながら聞く」という態度が育った。本実践をした学級では、児童が話し合いを板書する際にもそれが生かされていたし、要点だと考えたことに違いが出た際には、それを確かめ合うという姿がみられるようになった。

（福田淳佑）

学習用語「合意形成」

「住み続けられるまちづくり」のプランを提案しよう

―合意形成に向けてのプロセスを学ぶ―

1 ◦「学習用語」の扱い方

中学校学習指導要領（H29）では、［思考力、判断力、表現力等］「A 話すこと・聞くこと」の指導事項の中に「**合意形成**」という学習用語が登場する。そこには「進行の仕方を工夫したり互いの発言を生かしたりしながら話し合い、**合意形成**に向けて考えを広げたり深めたりすること」とある。このように、義務教育9年間の話し合いの指導の到着点として**合意形成**の学習が位置付けられている。学習指導要領の特別活動の目標に「**合意形成**を図ったり、意思決定したりすること」と明記されているように、特に学級生活の問題を解決する手立てとして子どもたちは経験してきている。その経験を想起させつつ、国語科の学習内容として、話し合いの進め方やまとめ方の方法を自覚的に活用して、**合意形成**の方法を習得させていくことが求められる。

ただし、注意しなければいけないのは、学習指導事項では「**合意形成**に向けて」とされている点である。「合意を形成する」ことそれ自体が目的なのではない。あくまで「**合意形成**に向けて」のプロセスを知り、具体的に話し合うことができるようになることが期待されている。実際の学習の中では**合意形成**という学習用語だけでなく、**合意形成**に向けてのプロセスに関わる学習用語と関連付け、一体的に学んでいくことが必要である。

合意形成とは、多様なものの見方や考え方をもった参加者が意見交換、整理、調整を行うことを通して、最終的に合意に至るプロセスである。それに向けて、さまざまな方法が考えられるが、一例として以下のように整理できる。

①課題を共有する（話し合いのテーマ、目的、背景情報や前提条件などを共有する）。

②選択肢を考える（目的を達成するための案をできるだけ多様に出す）。

③判断基準を定める（②の選択肢を評価するものさしを考える）。

④最適な選択肢を選ぶ（③の判断基準の優先順位を考え、納得できる案に決定する）。

ここでの**合意形成**のプロセスのポイントは「最適な選択肢の中から、判断基準を明確にして最善案を選ぶ」ということである。**合意形成**について学ぶ際には、「課題の共有」「前提条件」「選択肢」「判断基準」「優先順位」などの**合意形成**のプロセスにおいて不可欠な要素もキーワードとして一体的に理解し、活用していくことが効果的であろう。

2・学習用語を生かす授業の実践

(1) 単元の目標

○具体と抽象などの情報と情報との関係について理解を深めることができる。

〔知識及び技能〕(2) ア

○進行の仕方を工夫したり互いの発言を生かしたりしながら話し合い、**合意形成**に向けて考えを広げたり深めたりすることができる。

〔思考力、判断力、表現力等〕Ａ　話すこと・聞くこと　ア

○互いの意見を尊重し、**合意形成**に向けて建設的な提案を協同で考えようとする。

〔学びに向かう力・人間性等〕

(2) 単元の指導計画

第一次（1時間） 「合意形成」のプロセスについて学ぶ。

（主な学習活動）

・「だれを乗せるのか」についてグループで話し合って決める。

・**合意形成**をする際の要素とプロセスを確認する。

（留意事項）

・グループで何度も**合意形成**のやりとりを繰り返すことを通して、**合意形成**の基本的なプロセスについて学んでいく。

・**合意形成**のポイントとして「最適な選択肢の中から、判断基準を明確にして最善案を選ぶ」ということを押さえ、「課題の共有」「前提条件」「選択肢」「判断基準」「優先順位」などのキーワードもともに学習用語として理解、活用していくようにさせる。

第二次（6時間） 「住み続けられるまちづくり」のプランを提案する。

（主な学習活動）

・「住み続けられるまちづくり」というテーマについて参考になりそうな先行事例を調べる。

・グループで提案するプランを複数考え、一つに決定する。

・ほかのグループに向けてプランを具体的に練り、提案する。

（留意事項）

・総合的な学習の時間の取組と関連させて、地域の課題を解決するための提案をグループで考える。第一次で学んだ**合意形成**のプロセスを、この第二次の学習活動の中で生かすことができるようにする（取組時間は６時間であるが、総合的な学習の時間と合わせて国語科では３時間のカウントとした）。

---

(3) 授業の実際

第一次 ――「合意形成」のプロセスについて学ぶ

道徳教材の「ココロ部！」の中の「だれを先に乗せる？」という映像資料を**合意形成**のプロセスを学ぶための教材として活用した。

話のあらすじは以下の通りである。

> ある日の朝、コジマは車で会社に向かうため、山道を急いでいた。その道中、故障したバスと乗客たちを発見する。緊急事態のようで、次のバスやタクシーが来るまで1時間以上はかかるという。乗客5人はみんな急いでおり、とても困っている。コジマは自分の車で乗客たちを乗せていくことを提案するが、乗せられるのはたった3人だけ。乗客5人全員が「車に乗りたい」とコジマにお願いする中、だれを先に乗せればいいか？コジマは悩む……キミならどうする？
>
> （NHK Eテレ「ココロ部！」HP：http://www.nhk.or.jp/doutoku/kokorobu/ より）

① 「だれを先に乗せる？」の動画のはじめの部分を見て、車に乗せる３人を選ぶ

バスが止まってしまい、５人の乗客が困っているところまでみせて、車に乗せる３人を選んでもらった。ちなみに、この時点で５人について分かっている情報は、外見から分かる様子程度である。たったこれだけの情報をもとに、車に乗せる３人を決めていくことになる。

まず、**合意形成**をする際には、「前提条件」と「課題」を共有しなければいけないと伝え、以下のように板書をして確認した。

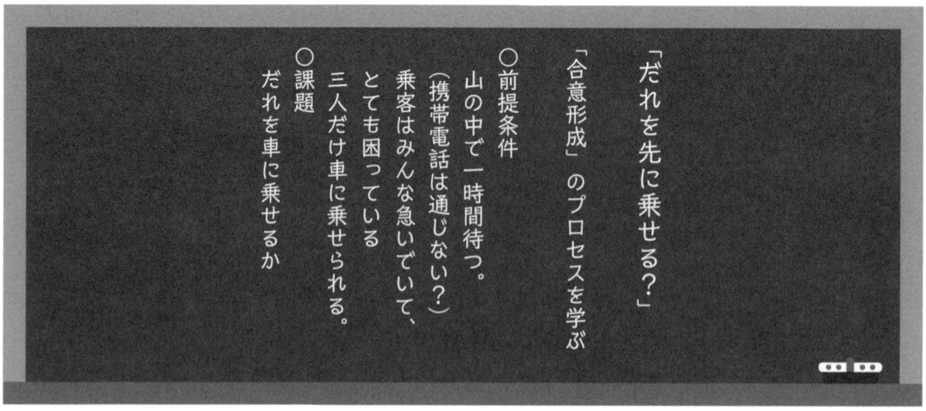
「だれを先に乗せる？」
「合意形成」のプロセスを学ぶ
○前提条件
山の中で一時間待つ。
（携帯電話は通じない？）
乗客はみんな急いでいて、
とても困っている
三人だけ車に乗せられる。
○課題
だれを車に乗せるか

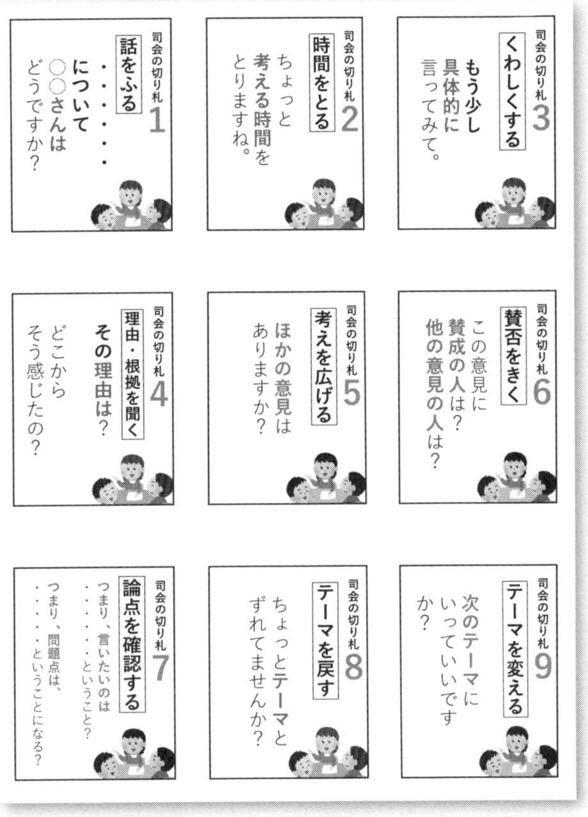

前提条件と課題を確認したところで、各班（４人グループ）で意見を出し合い、だれを先に車に乗せるか、第一次の決定（**合意形成**）をした。

なお、この時間では、話し合いの際に、グループごとに「司会の切り札」カードを配布し、司会が困ったときにいつでも活用できるようにした。

この「司会の切り札」カードは、**合意形成**の話し合いなどで、司会が発言をひき出すコメントが書かれているヒントカードである。

「もう少し具体的にいってみて」「ちょっと考える時間をとります」「テーマとずれていませんか」などの、司会者の投げかけのパターンが示されている。

生徒はこのカードを参考にして、司会者として必要な促しをメンバーに対して行っていった（なお、司会者はグループ内で交代で行い、全員が経験をする）。

このような話し合いを経て決定した一回目の合意決定は次のようになった。

［1 回目の**合意形成**］各班の意見（一部）

Ａ班　若い女性（仕事で急いでいそう）・佐藤さん（知り合いだから）
　　　おばあさん（山の中に置いていけないから）

Ｂ班　おばあさん（体力がない）・若い女性（スーツを着ているから仕事？）
　　　佐藤さん（恩返し）

Ｃ班　おばあさん（体力がなさそう）・佐藤さん（お世話になった恩返しをするから）
　　　若い女性（スーツを着ていて時計をみていたので会社へ急いでいる？）

②　新たな情報を与えて合意形成をし直す

ここで、さらにストーリーを先に進めて、それぞれ５人がどのような状況であったかを情報を提供した上で考えさせた。

映像から、５人について新たに、

Ａ　大学生くらいの女性→就職試験で急いでいる

B　佐藤さん（知り合いで、以前お世話になっている）→妻に買うものがある

C　おばあさん→ゲートボールの試合がある

D　体格のいい男性→具合が悪く、病院へ行きたい

E　こわそうな男性→人に会う

ということが分かった。それぞれ５人の事情が分かった段階で、まず個人で乗せる人を選び、さらにグループで話し合い、２回目の**合意形成**の話し合いを行った。

［２回目の**合意形成**］各班の意見（一部）

A班　くじ引きで決める

B班　若い女性（就職は人生にかかわる）・体格のよい男性（体が一番大事）
　　　佐藤さん（奥さんが急いで必要としているから）

C班　若い女性（人生にかかわる）・体格のいい男性（山の中で急変すると大変）
　　　佐藤さん（消去法で。買うものが重要かもしれない）

D班　若い女性（人生がかかっている）・体格のいい男性（一時間も待たせる訳にはいかない）・おばあさん（お年寄りだから）

２回目の**合意形成**で変わったのは、それぞれの事情がよく分かったからである。これは、**合意形成**をする際の「前提条件」の変化であると学習用語を押さえた。

③　「判断基準」について考える

１・２回目の**合意形成**を経て、どのような理由で車に乗せる人を選んだか、そのときに重視した要素や理由を考えていった。なぜこの３人を選んだか、その理由から逆算して、どんな人を選ぶべきなのか、自分たちで納得し、共有している「判断基準」を言葉にしてまとめさせた。

それぞれの班で重視した「判断基準」
A班　その人自身の未来がかかわっている人を優先する。
B班　目的の重要度による（命にかかわることや人生を左右すること）。
C班　人生にかかわること（緊急度・重要度）を優先する。

④　再度、判断基準に照らし、合意した意見が適しているかを考える

「判断基準」がグループ内で共有できたら、改めてその基準通りに選択されているか、精査していく。判断基準が複数ある場合は「優先順位」を決めることも伝えた。こうして、最終的にグループ全員で合意した判断基準に照らして、車で運ぶ人を選んだ。

このようにして**合意形成**のプロセスについて手順を追って確認した（板書例）。

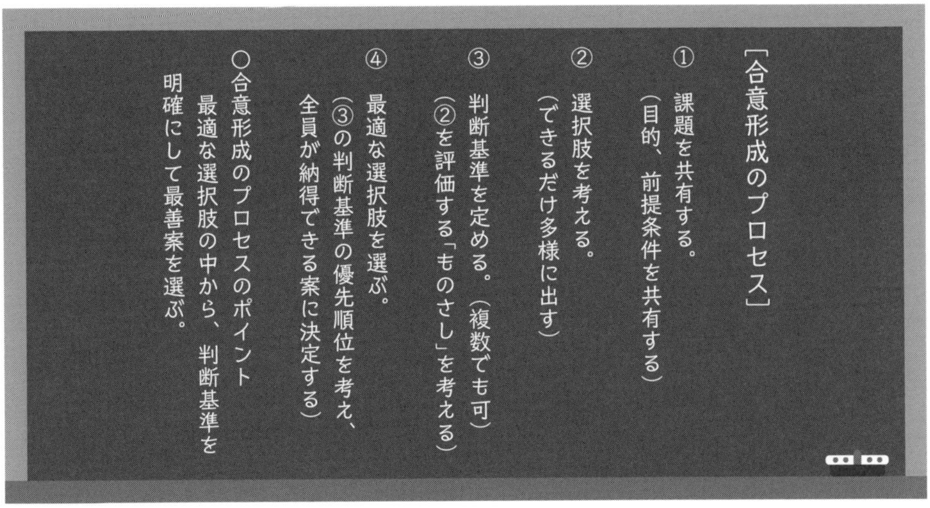

第二次 ――「住み続けられるまちづくり」のプランを提案する

第一次の学習によって、**合意形成**の基本的なプロセスを理解した。第二次では、総合的な学習の時間で取り組んでいる課題解決の学習と関連させて、「住み続けられるまちづくり」のプランをグループごとに取りまとめて提案する学習に取り組んでいく。

この第二次の学習は、修学旅行で訪れた岩手（石巻・遠野・平泉）の地域の課題と、それを解決するようなまちづくりのプランをグループで考え、提案するというものである。

1・2時間目

自分たちの提案に参考になりそうな先行事例を調べる。

岩手に限らず、日本各地、世界各国で取り組まれている「まちづくり」の先行事例について調べてクラス内で共有した。そのときに、どんな点が優れていたのか、どのようなねらいや目的でそれらの活動が行われているのかを考えた。

この段階で、「まちづくり」に必要な要素として「持続可能性」「地域の特徴や強みを生かす」「地域の課題を解決する」「エコである」などが抽出された。これが実際の提案を考える際の「判断基準」となる。

3～6時間目

グループで「まちづくり」のプランを考え、提案する。

1・2時間目に調べた内容を参考に、今度は自分たちで「まちづくり」のプランを考えて提案をしていく。

これまでの学習から**合意形成**のプロセスを確認した。まずは「前提条件」として地域の課題、特徴を洗い出し、その「課題を共有」していく。そして、グループでさまざまな観点からアイデアを出していく。しかし、アイデアを自由に出していくだけでは収拾がつかない。ある程度のアイデアが集まった段階で、どのようなプランがよいか「判断基準」を考えて共有した上で、その複数の「判断基準」に照らして、さまざまなアイデアを「優先順位」を付けて、班で取り上げるプランを絞り込んでいく。以下は、「自然の中のカフェ」を作ることを提案したグループで、アイデアを次第にまとめていくプロセスでの話し合いの様子を書き起こしたものである。

合意形成に向けての話し合いの様子
A女（司会）：どんな感じのカフェがいい？
B男：やっぱり、自然の中で、木のぬくもりが感じられるようなのとか。
(中略)
C女：今風の、おしゃれな感じにすれば、都会の若い人もやってくるよね。
D男：ツリーハウスみたいのとか。
B男：それはすごいね、いいね、ツリーハウス！
A女（司会）：ちょっと待って、テーマとそれてない？　なんのためのという…。
D男：でも、インパクトはあるよ。
C女：インパクトも大事だけど、目的はまちおこしでしょ、地域の人が集まるようにならないとまちおこしの意味ないじゃん。
A女（司会）：ちょっと話を戻しますね。「まちおこし」として、何ができるか。
B男：じゃあ、地域の人が余った野菜をみんなで持ち寄るとか。
A女（司会）：それいいね！　エコだし。あと、地域の人が交代で働けるようにするのも、まちおこしになるよね。地域の活性化とか、持続可能なものという優先順位を意識しないと。それに付け足しで意見はありますか？
D男：使われなくなった民家をきれいにして再利用するとかも、いいね。

このグループでは、さまざまなアイデアが出される中で、「まちづくり」という目的や「持続可能性」「地域の活性化」「エコ」という複数の判断基準をもとにアイデアをふるい分けしたり、付け足したりして、よりよいものへと集約している。

全員が「まちづくりの企画をまとめる」という「合意を形成する」というゴールのイメージをもつことはもちろんのこと、司会者の「テーマとそれてない？」「話を戻しますね」「付け足しの意見はありますか」などの促しが適度になされているところもよい（司会の生徒は、第一次に提示したカードを参考にして、必要な促しをして進めていた)。

このグループの話し合いは比較的円滑に話がまとまったが、中にはアイデアが拡散しすぎてまとまらないグループもあった。そのようなグループでは、教師が介入して司会者を補助したり、判断基準や優先順位を確認させたりなどして、最終的にはどのグループも**合意形成**に向かってよりよい案へ練り上げていくことができるように支援をした。

(4) 単元の評価

第一次で**合意形成**のプロセスを丁寧にとり上げたことで、第二次での話し合いをスムーズに進むことができた。また、とり上げた教材がとても分かりやすく、かつ、**合意形成**をする必要感のある課題であったために、話し合いをとても活発に進めることができた。特に、アイデアを出し合ったあとで何度も意見をまとめる活動を行ったことによって、「判断基準」や「優先順位」を合意することの重要性について確認することができた。

合意形成に向けての話し合いでは、積極的に話し合いに参加し、提案できたかどうかという点だけでなく、他者の意見を受容し、尊重した上で、判断基準や優先順位にそって、話し合いを進めようとしていることが必要である。第二次では、地域の課題を解決するという、多様な意見や価値観が交錯する複雑な課題を含む課題を扱った。そのような学習活動の場合は、話し合いのゴールはできるだけシンプルかつ具体的に提示して、複雑な話題をまとめ上げることが有効である。本単元では、「まちづくりの取り組みを提案する」という具体的かつ明確なゴールを設定したことによって、話し合いの方向性が捉えやすくなり、全員がそのゴールに向けて、円滑に**合意形成**に向けて討議を進めることができた。

3 ◦「学習用語」によって得られた学び

本単元では、まず取り組みやすい練習課題に取り組むことで、ステップを追って繰り返し**合意形成**のプロセスを練習することができ、手順と勘所を掴むことができたようである。そのときに有効だったのが「前提条件」「判断基準」「優先順位」などの、**合意形成**のプロセスに関連する学習用語である。意見にはどのような条件が求められるのか、さまざまな意見をどのような基準でふるい分けるのか、複数の意見をどう価値付けして判断していくのかなどの**合意形成**のプロセスで不可欠な要素について学習用語を押さえつつ理解させていくことで、確実にそのプロセスを習得させることができた。

また、後半は、総合的な学習の時間で取り組んでいる課題と関連させて**合意形成**について学ぶ学習を設定した。そのように学習を展開することで、実生活、実社会の課題を解決するための話し合いの方法として、**合意形成**のプロセスを活用することの有用性を実感することができた。このように、学習用語は国語の授業内で完結させるものではなく、他教科、領域での学びと関連付けて、生きた文脈の中で言語活動を通して活用させていくことで、さらにその定着を図ることができるものと思われる。

国語科で学んだ**合意形成**のプロセスの学びは、今後、公民や道徳などの多様な価値観が対立する課題を解決する学習の際にも活用することが期待できる。また、日常生活でのさまざまな課題を解決する場面においても、この**合意形成**のプロセスを意識させて話し合いに臨ませていきたい。

（渡邉光輝）

「話すこと・聞くこと」の実践の振り返り

日本語を使って生活をしている子どもたちは、国語の授業であらためて話すこと・聞くことを学ばなくても、話したり聞いたりすることはできる。

その一方で、話す・聞くといっても、学校で行うようなスピーチは家ではしないだろうし、家族で司会を立てて話し合うようなことも、まずしないだろう。やはり、学校での国語の授業を通して、初めてできるようになることや分かるようになることもある。

「話すこと・聞くこと」の学習では、家庭や生活の中で慣れ親しんでいる話し方や聞き方を土台としながら、社会で必要となる話し方や聞き方、話し合いの仕方などを学ぶことが目的となる。例えば、生活の中での話し方をどう工夫すると、クラス全員の前でのスピーチになるのか。あるいは、司会がどのように進めると、休み時間のおしゃべりとは違う話し合いになるのか、などである。そのあたりのことを、教える教師も学ぶ子どもも、しっかり捉えていく必要がある。

また、言葉を獲得する過程で、いつの間にか話したり聞いたりできるようになっているため、自分の話し方や聞き方を意識することが難しい場合も多い。あまりにも当たり前になっているので、自分の話し方を振り返ったり、よりよい聞き方について考えたりすることが意外に難しいのである。

「話すこと・聞くこと」の授業において学習用語を用いる意味は、上に述べた二つのこと、すなわち、何をどうすると話し方や話し合いの仕方が向上するのかという知識・技能を明確にすることと、自分の話し方や自分たちの話し合いの仕方を捉え直す視点となることとの二つにある。

例えば、話の「間」という学習用語に出会うことで、スピーチをするときには、べらべらと立て続けに話すよりも、少し間を空けて話す方が効果的であると知ることができる。「もっとていねいに話しなさい」「話の仕方を工夫しなさい」という指導では、子どもは何をどうすればよいかが分からない。「間」を空けることを知ることで、具体的に話し方を工夫することができる。また、「間」を意識しながら話すことによって、自分のスピーチを「間」という視点から見直すことができるようになっていく。

学習用語があることで、何をどうすればよいかが子どもたちには分かり、同時に自分たちの話す・聞くという行為を捉え直すことにもつながっていくのである。

渡邉先生の実践は、中学３年生での授業である。子どもたちは、「合意形成」という学習用語を知らなくとも、小学校からさまざまな機会に話し合いの経験を重ねている。９年間の義務教育の最後の段階で、「合意形成」という言葉を学習用語として提示することによって、自分たちの話し合いの経験をもとに、あらためてそのプロセスやポイントを確かめ合うことができる。その学習の意義は大きい。

（中村和弘）

書くこと

〔書くこと〕で学習する主な国語科学習用語

順序　中心　構成　展開　はじめ・中・終わり　序論・本論・結論　理由・事例　取材　アンケート　見出し　段落　題名　題材　書き出し　文末　常体・敬体　材料　箇条書き　引用　出典　編集　推敲　清書　感想／感想文　意見／意見文　説明文　報告／報告文　記録文　アドバイス　推薦／推薦文　紹介／紹介文　メモ　観察文　物語　詩　随筆　手紙　日記

学習用語「引用」「出典」

情報を活用して、説得力のある意見を発信しよう

―資料を引用して意見文を書く―

1 ◦「学習用語」の扱い方

国語の学習に限らず、子どもたちは、低学年時からさまざまな調べ学習をしてきている。低学年で調べたことを文章にまとめるときには、資料から得た情報を自分なりにまとめ直しアレンジしながら書いてしまうことも多いだろう。それは、学んだ知識や考えを、どんどん吸収して自分のものにしていく幼いうちは、致し方のないことである。しかし、著作権を尊重するという倫理的な意義からも、中学年になると**引用**の仕方や**出典**の示し方などを指導していく必要がある。学習指導要領にも、第３学年及び第４学年の〔知識及び技能〕(2) イに「比較や分類の仕方、必要な語句などの書き留め方、**引用**の仕方や**出典**の示し方、辞書や事典の使い方を理解し使うこと」と示されている。

引用とは、資料から文や語句、図表やグラフなどをそのまま抜き出すことである。**出典**とは、**引用**元となる書籍などの資料のタイトルや著作者名といった情報である。**引用**や**出典**について中学年で指導することにより、その意味や必要性は理解できても、正しく**引用**し、**出典**を示していく意識を高め、個々の中に定着させていくのは容易ではない。

そこで、自我意識の高まってくる高学年では、自分の考えが説得力のあるものとして他者に伝わるよう、必要な情報を選び出し、自分の考えと資料から得た情報を区別しながら、目的を明確にして的確に**引用**することができるような力を付けていきたい。

引用する際は、原文に忠実に、正確に**引用**することや、**引用**部分と自分の考えを区別し、その関係を明確にすること、**出典**について正確に記すことなど、さまざまな留意点がある。これらは、情報発信におけるモラルという点だけでなく、情報の説得力や信頼性とかかわっているという意識を高めていく必要がある。したがって、説得力のある意見を述べる上で、**引用**した情報が根拠となるよう、分量を考えて効果的に**引用**できているか十分に吟味させていきたい。また、**出典**を示すためには、書籍の奥付に注目するとよいこと、**出典**情報を示すことが情報検索にも役だつことも捉えさせたい。本単元では、**引用**や**出典**の意味を具体と関係付けて、実際に活用できるものにしていくことを意図している。

2 ◦「学習用語」を生かす授業の実践

(1) 単元の目標

○複数の情報に当たり、情報と情報を関係付けて、必要に応じて**出典**を示しながら適切に**引用**することができる。　〔知識及び技能〕(2) イ１
○説得力のある意見となるよう、**引用**したり図表を用いたりして、自分の考えが伝わる書き表し方を工夫することができる。　〔思考力、判断力、表現力等〕Ｂ書くこと (1) エ
○情報を活用し、効果的に**引用**しながら、自分の考えを書き表そうとしている。
〔学びに向かう力、人間性等〕

(2) 単元の指導計画

第一次（２時間） **単元の見通しをもち、意見文に書きたいことの情報を集め、取材メモをつくるとともに、主張を構成する。**

（主な学習活動）
・意見文のテーマについて話し合い、情報を集める。
・集めた情報から取材メモをつくり、自分の意見をまとめる。

（留意事項）
・自分の主張を説得力のあるものにするため、その根拠となる情報を意識させる。

第二次（２時間） **取材メモをもとに、グループ内でそれぞれの構想についてミニ討論会を行い、友達からの意見を踏まえて、意見文の構成を考える。**

（主な学習活動）
・グループでミニ討論会を行い、それぞれの主張に対して、意見を述べ合う。
・情報を整理し、序論・本論・結論に分けて構成メモをつくる。

（留意事項）
・構成メモに、自分の意見との関係が分かるように**引用**する情報を明示させる。

第三次（４時間） **情報を活用しながら意見文を書き、推敲して仕上げる。書き上がった意見文を読み合って、感想を交流する。**

（主な学習活動）
・**出典**を示して情報を**引用**しながら、意見文を書き、読み合って、感想を交流する。

（留意事項）
・適切に、効果的に**引用**できているか、という視点から推敲させる。

---

(3) 授業の実際

第一次 —— 情報を活用した発信について考える

第1時

本単元では、まず、「自分の意見を主張する際、『説得力のある主張』にするにはどうすればよいか」ということを考えた。「理由を述べる」「自信をもっていう」「相手の目を見る」「いいたいことをはっきりさせる」「具体例を入れる」「組み立てを考える」と、話し方や表し方、内容の整理・明確化、論の構成など、さまざまな観点からの意見が出てきた。

そこで、「意見文として書いて伝えるとしたら？」と問うてみた。「序論・本論・結論の構成を考える」「理由や事例を入れる」「関係することを調べて**引用**する」など、既習の学びを踏まえた考えが出て、文章構成のイメージを確認することができた。**引用**の話が出てきたので、**引用**についての理解を確かめたところ、**引用**という言葉は覚えがあるものの曖昧な様子もみられたので、言葉の意味を国語辞典で確認した。続いて、**引用**する際に、気を付けることを出し合い、教師側からも補足しながら、右記のように整理した。

〈引用するときに気を付けること〉
○**引用**する言葉や文、図などは、元の資料に書かれていた通りに書き写す。
○**引用**部分には「　」を付けるなど、自分の文章との区別が付くように表す。
○自分の考えを書いた文章が中心となるよう、よく考えて、どうしても必要な部分を**引用**する。
○**引用**した資料名や著作者名、出版社名、出版年などを、**出典**として明記する。

正しく**引用**することは、著作権の保護・尊重にもつながる。著作権についても、その意義を確認していった。また、**引用**する際の情報源には、図書資料のほか、新聞・雑誌・パンフレット、インターネット、テレビ・ラジオなど、さまざまなメディアがあり、情報の新しさや信頼性など、それぞれのメディアの特性を踏まえた情報選択の必要性があることを整理して簡単に説明した。

そのあと、次時から、主張を明確にして、説得力のある意見文を書くために、テーマ案を出し合い、希望するテーマが同じ者でグループをつくった。テーマが決まったら情報（資料）収集が必要となる。情報収集には時間が掛かるので、次時は翌週に行うことにし、それまでに、テーマに関する情報を用意してくるよう呼びかけた。

第2時

集めてきた資料から、意見文に使えそうな情報をメモに書きまとめ、そのメモを整理して、説得力のある意見の構成を考えることにした。メモをまとめるに当たって、**出典**についての理解を尋ねてみると、**出典**に対する意識は低く、資料のタイトルを書けばいいという程度の認識の子も多かったので、読み手が**出典**の情報をたどれば、情報源にたどり着くことができるよう、資料名のほか、著者名、出版社、出版年、**引用**箇所のページの明示や、インターネット情報の場合、URL や検索年月日等を示すことなど、**引用**する際に必要なことを説明した。

> 引用したい情報の要約
> 出典　資料名
> 著者名
> 引用ページ　など

出典の意識を高めるために、取材メモには、右記のように、**引用**したい情報についての詳細よりも、情報源となる**出典**に関する情報を正確に記すよう指導した。長めの**引用**でも、それを写すことより、どこに載っているのかがはっきりすれば、情報として活用できるということを意識付けるためである。また、**出典**を書く際には、奥付に注目するとよいことも指導した。奥付を理解していない子が多かったので、国語辞典でその意味を調べるとともに、身近にある辞書や教科書など、さまざまな書籍で具体的に確認しながら、捉えていった。

その後、自分の主張を明確にして、取材メモを並べ替えて整理し、どの情報をどのように活用していくのがよいかを考えていった。

第二次 ── ミニ討論会を行い、自分の主張について、多角的に検討する

第二次では、テーマについて、さまざまな角度から改めて考えてみることで、自分の主張を明確にし、説得力のある意見にするために、必要な情報を選び出し、論を組み立てる時間とした。ここでは、**引用**することに関する直接的な指導は行わないが、テーマについてどのような情報があるのかを知り、自分の考えを主張するためには、どのような根拠が必要なのかを考えていくことは、効果的な**引用**を行う上での基盤となる活動といえよう。

まず、同じテーマについて主張するグループで集まって、それぞれの主張を述べ合い、意見交換をして、ミニ討論会を行った。テーマは同じでも、具体的な主張は個々に異なる。例えば、「ＡＩの発達」をテーマとしたグループでは、ＡＩの可能性を論じる子が多かったが、ＡＩの発達それぞれの主張に質問したり、意見交換したりして、多様な見方・考え方にふれ、個々の考えを深めていった。

また、それぞれの用意した資料についての情報交換をして情報を共有し、討論を踏まえた上で、どうすれば説得力のある意見になるか、アドバイスし合う時間も設けた。

そのあと、友達からの意見を踏まえて、意見文の構成を考えて、序論・本論・結論に分けて構成メモをつくっていった。ミニ討論会で、さまざまな意見にふれたことで、反例を考えることができた子も多い。構成メモには、どこでどのような情報を**引用**するのかを明示し、自分の意見との関係が分かるようにさせていった。

第三次 ── 情報を活用し、効果的に引用して、説得力のある意見文を書く

第1時

構成メモをもとに、それぞれの考えを意見文に書きまとめていった。情報を**引用**する際の注意や**出典**の示し方を掲示で再度、確認した上で書き進めた。どのような情報をどの程度、**引用**していくのが適切かという判断が最も難しいところであった。一概にいえることではないので、個々の判断に任せつつ、必要に応じて個別にアドバイスしていった。

第2時

書き上がった意見文のコピーをとり、そのコピーを本人に返した。自分の意見文を読み返し、**引用**した部分は赤枠で囲み、**出典**には青線を引くよう指示した。いざ、線を引き始めると、「**引用**の仕方、間違えた」「**出典**をきちんと書いてなかった」など、自分の**引用**の仕方を自覚し、気付いたところを書き直したり書き加えたりする様子もみられた。

自分で読み返して推敲し、修正箇所を書き込んだ後、赤と青で**引用**部分と**出典**が示されたコピーを友達と交換して読み合って、気になるところをアドバイスし合うことにした。誤字や句読点、漢字での表記など部分的な修正点に関しては、直接書き込み、論理や構成など全体にかかわる気付きは、別に設けたスペースにコメントとして記名して書くようにした。**引用**箇所を明示したことで、「**引用**が分かりにくい」など、**引用**の適否に対する意見もみられたが、お互いの話題に対する内容理解が十分でないこともあり、踏み込んだ意見を出し合うには至らなかった。交換後には、他者の書きぶりを知ったことで**引用**のイメージがつかめ、改めて自分の書き方を振り返って推敲し、書き直す姿もみられた。

リサイクルするのはやめよう

環境のために、３Ｒ（リデュース、リユース、リサイクル）が大事だとよく言われます。物を大切にすることはいいことだけど、リサイクルすることは、本当に環境にいいのでしょうか。

―中略―

リサイクルするためには、回収した後、洗浄したり、異物を取り除いたりなど、たくさんの工程が必要となります。そのためにかかる費用や手間、エネルギーはとても大きいのです。『リサイクルしてはいけない』という本には、「ペットボトルの場合、リサイクルすると石油から新しく作るペットボトルに比べて資源やエネルギーをおよそ3倍から7倍も使うことがわかります。」と書かれています。このように、リサイクルすると、思ったよりも環境に負たんをかけてしまうのです。

―後略―

参考文けん『環境にやさしい生活をするためにリサイクルしてはいけない』
武田邦彦（青春出版社）

児童作品例

第3・4時

前時に推敲したコピーをみて修正箇所を確認しながら、意見文を書き上げていった。

書き上がった後、意見文を交換して読み合って感想を交流した。前回の読み合いは、推敲が目的だったが、今回は、完成作品なので、書きぶりのよいところや、書き手の意見に着目して読み、感想を中心に書き手に伝えるとともに、自分のノートにも意見文を読み合って学んだことや感想を書きまとめていった。最後に、推薦された説得力のあった意見文を全体に紹介して共有した。

(4) 単元の評価

情報を活用して適切に**引用**していくことは、本単元のねらいの一つであり、それができたかどうかは評価規準の一つとはなるが、本単元の学習の主目的ではない。最も大切なことは、効果的に**引用**したり図表などを用いたりして説明することにより、説得力のある意見となるよう、書き表し方を工夫していくことである。その面では、お互いの意見文を読み合って相互評価していくことで、具体的な文章を通して、説得力のある意見文のイメージを捉えることができ、今後につながる学びとすることができた。

教師側の指導及び評価として難しかったのは、適切な**引用**に関する支援と見取りである。個々に自分の関心のあるテーマを考え、必要な資料・情報を収集してきたため、テーマは多岐に渡り、集めてきた資料や情報もさまざまであった。そのため、それぞれの**引用**文献などの情報源や内容の適否までは十分に指導することができず、本来は、説得力につながる客観的な情報かという内容の検討もすべきであったが、文脈に合っているかどうかという判断にとどまった。自分の主張の根拠となる必要感のある**引用**ができるよう、情報と主張との関係については、学習経験を重ねて、さらに意識を高めてほしい。

3 ◦「学習用語」によって得られた学び

高学年になると、**引用**するということ自体は、既習事項なので、資料を活用するときに、資料名を明示することなどは、意識している子も多かった。しかし、自分の意見と十分に区別できなかったり、複数の情報を混在させてしまったりする様子もみられていた。今回、**引用**や**出典**を学習用語として扱うだけではなく、著作権の話を丁寧にしたり、メディアの違いによる情報の信憑性や特性なども含めて情報活用の手段として示したりと、意義や内容とともに学んだことで、情報モラルに対する意識とともに、正しく**引用**することへの意識は高まった。また、書誌情報が奥付に書かれているということも確認できた。

今回の実践で、学習用語を実感できるようにする手だてとして、**引用**と**出典**を色分けして示すようにしたことにより、自分の**引用**の仕方を可視化することができ、客観的に自分の取組を見直し、正しい**引用**への意識を高める契機となったと感じている。　(片山守道)

学習用語「随筆」

心の風景を言葉にする

―詩を入口として随筆の書き手となる―

◇「最初の質問」（学校図書）

1 ◦「学習用語」の扱い方

第３学年では、文章の種類とその特徴について理解を深める必要がある。そこで、第１学年で既習である「**随筆**」を、書き手となるゴールを見通した上で改めて扱うこととした。

「**随筆**」は、ある題材について自由に思ったことや考えたことを書き綴ったものである。そのため、ここで肝要なのは、題材に何を選ぶかということである。題材が決まったあと、その意図に応じて、多様な相手に伝える表現を工夫することになる。

そこで、まずは、題材の素材となるものを得るために、「最初の質問」という詩の問いかけに答えるところから始めた。ただし、ここでは**随筆**を書くというゴールを提示せずに、詩の問いかけに答えるという学習として生徒は取り組んだ。この答えを素材として、自分自身が**随筆**を書くと伝えると、問いかけに素直に答えられなくなるとおそれたためである。

問いの答え＝素材が出されたところで、初めて「**随筆**」という文種に着目した学習を進めることを生徒に提示する。ここで「**随筆**」という用語をおさえることは、この後、実際に書き手となる上で、絶対に必要である。

このように文種をまず提示してその内容を書く学習においては、その文種がどんな特性をもっているのかをしっかり把握した上で考えたり書いたりすることが効果的な学習につながる。

2 ◦「学習用語」を生かす授業の実践

(1) 単元の目標

○「**随筆**」という文章の種類と特徴について理解を深めることができる。

〔知識及び技能〕(1) ウ

○表現の仕方を考え、自分の意図が相手に伝わる工夫しながら書くことができる。

〔思考力、判断力、表現力等〕B 書くこと (1) ウ

○**随筆**を通して、自分の意図や考えを自分自身で認識しようとする。
〔学びに向かう力、人間性等〕

(2) 単元の指導計画

第一次（1時間） **長田弘の「最初の質問」を読み、その問いかけに答える。**

（主な学習活動）

・全文を音読する。

・問いかけについて、ワークシートに答えを書いていく。

（留意事項）

・「はい」「いいえ」だけではなく、必ずその理由をできるだけ具体的に書かせる。

第二次（1時間） **「随筆」について確認し、その文種を意識した素材を出すための問いを班で考えて、ホワイトボードに書いて机上に置いたものを一斉にみて参考にする。**

（主な学習活動）

・「**随筆**」について全体で確認する。

・素材を心の中から引き出すような問いかけを班で考える。

・ホワイトボードにまとめて、その後交流する。

（留意事項）

・詩の問いかけをモデルにさせる。

・まずは、質よりも量を意識して挙げさせて、その後、質でしぼる時間をとる。

・筆記用具を持って各班を回らせて、参考になったものはメモをとらせる。

第三次（1時間） **班内での交流後、400字以内で随筆を書く。**

（主な学習活動）

・前時にメモをしてきたものも合わせて班の中で交流する。

・題材を決めて個々に原稿用紙に書く。

（留意事項）

・書き始めに苦労している生徒には個別に支援する。

・授業時間内で書き終わらない場合は自宅学習とする。

・以後の授業で、提出された作品について何らかの形でとり上げる。

---

(3) 授業の実際

第一次 ―― 学習用語「随筆」の素材を見出す（習得する）

1時間目

随筆を書くことを最終のゴールとした場合、肝心なのは題材選びである。生徒の心の中に題材はたくさんあるはずであるが、それをとり出すことはなかなか難しい。気付くことも、そのとり出し方も、万人が一様にできるというものではない。そこで、まずは題材の素材に当たるものを生徒が見出せるような作品を探したところ、よい詩に巡り会えた。今回扱う「最初の質問」は、学校図書の中学校３年生の教科書の扉に位置付けられた詩である。つまり、中学校最後の学年の導入教材としての意味合いもある。30 近い問いかけが続くことで詩が構成されているが、その問いかけは一つひとつじっくり答えていくと、さまざまな考えや感性の素材となっていることが実感される。生徒は、問いそれぞれに真剣に向き合うことによって、いつの間にか多種多様な事柄に思考を巡らすようになる。

そこで、**随筆**を書くというゴールは提示せずに問いかけに答えることを行った。題材となる素材を引き出すときに、別の要素（**随筆**を書くことにつながる）を意識させたくなかったからである。

当初、めんどうだとつぶやいていた生徒も、具体的に理由を書かなければいけないというところから、大部分はいつの間にか夢中になり、ほとんどのワークシートが真剣に書かれていた。

〔生徒作品例〕

最初の質問　AM		三年
窓の向こう、道の向こうに、何が見えますか。	○	歩いている人たちの姿。笑っている人もいるけど、みんな下を向いて早足でとおりすぎていく。
雨の滴をいっぱいためたクモの巣を見たことがありますか。		ある。きらきらと水滴が光っていて、とてもきれいだった。クモはどこにもいなかったけれど。
樫の木の下で、あるいは欅の木の下で、立ち止まったことがありますか。		ある。葉っぱのあいだから見える木もれ日がすきで、よく木の下で立ち止まって、みきにさわっていた。冬になると少しさびしそう。
街路樹の木の名を知っていますか。		あまり知らない。知ろうと思って大人に聞いたことがあるけれど、よくわからないと答えていた。自分で調べようとはしなかった。
樹木を友人だと考えたことがありますか。		ない。でももし「人」なら、切られていくのは痛くてつらいだろうと感じたことはある。
この前、川を見つめたのはいつでしたか。		数ヶ月前。川のせせらぎの音は大好きだけど、近くの川はコンクリートで囲まれていて、少しさびしい。
砂の上に座ったのは、草の上に座ったのはいつでしたか。		数ヶ月前。草の上にねころぶのは大好き。砂の上はあんまり好きじゃない。下から何か出てきそうで、少しこわい。
「美しい」と、あなたがためらわず言えるものは何ですか。	○	秋の空。晴れた日が多くて、空も四季の中でいちばん高いように思う。全ての時間でいろいろな違った顔を見せてくれて、面しろい。好きなのは午後三～四時の間の空。
好きな花の名を七つ、挙げられますか。		コスモス、カスミ草、ラベンダー、スミレ、スズラン、タンポポ、桜。小さくてかわいらしいのが好きらしい。桜だけは別格。あんなに心打たれる花はないと思う。
あなたにとって「私たち」というのは、誰ですか。		時と場合によって変わる。家族だったり、友人だったり、日本人だったり、人類だったり。でも基本的には自分は自分だけ。
夜明け前に鳴き交わす鳥の声を聴いたことがありますか。		東京ではない。たしか白馬で聞いた。この声で目がさめた。気持ちよく目が覚めた。
ゆっくりと暮れてゆく西の空に祈ったことがありますか。	○	ある。何を祈ったかは覚えていない。夕焼けは心の奥がざわついてきて、少しだけこわい。
何歳の時の自分が好きですか。		小学校五年生のとき。自由で、生きているという実感が最も強く、今まで生きている中でいちばん濃いときだと思う。
上手に年を取ることができると思いますか。		すでにできていない。これからも「上手」には無理だと思う。でも、がんばって年をとっていこうと思う。

第二次 —— 学習用語「随筆」をあらためて意識する（活用する）

１時間目

まず、学習用語としての「**随筆**」についてとり上げる。

「**随筆**」は、現代では（本来は区別されるべきであるが）エッセイと同一に扱われている文の種類であることを確認する。自分の心が動いた「ある事柄について感じたこと、考えたことを自由に書いた散文」であることを生徒全体で共有した。

次に、その素材となるものを心の中から引っ張り出すような質問、まさに「最初の質問」の問いかけのような問いを考えるように指示した。この学習の背景には、詩人の問いかけに真摯に向き合った経験から、「質問」が心を揺らすことを実感しており、応用して考えることが可能であると考えたことがまず一つ。それから二つ目は、素材はできるだけ多くあった方がよいと考えたことと、三つ目に、プロほどの問いは立てられなくても、その過程でさらにさまざまな思考を巡らすことが期待されたからである。

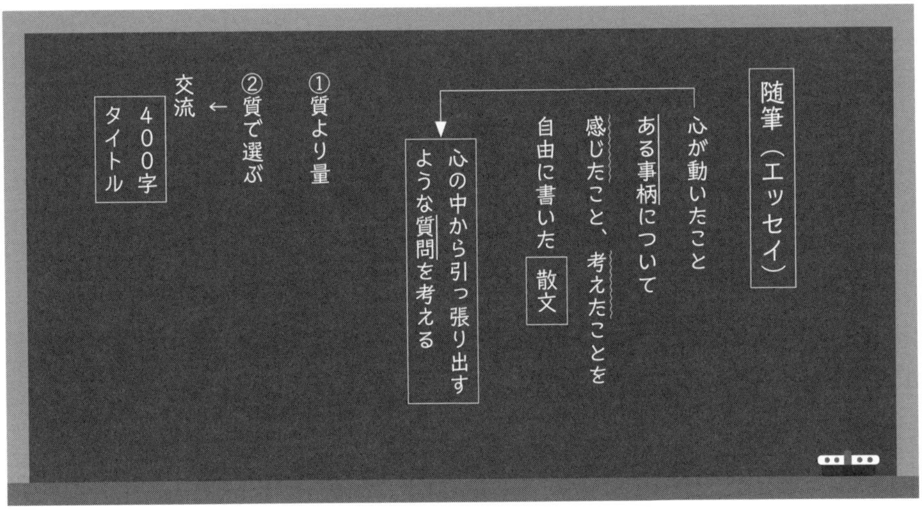

〔板書例〕

続いて、男女混合の４人班に分かれ、それぞれの班にホワイトボードを渡し、思い付いた問いを出し合い、書かせていく。モデルは「最初の質問」の問いである。

はじめは、質よりも量ということで、とりあえず書き出してみて精選していった。ホワイトボードの利点の一つに、「消せる」ということがあり、ボードの上で、生徒の発想はどんどん更新されていった。

〔班活動〕

〔班の素材〕

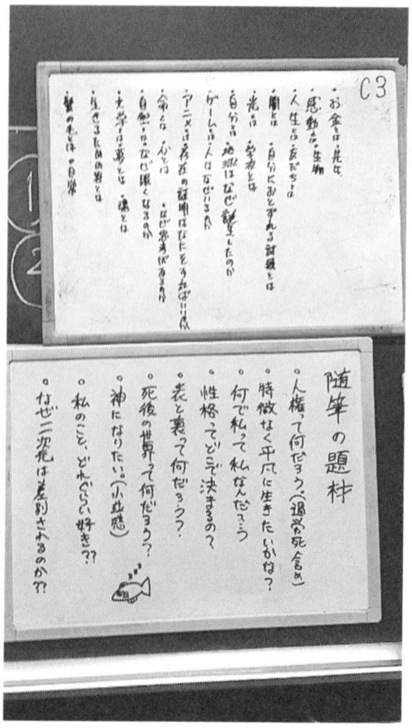

ホワイトボードを机上に置き、個々に筆記用具を持って班ごとに順番に回って読んでいく。自分が気に入ったものはメモをしていく。前の黒板に掲示するだけよりも、交流時にさまざまに思考が進む様子がみられるので、交流の時間は確保する。

第三次 ―― 学習用語「随筆」を通して自分の想いを描く

1時間目

授業がはじまる前に、班のホワイトボードは前の黒板に掲示しておく。その上で、前時に他班との交流で得た情報を同じ班の中で交流し共有する。そして400字詰めの原稿用紙を配布し、400字以内で書き上げることを確認して、個別の執筆作業に入る。題材を決めかねたり、書き出しにつまずいている生徒については、個別に机間支援を行う。

授業中に書き終わらなかった場合には、持ち帰らせて自宅学習として、後日提出させる。そろったところで、何らかの形で作品の交流の機会をもつ。

〔生徒作品例1〕

◆ワークシート　Q「じっと目をつぶる。すると、何が見えてきますか」

A南部線から見えた夕陽。今までの人生で一番思い出に残っているから。

「非日常」

たまに、まぶたの裏に夕陽が見えることがある。その夕陽はとても暖かい色をしていた。

あの日は昼過ぎに英検の面接試験があった。憂鬱な気持ちで会場に入り、何ともいえない面持ちで出てきた僕は、試験の疲れと明日からまた学校が始まることが億劫で魔が差したのだろう。反対方向の電車に乗っていた。本来なら十数分で着く道を数時間かけ大まわりしようと考えたのだ。どうしてそんなことを考えたのか不思議に思ったのは、即席で立てた行程の丁度半分くらいに差し掛かった南部線の電車の中だった。会場に入る時には高かった日が地平線の近くまで下がり、空が南部線のラインカラーに染まっていた。その景色は知らない土地にいることを忘れさせるような懐かしさがあった。しばらくすると初めて乗った電車は初めて見る駅名標の前に停まり、ドアから入ってきた人たちが夕陽を隠した。

まぶたの裏に夕陽は突然現れる。写真を撮っていないのに鮮明に見えるのは何故だろう。

一つの問いから自分の体験を切り出した例。

〔生徒作品例2〕

◆ワークシート　Q「この向こう、道の向こうに、何が見えますか」

A曇り空、街、先を急ぐ人達が見える。日常の風景だ。

Q今あなたがいる場所で、耳を澄ますと、何が聞こえますか。沈黙はどんな音がしますか。

A友達がペンを進める音、紙をめくる音、ちょっとした咳払いが聞こえる。「私たち」の日常だと思う。

Q一番したいことは何ですか。

Aこのまま日常が続いていくこと。

「日常」

ふとした時に窓の外を見てみる。そこに見えるのは何だと思う。曇った空だったり、街だったり、先を急ぐ人たちかもしれない。それはまぎれもない日常だろう。

今の君はなやんでいるかもしれない。それか先を急ぎすぎているかもしれない。そんな時、窓の外を見て欲しい。なんでもない日常の風景の中に、未来が隠れていることだってある。だから、なやまなくていい、急がなくていい。今、自分と共にある風景を大切にして生きていけばいい。

自分の愛する人たちと暮らしている日常。それはまるで人生の一部を切り取った絵画のように美しいと言えるものだ。それこそ至高だ。

今の君が見る風景はセピア色かもしれない。それか目に痛すぎるくらい色にあふれてしまっているかもしれない。そんな時、愛する人を見つけてほしい。見つけた時の風景の中に、自分自身がいるだろう。だから過敏でなくていい。自分の日常と共に生きていけばいい。

「日常」という一つの言葉・イメージに、はじめからこだわり、作品としてまとめた例。

〔生徒作品例 3〕

◆ワークシート

🅀「今日、あなたは空を見上げましたか。空は遠かったですか、近かったですか。雲はどんな形をしていましたか。風はどんなにおいがしましたか」

🄰毎日見上げている。今日は曇っていて少し重ため。この前見た時は高く上がっていてとてもきれいだった。龍みたいな雲があって思わず笑った。今日の風はビルのコンクリートのにおいにまじって、若葉のにおいが少しした。

🅀「窓の向こう、道の向こうに、何が見えますか」

🄰歩いている人たちの姿。笑っている人もいるけれどみんな下を向いて早足で通り過ぎていく。

🅀「美しいと、あなたがためらわず言えるものは何ですか」

🄰秋の空。晴れた日が多くて、空も四季の中で一番高いように思う。すべての時間でいろいろな違った顔を見せてくれておもしろい。好きなのは午後３～４時の間の空。

🅀「ゆっくりと暮れてゆく西の空に祈ったことがありますか」

🄰ある。何を祈ったかは覚えていない。夕焼けは心の奥がざわついてきて少しだけこわい。

「景色」

私は小さいころから、外をながめるのが好きな子供だった。家のベランダで、教室の窓から。流れていく色は、いつでもとてもきれいだったように思う。

中でも一番好きなのは、秋の空。つき抜けるような高さも、薄い雲も、すき通った空気も、特に３～４時の空はよく分からないけれど切なくなってくる。

　あまり楽しくないものも、見えてくる。歩いていく人々は、みんな足下ばかり気にしている。上を見ればもっとすてきなものがあるのに、といつも思う。そして夕焼けの空。夜を運んでくるものが、じわじわとせまってくる。あの空はとても美しいけれど、少しこわくなってくる。昔の痛みも、思い浮かんでくるようだ。
　私は今日も、空を見上げる。流れていく景色をながめる。４月の今日の空は白の混ざった薄い青。コンクリートと、その中にほんの少しだけ、若葉の緑の香りがした。

　いくつかの問いかけに対して考えたことを組み合わせて一つの文章にまとめた例。
　生徒作品例１も２も素材を上手く活用して、題材のとり出しに成功している。

(4) 単元の評価

　「**随筆**を書く」というゴールに向かっていくアプローチは、いきなり書く、プロの作品を読んで研究して書くなどさまざまある。しかし、この単元では、問いかけの連続が詩となる作品に丁寧に取り組み、心から言葉を自ら引き出す練習を行った。このプロセスによって自分自身と向き合うこととなり、自分の思いや考えを確認する。そして、心から引き出されたものが**随筆**の題材となるわけだが、その理解は、「**随筆**」という文種自体と明示的に定着していることによる。そこから表現の工夫につながり、生徒作品は自然と「**随筆**」として形づくられる。

3 ◦「学習用語」によって得られた学び

　「**随筆**」という学習用語を、意識的に授業で扱うことの有効性を高めるために、第一次を設定した。中学生は、一つの目標がみえると、そこに向けて全力で取り組む者が少なくない。**随筆**を学習する、しかも書くことを行うと分かれば、まず、（何について書こうか…）と頭の中は「**随筆**の題材探し」でいっぱいになってしまう。心を動かされたことについて書くことを大前提としたかったため、何も考えずに素直に自分の心の中に入り、プロの詩人との問答の中で思考を巡らせ、素材を探して題材をとり出してほしいと考えた。そして学習用語にスポットを当て、その上で、班活動を組み込んで、個別の学習の支えを強化したのである。
　全員が思い通りに心の中から題材を切り出し表現できるレベルにはなかなか届かないが、400字という書きやすい長さの設定も功を奏し、あまり負担感をもつことなく取り組めていた。「**随筆**」をきちんと確認して取り組んだことは大変有効であったと考える。

（森顕子）

「書くこと」の実践の振り返り

文章を書くためには、実はいろいろな知識や技能が必要である。例えば、字を書くという書字の力。どの言葉を使うかという語彙の知識。主語と述語をそろえ、修飾語を適切に使って文をつくるという文法の知識。いくつかの文をまとめて段落をつくり、全体を構成していく文章の知識。

これらだけでもさまざまにあるのに、ほかにも例えば、書き出しをどうするか、引用・出典はどう書けばいいか、推敲は何をどうすればいいか、などがある。また、文章の種類によっても、求められる書き方が異なってくる。

さらには、書く内容についての知識も必要である。自分の学校についての意見文を書くのであれば、学校の何を書くか、書く材料をいろいろ集め、その中から書くことを選び、どの順でどう書くかを考えていかなければならない。

文章を書くことは、自動車の製造と似ているところがある。1台の車を作るのに、実に多くの部品が必要であり、そして、さまざまな工程を経て完成に至る。一つの文章を書き上げるのにも、多くの知識・技能が必要となる。それらを、取材から構成、記述、推敲、共有という一連の過程の中で、さまざまに組み合わせて、文章はつくられていく。

こうした書くことに必要な知識・技能を、学習用語として子どもが意識して使えるようにすることで、教師が手取り足取り一つずつ教えなくても、自分たちで書き方を考えたり工夫したりすることができるようになる。

片山先生の実践では、6年生の意見文を書く授業の中で、「引用」「出典」という学習用語が使われている。

引用は、自分の意見を補強したり証左を示したりする上で必要となる。それを片山先生は「説得力のある意見文を書こう」と子どもたちに投げかけ、どのような情報源を出典とし、情報のどの部分をどのように引用すると効果的なのかを考えさせている。中学年で出会った「引用」「出典」という学習用語の内実を、高学年で更新させているのである。

書く目的や内容によって、引用すべき情報や引用の仕方、留意すべきことは、さまざまである。例えば、引用する量や引用する箇所は適切かどうか、引用が自分の意見をしっかり支えるものとなっているか、そもそも引用元となっているインターネット上の情報の真偽はどうか、などである。「引用」「出典」という学習用語の内実は、実際にそれが必要とされ使われるたびに、「上書き」されていく。

書くことは、さまざまな部品と工程の組み合わせから生み出されると先に書いたが、そのポイントとなる部品や工程が学習用語として意識され、書くたびに更新されていくことで、その総体である文章を書く力も少しずつ着実に向上していく。　（中村和弘）

読むこと（説明文）

〔読むこと（説明文）〕で学習する主な国語科学習用語

指示語　接続語　音読　黙読　順序　中心　構成　はじめ・中・終わり　序論・本論・結論　理由・事例　構造　段落　題名　事例　根拠　論理　キーワード　対比　筆者　要点　要旨　要約　意見／意見文　説明文　記録文　観察文　伝記

学習用語「キーワード」

この段落は、いらない？

―目的に応じたキーワードを探し、読み解こう―

◇「アメンボはにん者か」（学校図書）

1 ◦「学習用語」の扱い方

本単元では学びを駆動させる学習用語として「**キーワード**」を用いた。国語科の学習、特に説明的文章を読む学習においての**キーワード**とは何だろうか。

一般には、**キーワード**は「文章の理解や問題解決の手がかりとなる語」「情報検索で、データを引き出すときの索引となる語」という意味で用いられる。子どもも一度は聞いたことがある言葉であろう。「大切な言葉」「重要語句」とでもいうような捉えをしているのではないだろうか。

学習用語として**キーワード**という言葉を授業の中で用いるに当たって、あやふやな意味で用いるのではなく、しっかりと定義付けてから用いることが必要である。学習用語は、いわば子どもの学びを支える土台となる知恵である。そこに理解のズレがあると、共通の土台として機能しなくなってしまう。本単元では、**キーワード**という言葉を、子どもと確かめ合いながら扱うこととした。

学習指導要領では、第３学年及び第４学年において、説明的文章を読むに当たり「目的を意識して、中心となる語や文を見つけて要約すること」が指導事項に位置付けられている（C 読むことウ）。目的が何であるかによって、「中心となる語や文」は変わるのである。

当たり前の話であるが、A という扉があれば、A に合う鍵が必要である。B という扉があれば、B に合う鍵が必要である。A という扉を開けるために、B に合う鍵を用いても開かない。目的に合う鍵を用いる必要がある。**キーワード**という言葉を用いる際にも、その点に十分気を付けたい。「この説明文の**キーワード**は何ですか」といわれても、実はそれだけでは**キーワード**はみつけようがない。学習指導要領の言葉を借りれば、意識すべき「目的」がないからだ。考えたい問題や目的が生まれ、それが子どもに認識されてはじめて、そのために必要な**キーワード**が浮かび上がってくる。今の学習は、どこへ向かっているのか。どんな扉があるのか。そして、その扉を開けるために最適な鍵は何なのか子どもと考えていった。

ここでは、**キーワード**を「問題や目的の解決のための鍵（＝キー）になる言葉」と定義しよう。定義付けだけでは、それがどう働くのかは分からない。具体的な実践の姿から、学習用語としての**キーワード**とは何か、どのような効果があるのかを示したい。

2 ◦「学習用語」を生かす授業の実践

(1) 単元の目標

○本文中の日高敏隆の考えと、それを支える事例の挙げ方との関係について理解することができる。〔知識及び技能〕(2) ア

○本文中に出てくる問いに対する答えを、**キーワード**をみつけながら簡潔にまとめることができる。〔思考力、判断力、表現力等〕C 読むこと (1) ウ

○文章を読んで理解したことをもとに、構成や内容について自分の考えをもち、仲間と議論し考えを共有することのよさを感じようとしている。〔学びに向かう力、人間性等〕

(2) 単元の指導計画

第一次（2時間） **日高敏隆の「アメンボはにん者か」を読み、「どうして水面をうかんで走ることができるのか」という筆者の問いを捉え、それに答える。**

（主な学習活動）

・全文を通読し、筆者の問い「どうして水面をうかんで走ることができるのか」に気付く。

・筆者の問いに答えるための**キーワード**を本文中から探し出し、短い文にまとめる。

（留意事項）

・「どうして水面をうかんで走ることができるのか」という問いに答えるための手がかりとなる言葉を**キーワード**として捉えさせる。

第二次（3時間） **15段落までで筆者の挙げた問いがすべて解決されていることに気付き、なぜ16段落以降の実験を続けるのか、16段落以降は必要なのか考える。**

（主な学習活動）

・2段落の「どうして水面にうかんで走ることができるのか」という問いは11段落までに解決され、12段落の「いったい何を食べて生きているのか」という問いは15段落までに解決されていることを捉える。

・16段落から、筆者の問いがないのに突如実験が始まることを捉え、16段落以降は必要なのかどうかについて自分の考えをもち、意見を発表し合い、共有する。

（留意事項）

・16段落以降は必要なのかについて自分の考えをもつ際に、根拠となった本文中の言葉を**キーワード**として捉えさせる。

・どの言葉を**キーワード**として自分の考えの根拠にするかによって、立場も変わることを理解させる。

---

(3) 授業の実際

第一次――問題の解決のための鍵(=キー)になる「キーワード」をつかむ

1時間目

これまで低学年や3年生で学んできた説明文に筆者の問いがあったことを想起し、日高敏隆の「アメンボはにん者か」でも問いがあるかどうか確かめながら範読を聞かせる。新しい文章を読ませる際、目的意識をもって出合わせることが効果的である。初発の感想をとりあえず書かせてしまうような単元も散見されるが、単元で付けたい資質・能力がはっきりしているのであれば、導入からそこに児童を向かわせることが大切である。

範読を聞いた児童は、本文中から二つの問いを見つけてくる。一つ目は2段落の「どうしてアメンボは、あんなにうまく水面にうかんで走ることができるのでしょうか」である。二つ目は12段落の「水の上でくらしているアメンボは、いったい何を食べて生きているのでしょうか」である。どうしてそれが問いだと分かったのかを問うと、「終わりが『〜でしょうか』になっているから」と、文末表現に注目した意見が出てくる。多くの児童にとって当たり前のことかもしれないが、当たり前のことを丁寧に確認し、クラスでの共通認識をつくっていくことが、安心できる学級集団の基礎にもなるであろう。

まずは一つ目の「どうしてアメンボは、あんなにうまく水面にうかんで走ることができるのでしょうか」について本文を読み答えることを目的とすることを確認し、自分の考えをノートに書くための時間をとる。1時間目はノートを回収して終了する。

2時間目

1時間目に回収したノートは、2時間目の授業までに目を通し、朱筆を入れておく。そうすることで、児童の実態を把握することができ、意図的な指名をすることも可能になる。つまずいている児童が本時でどう考えているかを意識的に見とれるようにもなる。

授業では、児童が「この問いは二つの問いからできていて〜」と語り出す。「どうしてアメンボは、あんなにうまく水面にうかんで走ることができるのでしょうか」という問いに答えるためには、「うくこと」と「走ること」の二つを説明しなければならないことに気付いたのである。そして、「うくこと」と「走ること」の二つに分けて説明し始めた。

板書をみると分かるが、児童は「うくこと」については「くぼむ」「油」「表面張力」「水をはじく」という言葉を中心にして説明する。そして「走ること」については「中足」「こぐ」「オール」「根もとの方まで」という言葉を中心に説明する。板書にこれらの言葉が載ったところで、それぞれに短く自分の言葉でまとめさせ、ノートに書く時間をとった。多くの児童が、黒板を何度も確認しながら自分の考えをノートにまとめた。このように、板書を児童にとって思考を整理するツールにしていくことも大切である。

また、授業の終末には、今回筆者の問いに答えるために中心として用いた言葉を**キー**

ワードと呼ぶことを確認した。問題や目的の解決のための鍵（＝キー）になる言葉を用いて自分の考えをまとめることで、分かりやすくなることを実感できた時間となった。

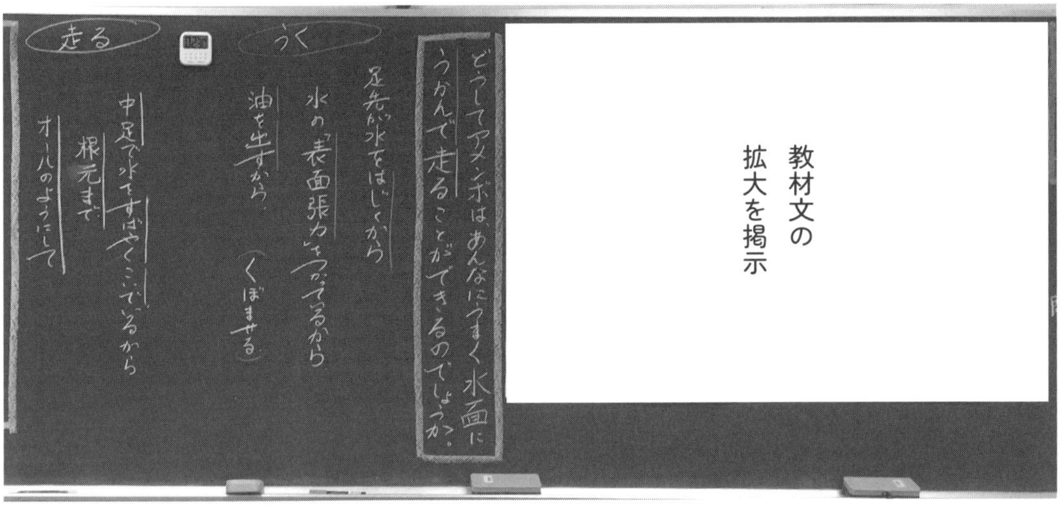

第二次──「キーワード」を使って考えをもち、仲間と考えを共有する

３時間目

二つ目の筆者の問いである「水の上でくらしているアメンボは、いったい何を食べて生きているのでしょうか」の答えは、15段落まで読むとすぐ分かることを児童と確認する。そこで、とある疑問が生じる。筆者の二つの問いは、15段落まででですべて解決されているのである。それ以降筆者の問いはない。なぜ16段落以降の実験を続けるのだろうか。低学年や３年生で学んできた説明文は、［問い－答え］がセットになって組み立てられている文章が多いため、児童にとってもこれは既習の知識を逸脱しており、疑問となる。もちろん児童からそうした疑問が出てくるのが好ましいが（本単元においては児童から出てきた）、めあてを明確にした上で教師の側から児童に提示し、問いとして設定することも大切である。

「16段落のあとには問いがない。それなのに、なぜ実験を続けるのか」が児童の問いとなったところで、自分の考えをノートに書く時間を確保する。ここでもう一度本文をじっくりと読み返す児童が多かった。第一次では筆者の「どうしてアメンボは、あんなにうまく水面にうかんで走ることができるのでしょうか」という問いに答えるという目的意識で本文を通読していたが、今度は学級の問いとなった「なぜ実験を続けるのか」に答えるために本文を通読している。そうすると、目に留まる言葉が変わってくる。目的意識によって**キーワード**は変わるのである。ノートは授業の終わりに回収し、１時間目と２時間目の間のように、授業と授業の間で朱筆を入れ、児童の考えを把握しておく。

4・5時間目

「なぜ実験をするのか」という問いから、児童の中では16段落以降はいらないのではないか、という意見が出てきていることがノートから分かった。そのため、本時の黒板には「16段落より後はいる？　いらない？」という言葉を書いた。そのほうが、児童が発言しやすいだろうと考えたためである。また、その言葉を用いても、めあてには到達することができるという見通しがあった。

いらない派の意見と、いる派の意見で分けて板書をしてある。

いらない派は筆者の意図を「アメンボはすごいと伝えたい」とし、それは15段落までで達成されているから「読者にとってしつこい感じがする」という意見、なぜ環境の話が出てくるのか分かりづらい、題名とのつながりが感じられない、という意見が出た。

一方、いる派からは、**キーワード**を挙げる意見が多かった。「自分たちの生活について、アメンボを通して考えられる」、「19段落の『思います』という文末は、日高さんのまとめ。16段落からの実験をすることで、まとめが言える」、「汚れた水ではアメンボは浮けない、だから守りたいという筆者の想いがある」などである。

それぞれの意見が発表されたあとに、教師から、題名が筆者の問いになっていることに気付かせた。「アメンボはにん者か」と、語尾が「か」で終わっているのである。そこで児童はもう一度考え、「確かに油を使って表面張力でうくことができて、にん者のようだけど、もし人間がしょう油や石けんをたくさん流してしまったらそれはアメンボが『うかぶことができない水』になってしまう。うく環境という土台がないと、アメンボはにん者になれない」という考えに至った。「にん者」という**キーワード**に着目して、「きれいな水じゃないとにん者になれない」と考えたのである。その意見が出てくることで、いる派に移る児童も多かった。また、その意見に納得しつつも、「大切ならば、読者に分かりやすいように書いた方がいいし、そのためにせっかくだから16段落で問い（の文を）書いてよ！」と感想に書いてくる児童もいた。主体的に文章にかかわり、批評的に読んでいる姿として受け止めたい。

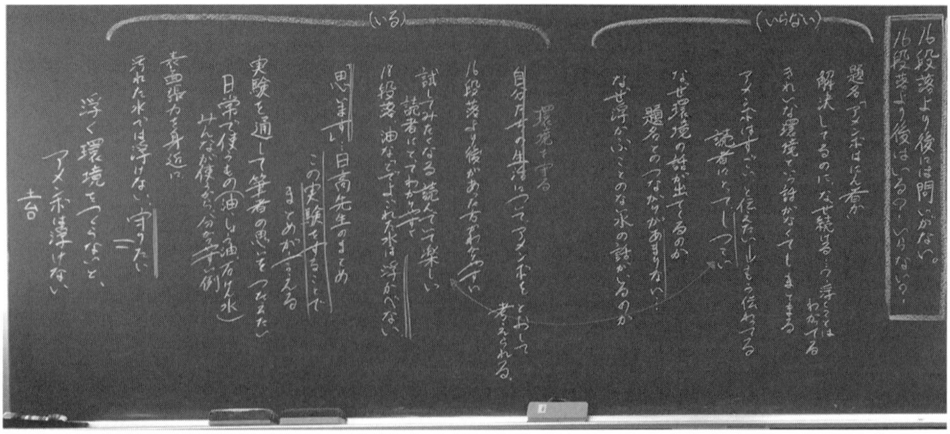

(3) 単元の評価

ほとんどの児童が、筆者の挙げた問いに対して答えとなる**キーワード**を探し、それを用いて短い言葉でまとめることができた。また、16段落以降がいるのかどうかを考えることを通して、日高敏隆の考えと、それを説明するための実験の述べ方の関係を捉えることができていた。その際に**キーワード**という学習用語が有効に働いていたのは授業の実践で述べた通りである。また、「3」でも述べるが、**キーワード**を意識することによって、仲間との共通点やズレを見つけやすくなり、仲間と考えを共有しながら学ぶことのよさを実感することができた。

3 ●「学習用語」によって得られた学び

キーワードが「問題や目的の解決のための鍵（＝キー）になる言葉」であることを児童と確認して扱ったことによって得られた学び、効果は大きく三つある。

一つ目は、児童が授業における目的意識を強く意識するようになることである。**キーワード**を探すにしても、そこには問題や目的がなければならない。やや逆説的ではあるが、**キーワード**という学習用語があることによって「自分は今、何を考えているんだっけ？」という目的意識を確認する機会が児童の中で増えたのではないだろうか。それによって、学級での話し合いで目的から外れた発言が少なくなった。

二つ目は、本文を繰り返し読む動機が生まれたことである。授業の実際でも述べたように、新たな問いが生まれ、自分の考えを形成しようとする際に、前の**キーワード**とは違う言葉を探そうとして本文を何度も読み返す児童の姿があった。大人から「何度も繰り返し読むことが大事」と何度いわれても、子どもの立場からいえば読む動機は生まれない。しかし、目的意識が変わり、また違った**キーワード**を探したいと思うことで、本文に立ち戻る動機が生まれ、読む回数が増えた。

三つ目は、**キーワード**を意識することで、自分の考えを仲間に伝える自信が生まれたことである。自分の意見をもっても、それを支える根拠がなければなかなか仲間の前で発表する自信は生まれない。普段はなかなか自信をもてず、発表することが少ない児童も、**キーワード**を意識することによって、自信をもつことがでた。具体的に言えば「私の意見は～なんだけど、○○が**キーワード**だと思っていて……」というように語ると、「あ、僕も同じ言葉を**キーワード**にしたよ！」と、かかわりが生まれるのである。**キーワード**という土台があることで、理解も深まるため「分かってもらえる」という安心感が生まれる。それが発言する自信につながったのだろう。さらに、異なった言葉を**キーワード**として使う場面があり、そのズレによって児童同士のかかわりが生まれ、授業が盛り上がる場面もあった。「僕と真逆の考え方で、**キーワード**も全然違ったけど、その気持ちも分かる！　という気持ちになりました」という児童の感想があったことが印象深い。　**（今村行）**

学習用語「根拠」「理由」

文章と対話して読もう

―主張をつくる「根拠」と「理由」の関係を探る―

◇「生き物は円柱形」（光村図書）

1 ◦「学習用語」の扱い方

子どもたちにとって、自分の考えを表すときに、「なぜ？」「どうして？」と、**理由**を問われることは多く、「どうしてかというと……」などと**理由**を明確にして伝えることは、低学年の頃から無意識に大事にしてきていることであろう。また、読むときに、**根拠**となる叙述に目を向け、**根拠**をもって、自分の考えをつくることについても、中学年ぐらいから、指導されてきていることが多いのではないだろうか。

このように、子どもたちにとっては、当たり前のように使用している**根拠**と**理由**だが、その**根拠**と**理由**の使い分けについては曖昧で、いいたいことの**理由**として、**根拠**を挙げる子も多く、ほぼ同義と捉えている様子がみられる。

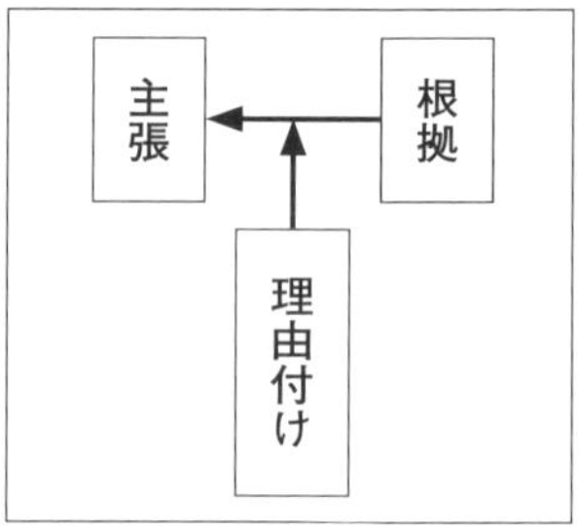

トゥールミン・モデル

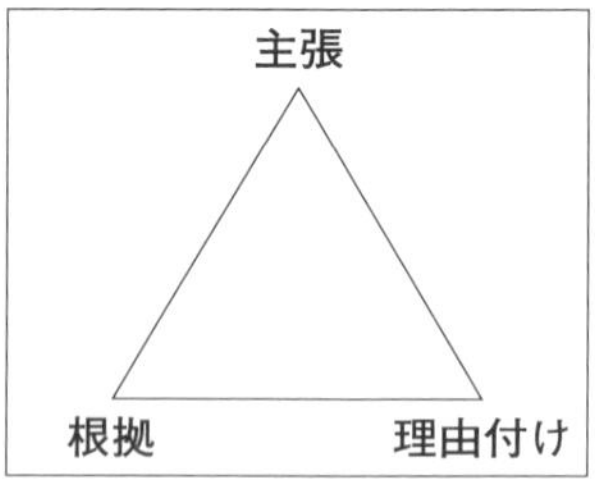

三角ロジック

主張の裏付けとなる**根拠**に**理由**を含むとする考え方もあるが、自分の主張と、**根拠**となる事実の間には、自分がその**根拠**をどのように捉えて、主張に至るのかという何らかの**理由**付けがあるとする考え方もある。イギリスの哲学者スティーブン・トゥールミン（Stephen Toulmin）は、「主張」「**根拠**」「**理由**付け」を議論の基本要素として右上図のように図式化したものを、トゥールミン・モデルとして提唱している。また、同様の考え方について、日本では、右下図のように捉えて、三角ロジックというようにも呼ばれている、

高学年では、この、トゥールミン・モデルを用い、**根拠**とその**理由**付けを明確に区別して、主張に対する**根拠**と**理由**を示すことを学び、より論理的に思考し、表現できるようにしていきたいと考えている。

「生き物は円柱形」は、生き物は円柱形とみることができるという共通性の例を挙げて、多様な生き物の共通性を見出し、その**理由**を考えることのおもしろさを述べた説明文である。筆者の主張と、その**根拠**や**理由**付けを捉えながら、筆者に対する自分の考えも論理的に説明できるようにする学習を通して、**根拠**と**理由**という学習用語の理解を深めたい。

2 ◦「学習用語」を生かす授業の実践

(1) 単元の目標

○筆者の主張とその**根拠**や**理由**などに着目することで、文と文との接続の関係、文章の構成や展開を捉えることができる。　〔知識及び技能〕(1) カ

○筆者の論の進め方を捉え、文章に対する自分の考えを**根拠**や**理由**を明確にして、示すことができる。　〔思考力、判断力、表現力等〕C 読むこと (1) ウ・オ

○文章と向き合い、主張とその**根拠**や**理由**の関係を考えながら、筆者の考えを捉えようとしている。　〔学びに向かう力、人間性等〕

(2) 単元の指導計画

第一次（1時間） **対話を意識して、「生き物は円柱形」を読み、初発の感想を交流するとともに、本単元の学習の見通しをもつ。**

(主な学習活動)

・「生き物は円柱形」を読み、初発の感想などを書いて、交流する。

(留意事項)

・筆者の意見に納得できるか、という点から読みの構えをつくる。

第二次（3時間） **「根拠」と「主張」、「理由（付け）」の関係を知り、筆者の主張に対する自分の考えを書き、学級でお互いの読みを共有しながら読み深める。**

(主な学習活動)

・筆者の主張の**根拠**や**理由**を考える。

・筆者の主張に対する自分の考えを**根拠**や**理由**を明らかにしながら組み立てる。

(留意事項)

・具体的な事例を通して、**根拠**と**理由**（付け）の違いを捉えさせる。

第三次（2時間） **要旨を考え、文章に対する自分の考えを書きまとめる。**

(主な学習活動)

・大まかな文章構成と要旨を捉え、筆者の主張に対する自分の考えを書きまとめる。

(留意事項)

・要旨から、筆者の主張の**根拠**や**理由**（付け）について改めて確認する。

---

(3) 授業の実際

第一次 ――「生き物は円柱形」の感想とナットク度を交流する

単元の導入として、まず、「いろいろな生き物に共通していることは何だろう？」と尋ねたところ、「生きているものは、いつかは死ぬ」「動く」「子孫を残す」「食べる」「命を守ろうとする」……といった声が出た。そこで、「生き物は円柱形」という題名を示し、疑問を抱きつつ、教材文を読むことにした。

初読後の感想は、これまでの学習経験から、「納得できた」「生き物は円柱形だと分かった」「確かにその通りだと思う」など、肯定的な記述が多かった。一例を挙げる。

> 生き物の共通点として、「円柱形」だということは、思いつかなかった。思えば、手足はどの生き物にしても共通して円柱形だし、木の幹も四角柱などのようなものは見たことがない。本文にあるように、「生き物の最も生き物らしいところは、多様だということだろう。」その多様の中で共通点を示し、その**理由**もしっかり述べているので納得できた。

このような感想が多い中で、「絶対に例外はいないのか気になった」「生き物が強いとか速いとかいうことを考えて胴体、足などを円柱形にしたとは考えられない。円柱形は、生き物が環境に合わせて手に入れたものだと考える」など、筆者の主張に対する疑問や意見を書いている子もいた。

初発の感想とともに、ナットク度という形で、文章を読んで、納得できたかどうか、右記の通りの５段階で自分の位置を示し、その**理由**とともに書いていった。

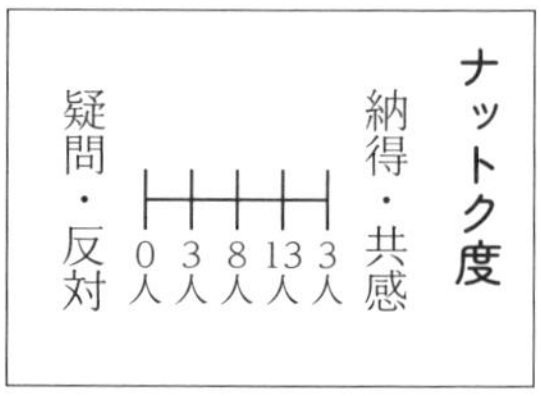

肯定的な**理由**として、「円柱形が強い形だというのに納得した」「確かに生き物は円柱形だ」といったことが挙がる一方、否定的な**理由**として、「植物は、速くなくてもよい」「一部一部は円柱形でも、全体で見ると……？」「円柱形じゃないものもいる」など、筆者の説明に納得できない部分について、さまざまな意見が出てきた。

ナットク度の差異から、その原因となっている、筆者の主張に注目してよく読んで、筆者の考えに対する自分の考えをつくっていこうというおおまかな見通しを立てていった。

第二次 ―― 根拠と理由(付け)を明確にして、筆者の主張を捉え、自分の考えをつくる

第１時

文章と対話していくためには、自分の考えを主張する際、その**根拠**を明らかにするとともに、その**根拠**から自分の主張に至るための**理由**付けが必要であることを説明した。図示

しても、分かったような分からないような……という曖昧な反応だったので、以下のような具体例を挙げて説明した。

根拠　＝空が曇っている（という事実）
→**理由**付け　＝雨が降りそうだ（経験からくる予想）
→主張　＝かさを持って行こう（という自分の考え）

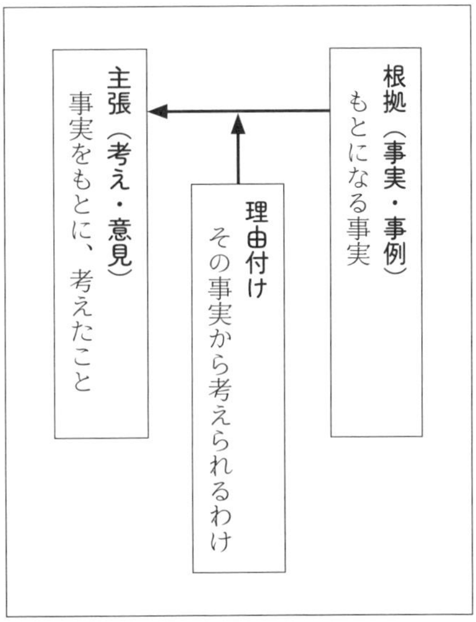

例示については、およそ理解できた様子だったので、文章をよく読んで、筆者の主張と、**根拠**や**理由**を探してみることにした。具体的には、印刷して配った「生き物は円柱形」の本文に、筆者の主張は青、その**根拠**は黒（板書では黄色）、**理由**付けは赤、と色分けして線を引いていった。

筆者の主張すべてに**根拠**や**理由**が示されているわけではないので、この作業は容易ではなかったが、文章中に、主張も、**根拠**も、**理由**付けも書かれていることは確認できた。

例：**根拠**＝（指は）丸くてまっすぐにのびた形
　　理由付け＝ごつごつしていたり、でこぼこがあったりしても、それをここでは円柱形とみなすことにしよう
　　主張＝うでも、あしも、首も円柱形だし、胴体もほぼ円柱形といえる

第２時

もう一度、「生き物は円柱形」を読み返した上で、筆者の説明や主張に対する自分の考えを、**根拠**や**理由**を示しながら述べていくことにした。

まず、個々に取り組み、ワークシートの「**根拠**」「**理由**付け」「主張」の枠に記入していったが、「**根拠**」と「**理由**付け」の区別は難しい様子で、苦戦している子も多かった。

そこで、グループワークとし、共同作業で、**根拠**（黄色）、**理由**付け（桃色）、主張（水色）の短冊に、話し合って考えたグループとしての意見を書きまとめていった。グループでもなかなか難しく、まとめるのには時間を要してしまったので、この時間は、それぞれの書き上げた短冊を披露し

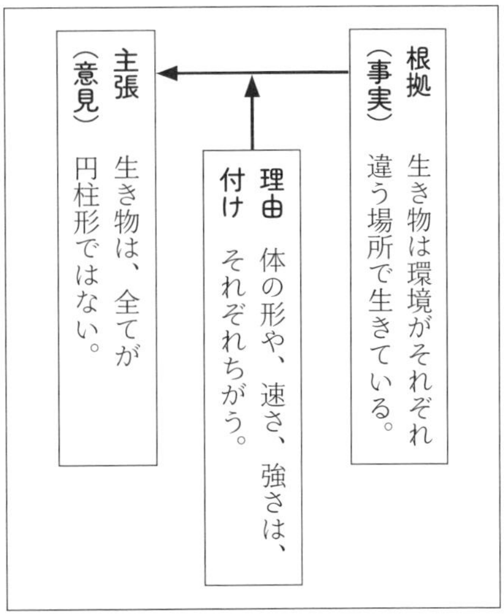

児童の記入例

合うところまでとし、その内容の吟味は、次時に行うこととした。

第3時

前時に書いた、短冊を改めて読み合った。肯定的な意見もあったが、筆者に対する疑問や否定的な意見のほうが多かった。「**根拠**」―「**理由**付け」―「主張」の関係が適切かどうかという点から見ていき、その面では全体の賛同を得られた、89ページの記入例にある意見を取り上げ、その賛否について話し合った。

短冊を書いたグループからは、必ずしも円柱形ではないという例として、人の耳や鼻、口、うさぎの耳、といった具体例が挙げられた。

この意見に、全体の三分の二が賛成、三分の一は反対であった。賛成側の意見としては、「環境によってちがう」「ミジンコは丸っこい」「気を付けをしても、円柱形ではない」「チーターは速いが円柱形とは言えない」といった意見が出た一方、反対側からは、「円柱形かどうかは、人の見方によるのではないか」という意見が出てきた。

こうしたやりとりを重ねながら、それぞれの主張と、その**根拠**や**理由**付けの妥当性を検討することを通して、**根拠**と**理由**の違いを感じ取らせていった。

第三次 ―― 要旨を考え、文章に対する自分の考えを書きまとめる

根拠と**理由**の弁別は容易ではなく、全員がすっきり納得できるまでには至らなかったが、本単元の主眼は、筆者の主張を捉えることにある。

次時では、まず、全部で11段落ある本文の大まかな構成を捉え、第1段落が序論、2～10段落が本論で、11段落が結論であることを確認した。その上で、要旨をどのようにまとめることができるか、個々に考えた後、グループで話し合って、紙に書きまとめ、発表し合った。

要旨を捉えること自体は、既習事項なので、どの子も、自分なりに取り組むことはできたが、まとめあがった要旨は、大きく二分された。

一つは、「生き物は円柱形だ」ということを中心に、円柱形のよさをまとめたもの。もう一つは、「生き物は多様で、その共通性を見出し、**理由**を考えるのはおもしろい」という、最終段落をまとめたものである。この文章の構成を捉えていれば、後者が正しいということになるのだが、前者と捉えてしまう子も多い。それは、「生き物は円柱形」という言葉が題名にもなっており、何度も繰り返されるキーワードでもあるので、題名やキーワードが要旨を考える手がかりとなるという既習の学びを生かしての考えである。

それぞれの考え方について話し合い、その関係性を丁寧に捉えていった。そして、最後の一文に筆者の主張があることを確認し、その**根拠**や**理由**として、1～10段落が書かれていることを押さえていった。

最後に、「多様な生き物の共通性を見出し、**理由**を考えることはおもしろい」という筆者の主張を踏まえて、自分の考えをノートに書いて、学習のまとめとした。

(4) 単元の評価

本単元では、筆者の主張とその**根拠**や**理由**に着目して読み進めていったが、主張と**根拠**の関係は捉えられていたものの、**根拠**と**理由**付けを区別して捉えることは難しく、悩む様子がみられた。今までになかった観点であり、今回の学習で習得できたかというと微妙な面もあるが、**根拠**≠**理由**付けということの意識は育ってきている。これを個々が習得し、活用できるようにするには、さらなる学習経験が必要となろう。

しかし、学習の目標としていたのは、筆者の主張を読み取り、その主張に対する自分の考えを、論理的に述べることができるようにすることである。その意味では、子どもたちは、文章と向き合い、単元名とした「文章と対話」しながら、自分の考えを書きまとめることができていたと感じている。

3 ◦「学習用語」によって得られた学び

今回、トゥールミン・モデルを用いて、主張との関係を意識しながら、**根拠**と**理由**（付け）という学習用語の意味と違いを学んでいった。前述した通り、**根拠**と**理由**を個々に使い分けられるというところまでには至らなかったが、**根拠**と**理由**は同じではないということは意識できるようになった。また、**根拠**となる事実と、**根拠**から考えられる**理由**とを組み合わせることにより、説得力のある主張となるということについても、実感することができた。

今後、発達段階とともに、個々の論理的な思考も育ってくると思われるので、学習経験を重ね、**根拠**と**理由**付けを区別しながら筆者の主張を捉えたり、**根拠**と**理由**付けを明確にして自らの主張をしたりすることができるようになるための礎を築くことができたと考えている。

（片山守道）

学習用語「論理」

「見る」「見える」とは、どういうことか

―二つの文章を比較し、筆者の伝えたいことと「論理」の関係を捉える―

◇「『見える』ということ」（学校図書）・「ちょっと立ち止まって」（光村図書）

1 「学習用語」の扱い方

第１学年最初の「説明的文章」を読む授業では、３年間の学習の深まりを見通して、共通の土台をつくる必要がある。まずは「**論理**」にかかわる学習用語として、次の三つの概念を共有する。ここでの「説明的文章」には､「説明文」「論説文」「評論文」などを含む。

①「説明的文章」とは、自分の考えを読者に納得させるために、論理的に物事を述べる文章である。

②「論理の展開（構成）」とは、段落に役割をもたせて、筋道を立てて考えを述べることである。

③「根拠」とは、自分の述べたいことを裏付けるための「事実」と、それが裏付けになる「理由」とを合わせたものである。

生徒は、これらの学習用語を習得することによって、説明的文章を読む観点を習得する。またそれを教室での共有事項とすることで、これからの話し合いに共通の基盤となる。授業を通して、「**論理**の展開」を考える中で、それぞれの段落の「役割」は何かを考え、それに名前を付けることで、次の文章を読むときの「用語」となっていく。

「『見える』ということ」の筆者の主張は、「私たちはあらかじめ知っているものしか見ることができないのである」という、生徒にとってはショッキングな内容である。「そんなことありえない」という気持ちがあるからこそ、この文章をよく読んで、なぜ筆者がこんなことをいおうとしているのか、読み解く動機となる。「説明文とは、筆者の言いたいことを読者に納得させる文章である」ということを、実感するのにふさわしい。

次に「ちょっと立ち止まって」を読む。先の作品で習得した用語を用いて読み解こう、と投げかけるのだが、実際には、段落の役割も論の展開も、先のものとは違う。それが「おや」と思わせ、読み解く動機となる。この教材には、具体例としてだまし絵が三つあり、それに沿って、筆者の考えが述べられているので、分かりやすくおもしろい。なるほど、筆者の言いたいことはこういうことか、と実感しながら読み進めることができる。

この二つは、人間のものの見方・考え方を話題にしているという点で共通する。だからこそ、主張したいことと主張の目的によって、「**論理**の展開」が違うということが、明確に分かる。

2 ◦「学習用語」を生かす授業の実践

(1) 単元の目標

○福岡伸一と、桑原茂夫の**論理**の構成の違いを理解することができる。

〔知識及び技能〕(2) ア

○福岡伸一と、桑原茂夫の「見る」ことについて捉え方の違いを読みとり、自分の考えを、根拠を用いて表現することができる。

〔思考力、判断力、表現力等〕C 読むこと (1) エ、B 書くこと (1) イ

○筆者が述べようとしていることを、学習用語を手がかりに、友達と話し合いながら、探ろうとする。〔学びに向かう力・人間性等〕

(2) 単元の指導計画

第一次（3 時間） **福岡伸一の「『見える』ということ」を読み、筆者の言いたいことと、その「論理の展開」を読みとる。**

（主な学習活動）

・「説明的文章」「段落の役割」などの学習用語を確認する。

・「段落の役割」とは何か、考えさせながら文章を読み取る。

（留意事項）

・それぞれの生徒が小学校で学んできたことを踏まえ、説明文を読む土台をつくっていく。

第二次（3 時間） **桑原茂夫の「ちょっと立ち止まって」を読み、筆者の言いたいことと、「論理の展開」を読みとる。**

（主な学習活動）

・先の文章で学んだ「**論理**の展開」をもとに、「段落の役割」を考える。

（留意事項）

・前の文章とは、「段落の役割」が違うことに気付かせ、改めて段落の役割を命名する。

第三次（1 時間） **二つの作品を比べ、なぜ「論理の展開」に違いがあるのかを考える。**

（主な学習活動）

・二つの文章の「**論理**の展開」が違う理由を考えさせ、「**論理**の展開」と「筆者の主張」との関係に気付かせる。

・「福岡さん型」「桑原さん型」のどちらかの展開を用いて、自分の考えを書く。

（留意事項）

・「ものの見方・見え方」について、日常生活を振り返って、考えを深めさせる。

---

(3) 授業の実際

第一次――学習用語「論理」と出会う（習得する）

1時間目

「『見える』ということ」を音読し、「筆者の言いたいこと」がどこに書いてあるか探す。次に、それに賛成できるかと聞くと、ほとんどの生徒が反対する。そこで、これから「説明的文章」を読むことを知らせ、目標と学習用語を確認する。別々の小学校から進学しているので、それまでの学習歴も学習事項も違う。そこで、共通の用語を設定するのである（配付プリント）。そして、読者の考えと違うことを主張するために、「**論理**」が必要となることを確認する。

次に、「筆者の言いたいこと」が述べられている第５段落を読む。これは五つの文でできているが、一つ目の文が問いかけ、二つ目が世の中一般の答え（ことわざ）、三つ目は、それを否定する語（「否」）、四つ目、五つ目が筆者のいいたいことになっている。読者の考えとは違うことを述べようとしているという意識が表現に表れていることに気付かせる。

配付プリント

「見える」ということ／ちょっと立ち止まって

Ｑ「見る」「見える」とはどういうことか
―人は、現実をどのように見ているか―

目標

読む・福岡伸一と桑原茂夫の「見る」ことの捉え方の違いを読みとることができる。
・福岡伸一と桑原茂夫の論理の構成の違いを読みとることができる。

書く・「見る」ことについて、自分の考えを、根拠を用いて表現することができる。

「説明的文章」とは、
自分の考えを読者に納得させるために、論理的に物事を述べる文章である。

「論理の展開（構成）」とは、
段落に役割をもたせて、筋道を立てて考えを述べることである。

2時間目

５段落目が「筆者の言いたいこと」と分かったので、第１～４段落はどのような役割をしているか考える。生徒は「はじめ・なか・おわり」という用語を使いたがるが、それでは、**論理**の展開、考えの筋道が分からない。そこで、それぞれの段落の役割を考えさせ、名付けさせる。教科書や国語の便覧には、「段落の役割の例」が列挙されているので、辞書をひきながら、どの名付けが適切か考えさせる。グループに分かれて考えさせ、発表させると、違うところが出てきて、話し合いになる。

生徒が分かりにくいのは、「段落の役割」を表す言葉とは何なのか、というところである。多くの生徒が、「段落の内容」を答えてしまう。班で話し合わせて、結果を発表させると、「段落の役割」と「段落の内容」が混ざって出てくる。そこで、⑤段落の「筆者の言いたいこと・意見・考え」に対して、その段落がどのような役割をしているか、を考えさせる。また、⑤段落の内容は、「私たちはあらかじめ知っているものしか見ることができない」ということであり、役割は「筆者の意見」である、と言うと違いが分かる。それに従うと、②段落は事実、③段落はその事実が根拠になる理由、④段落も事実と理由、ということが理解しやすい。そして、②③④が⑤で言いたいことの「根拠」となっていることが分かり、ここで「根拠」についても、その用語の定義を確認する。

板書例

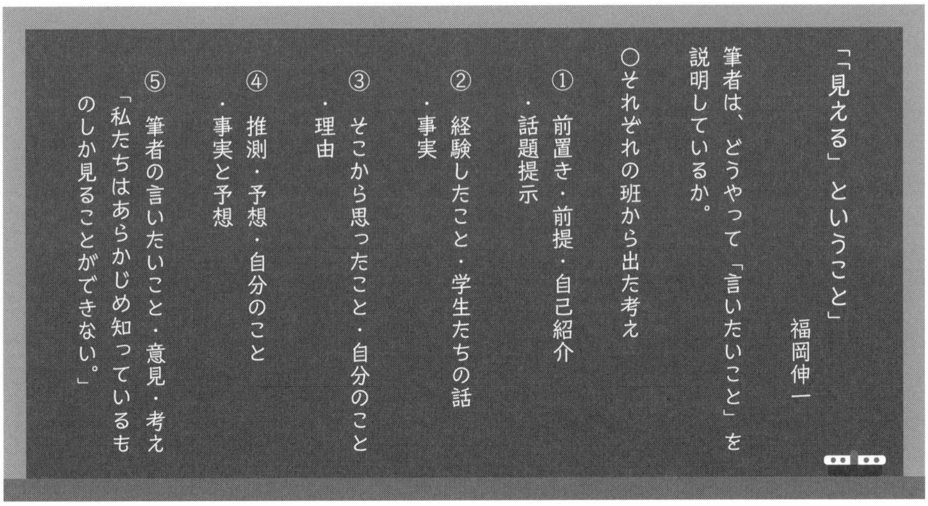

意見が分かれるのは、①段落は「前置き」なのか「前提」なのか、というところである。それ以外の用語が出てくることもある。辞書でひくと、それぞれ次のような意味である。

前置き：本論に入る前に述べること。

前提：あることが成り立つために前もって示された条件。
　　推理のもととなる仮定の判断。または既知の命題。

導入：導き入れること。
　　本論、主題に導く準備段階として、興味を起こさせ、方向付けをするための部分。

提示：さし出して見せること。（つまり、話題提示は、話題をさし出して見せること。）

（以上　旺文社　国語辞典　第九版）

すると、①段落ではまだ、「見える」ということは述べていないし、前もって示された条件でもない、となると、「前置き」か「導入」ということになる。これは、どちらも当てはまる。このように、その教室で使う用語は、皆で意味を確認して、使っていくことにする。話し合いながら学習用語を確認し、段落の役割を理解させるのだ。

3時間目

この文章で、読解のキーとなる言葉がある。それは、生徒からよく分からない語句として挙げられるのだが、「自戒の意味を込めて」である。なぜ筆者は「自戒」しなければならないのか。何を「自戒」するのか。「自戒」とはそもそも何なのか。生徒の疑問を出発点とし、表現を手がかりにすると、筆者がこの文章を書いた意図がみえてくる。

筆者は、描けるか描けないかは、見えるか見えないか、知っているかいないか、による、という結論を、学生と自分自身の体験によって導き出している。そのとき、見えるようになった者は、見えない者の立場を忘れてしまうということを自戒しなくてはならないと、述べている。筆者のいいたかったことは、ここなのだろう。「自戒」という言葉から、この**論理**が読み解かれるはずである。説明的文章が、学術論文と違うのは、そこに筆者の思いが込められているということであろう。学術論文ならば、事実がどうなっているのか、という客観的事実を重視する。そこにある筆者の思いを読みとることこそ、国語の授業が大切にするところだろう。

第二次 ―― 学習用語「論理」を通して読む（活用する）

1時間目

第一次で学んだことを生かして、「ちょっと立ち止まって」を読もう、というと、生徒は挑戦する気をみせる。「分かった」という思いを確かめたいのである。

そこで、第一次と同じように、筆者のいいたいことはどこにあるか問う。すると、⑩段落だ、という答えとともに、⑤段落にもあるのではないか、という答えが出される。そこで、段落の役割を整理しよう、と投げかける。今回も班ごとに考えさせる。教室の実態に合わせて、②～⑤段落、⑥～⑩段落に分けて考えてもよい。

2時間目

各班の発表を聞くと、やはり、「段落の内容」と「段落の役割」とが混ざって出てくる。どれが適当か、という話し合いをさせると「段落の役割」ならば……、という視点での意見が出てくる。この話し合いこそが、生徒が「**論理**の展開」をつかむ過程となる。しばらくは、話し合いを生徒に任せ、多くの意見を出させたい。第一次での話し合いが、ここで生きてくるはずである。例えば、①段落の役割だが、この文章では、「自分ではＡだと思っていたものが、人からＢともいえると指摘され」というところから、「これは『見える』とは『分かる』ということでもあるから、ここでは話題を提示しているといえる」というような意見が出る。また、「読者に呼びかけて、興味をひき、方向性を示しているのだから、『導入』といえるだろう」という意見も出る。つまり、「前提」や「前置き」ではない、ということが明らかになる。

板書例

「ちょっと立ち止まって」　桑原茂夫

筆者は、どうやって「言いたいこと」を説明しているか。

○班から出た考え

①　呼びかけ・話題提示・前置き

②　「ルビンのつぼ」の例・事実・具体例

・中心と背景について

③　説明・補足

・中心と背景を変えると……。

④　日常生活の例・事実

・日常生活での中心と背景

⑤　筆者の言いたいこと・②~④のまとめ

・「見る」の働き

⑥　女の人の絵の例・事実・具体例

・図の説明

⑦　⑥の補足

・中心を変えるのは困難

⑧　どくろの絵の例・事実・具体例

・中心の換え方

⑨　日常生活の例・その他の例

⑩　意見・「見る」ことについての意見

・メッセージ

⑤段落が、②～④段落の「まとめ」となっている理由を問うと、「中心に見るもの」という言葉が②、③に入っており、④にはないが、「ピントを合わせる」ということに置き換えられている、ということが指摘される。同じように、⑥～⑩段落を見直すと、「今見えているものを意識して捨て去る」「見方を変える」「遠くから見るか、近くから見るか」という「見方を変える」という考えが共通していることに気付く。

3時間目

ここまで分かったところで、この文章は、②～⑤、⑥～⑩に分かれているのか、という疑問が出る。⑩段落をよくみると、「中心に見るものを変えたり」という言葉があるのに気付く。つまり、⑩段落は、⑥～⑨のまとめになっていると同時に、②～⑤を受けて、「読者へのメッセージ」が書かれているということが分かるのだ。

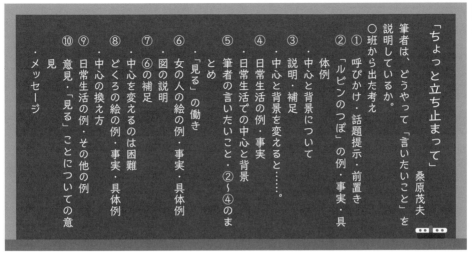

最終的に、この文章では、「具体例」とその「説明」とが組み合わさって「根拠」となっていることに気付かせる。第三次で考えさせるが、この文章の根拠は、「事実」というより、「具体例」といったほうがよいものになっている。それはなぜか。また具体例が複数あるのはなぜか、ということも、授業の中では疑問となるかもしれない。

論理の展開は、あくまで、筆者のいいたいことを読者に伝えるために、段落が役割をもつことで成り立っている、ということを意識して、内容と**論理**とを対応させつつ、これらの疑問を読み解きたい。そのときに役立つのが、学習用語なのである。

第三次 ―― 学習用語「論理」を通して自分の読みをまとめる

二つの作品を読み終わったところで、これらを比較する。まず、最後の段落は、「『見える』ということ」では、「意見・考え」になっているが、「ちょっと立ち止まって」では、

「意見・考え」と「読者へのメッセージ（呼びかけ）」となっていることに気付く。これは、なぜか。また、根拠の部分が、「『見える』ということ」では「事実」と呼んだのに、「ちょっと立ち止まって」では「具体例」と呼んだのはなぜか、ということを考えさせる。

「『見える』ということ」では、先に事実（出来事）があって、そこで「気付いたこと」「自戒したこと」があり、それを読者に伝えている。一方「ちょっと立ち止まって」では、筆者が先に分かっていることと、読者にメッセージとして伝えたいことがあり、それを説明するために適した「具体例」を示しながら説明している、ということが分かってくる。これが「**論理**の展開」に表れているのだ。さらにいえば、「ちょっと立ち止まって」のメッセージは、日常生活でのものの見方を変えてほしい、ということであるため、興味をひくための「絵」の例とともに、「日常生活」での例が示されていることに気付く。

そこで、「**論理**の展開は、筆者が伝えたい内容や、伝える目的によって違う」ということが今回の単元で得た共通認識となる。この認識の上で、では、自分は「見る」「見える」ということをどう捉えるか、友達に伝える文章を書こう、という活動を設定する。長さは800字とする。そして、福岡さん型か、桑原さん型か、どちらかの**論理**の展開を選択させ、それに沿って、根拠となる具体例または事実を箇条書きにさせる。**論理**の構成を「構成メモ」として書いてから、文章を書き始める。生徒は、「見る」ということが、ものを「知る」「理解する」ということとつながっていたり、見方によって、新しい発見がある、ということに驚いたりしているので、書きたいことはすでにある。文章の提出をもって、単元の終わりとするが、時間があれば、お互いの作品を読み合う時間をとりたい。

(4) 単元の評価

学習用語を習得したということは、自分の表現に生かすことができるということだ。今回は、「福岡さん型」か「桑原さん型」のどちらかを選ばせて作文を書かせたが、段落の役割の意味が分かっていれば、それにふさわしい内容を考えることができる。生徒は、自分で書くことによって、人を納得させるための根拠、展開を探すようになる。「段落の役割」が意識されると、当然、段落を整理した文章を書ける。最後に生徒の作品例を挙げる。桑原さん型で書いているが、言葉遣いは福岡さんから得ている。根拠は実体験にもとづくものであり、今回の学習で得た認識を判断・表現に生かしていることがみてとれる。生徒に示す作品の評価も「内容に対して段落の構成が適切であること」「根拠に独自性があること」「言葉遣いや作文用紙の使い方に誤りがないこと」とする。

3 ◦「学習用語」を扱うことで得られた学び

小学校では、「段落」には、それぞれ役割がある、ということが学習される。中学校では、その基礎の上に、「段落の役割」という概念の理解が必要になる。また、さまざまな「段落の役割」の名前に汎用性をもたせることが必要である。二つの文章を比較すること
によ
ころと、似ているのに違う用語を使う段落があることに気付
く。
は何かが明確になる。

定義」は教師がすることが多いだろうが、中学校ではそれぞ
れ
確かめることによって、生徒自身が定義することができる。
読
に出ている「段落の役割」の名前を当てはめるのではなく、
解き、それにふさわしい名前を付けることができるというこ
汎用性が出るとともに、説明的文章を読むときの枠組みを、自
いうことである。

ると同時に「概念」である。説明的文章とはどういう目的
いるものなのか、**論理**とは何か、段落の役割と何か、というこ
いう形で理解し、活用できるようになるのである。

（愛甲修子）

生徒作品例

「見る、見えるとは何か」

私はこの〇〇中学の生徒である。毎日の通学手段は、徒歩。入学してから約2か月間、毎日同じ景色を見ながら悠々と歩いていた。

ある日、「私の家から近いから一緒に帰ろう」と違うクラスの子から誘われた。もちろん、一人で帰るよりも安心するし、何よりも友達と会話ができて楽しいため、喜んで引き受けた。そして下校の時。先ほど誘われた友達と楽しく会話をしていた。その時、友達の口から「〇〇って、あの道沿いにあるよね？」と質問された。その言葉を聞いた私は、数秒間黙ってしまった。友達が言った道は毎日歩いているのに、その周辺にある物が、全くではないが出てこなかったのだ。

それから何分か後、私はこんなことを思った。毎日歩いていてわかりきっているはずの道なのに、特定の建物だけを指されるとわからなくなってしまうのは、その物を意識して見ていないからなのではないか、と。確かに私が覚えている建物は人の出入りが多く、周りに比べて少し派手なため、興味を持って毎日のように眺めていた。しかし、友達の言った建物は、まったく意識していなかったのだ。

入学当初の私は、この道を覚えるために大まかな景色を頭に記憶させていた。その記憶をもとに、毎日視野にある景色、建物を見ていた
の記憶もまた、人の出入りが多い場所や、目立つ建物しかイ
のか。自分の視野に入って
えるのか。
分の視野に入っていても、
えていないと同然なのであ
ものしか見ることができない

「読むこと（説明文）」の実践の振り返り

「読むこと」の学習用語は、日常生活の中で、娯楽や教養として文庫本を読んだり新書を読んだりする際には、それほど必要ではない。「段落」という用語を知ったからといって、「よし、この文章の段落に着目して、ひとつ読むとするか」という読み方はしないだろう。あくまでも内容を、すなわち文学であればストーリーを、説明文であれば情報を追って、感動したり発見したりしながら読み進めていく。

一方で、学校での「読むこと」の授業は、娯楽のためや教養を身に付けることが目的の第一ではない。あくまでも、文章を読むことについて学ぶのである。だから、目の前の文章をどう読めばいいのかという、着眼点のようなものをさまざまに学ぶ必要がある。それが学習用語に当たる。

読むことに関する学習用語を学ぶということは、この着眼点を増やしていくということである。着眼点が増えることで、一つの文章をさまざまな読み方を駆使して読むことができる。あるいは、共通の着眼点から、複数の文章を読みくらべることもできる。

日常的な読書では、こういうわけにはいかない。学校の授業として、意図的・計画的な指導のもとで、文章を読むことに関してのさまざま学びを重ねていくのである。

愛甲先生の「論理」を扱った実践も、そうした工夫が随所にみられる。

「論理」という言葉は、「あの人は論理的だね」「その論理は通らないと思うけど」などのように、日常生活の中でも使われている。学習する中学生にとっても、特に目新しいものではないだろう。一方で、説明文を読んで、段落相互の関係を捉えたり文章構成を考えたりする学習は、小学校でも中学年以降は繰り返し行われてきただろう。

愛甲先生の実践の特徴は、この二つのことを自然なかたちで組み合わせ、生徒たちが学べるようにしたところである。授業では、小学校で学んできた段落の役割や文章構成の工夫などを、「論理」の展開という学習用語でネーミングし直し、それを着眼点としながら、二つの文章を比較させている。生徒たちは、「論理」という新たな用語を着眼点として、それぞれの文章の捉え方や構成の違いを考えている。また、いずれかの展開を選び自分たちも文章を書いてみることで、あらためてその論理の展開の特徴に実感を伴って気付くことができるよう、単元の指導計画が工夫されている。

この実践は、学習用語を活用しながら、小学校と中学校の学習をつなげる国語科の授業となっている。小学校で学んだ説明文に関する用語を確かめつつ、それらを包括する「論理」という用語を中学１年の段階で学ぶことで、中学校全般の説明文の学習に生かすことが意図されている。小学校と中学校の国語科の学習を見通したとき、この学習用語はどの時期に扱うと最も効果的なのか、そうした検討が大切であることが分かる。学習用語の体系とともに、指導の系統という視点が求められてくる。

（中村和弘）

読むこと（文学）

〔読むこと（文学）〕で学習する主な国語科学習用語

擬音語・擬態語　反復　倒置法　比喩　擬人法　音読　朗読　黙読　順序　中心　構成　展開　批評　構造　題名　場面　登場人物　心情　情景　人物像　設定　山場　会話文・地の文　象徴　伏線　主題　連　対比　作者　語り手　視点　あらすじ　暗唱　感想／感想文　物語　詩　随筆　伝記　エピソード

学習用語「場面」「登場人物」

ふたりはどんな気持ちでいるのかな

―場面を区切り登場人物の気持ちを読む―

◇「お手がみ」（教育出版）

1 ◦「学習用語」の扱い方

物語を読み進める上で、**場面**を意識することは大切である。時間や場所の違いから**場面**が移り変わり、物語が展開していくことを意識できる。**場面**を意識できると、そこに現れる**登場人物**の行動の変化や気持ちの移り変わりを捉えることができる。「**場面**」と「**登場人物**」の二つの学習用語に着目させることで、物語を楽しむ読みの力を育むことができる。

「お手がみ」は、かえるくんとがまくんのやりとりが楽しい「ふたりはともだち」シリーズの一作品である。がまくんが悲しそうな顔をしているところにかえるくんがやってくる**場面**から、物語は始まる。そのあと、かえるくんががまくんにお手紙を書くことをひらめき、お手紙を書く**場面**、かたつむりくんにその手紙を届けてほしいと頼む**場面**、がまくんの家に先回りしてその手紙が届くのをがまくんと一緒に待つ**場面**、なかなか届かない手紙と手紙なんて来ないと沈んでいくがまくんを励ます**場面**、ついに来ない手紙の内容を明かしてしまう**場面**など、さまざまな**場面**からふたりの温かい気持ちの変化を感じとることができる。そのような心温まる**場面**をたくさん抱えた物語は、かえるくんとがまくんの２人の**登場人物**の掛け合いで成り立ち、読み進んでいくことで**登場人物**への理解も深まっていき、作品世界を味わうことになる。

学習者は言語活動としてとり入れたペープサートを使うことで、会話内容や**場面**の様子から**登場人物**がどんな声の調子で発した言葉なのか、また、そのときどんな気持ちだったのかを考えたくなるだろうと単元を構想した。

つまり、ペープサートの動きや声の調子を考えることは、**登場人物**の行動を中心に**場面**の様子を具体的に想像することとなり、出来事をひとまとめにする**場面**の意識が明確になる。また、**場面**に応じた**登場人物**の行動や気持ちを想像することを重ねることで、**登場人物**への理解がより進み、物語を読み進める度に読み深まる意識ももつことができるようになる。

2 ◦「学習用語」を生かす授業の実践

(1) 単元の目標

○**場面**や**登場人物**を理解して、語のまとまりや言葉の響きなどに気を付けて音読することができる。　〔知識および技能〕(1) ク

○自分の好きな**場面**の様子に着目して、**登場人物**の行動を具体的に想像しながら読むことができる。　〔思考力、判断力、表現力等〕C 読むこと (1) エ

○読み聞かせを聞くなどして好きな**場面**を選び、思いを伝え合おうとする。

〔学びに向かう力、人間性等〕

(2) 単元の指導計画

第一次(2時間)　「お手がみ」と出合い、学習計画を立てる。

(主な学習活動)

・担任の読み聞かせを聞いたり、自分で読んだりして、感想の交流をする。

・自分の好きな**場面**や**登場人物**を紹介し合い、ペープサートと出合う。

(留意事項)

・ペープサートによって、**場面**や**登場人物**を意識させ、演じてみたいという気持ちをもたせる。

第二次(3時間)　登場人物の気持ちや動きを想像しながら、場面に合わせてペープサートを演じる。

(主な学習活動)

・**場面**の区切りを確認し、**登場人物**の言動を確認する。

・**登場人物**の会話や行動から気持ちを想像する。

・**登場人物**の気持ちに合わせてペープサートを演じる。

(留意事項)

・**場面**を区切ることで物語の展開を意識させるとともに、ペープサートを演じることで**登場人物**に寄り添い、その言動の理由やそのときの気持ちを想像しやすくする。

第三次(1時間)　学習のまとめのお手紙を書く。

(主な学習活動)

・かえるくんとがまくんの気持ちをペープサートで演じたことを振り返る。

・がまくんになったつもりで返事の手紙をかえるくんに書く。

---

(3) 授業の実際

第一次 ── お手紙とペープサートという手法に出合い、学習計画を立てる

1時間目

まずは、担任が「お手がみ」の読み聞かせをする。席を離れ、椅子に腰掛けた担任の周りに子どもたちを集めて座らせ、時間の経過や場所の移動により**場面**の区切りが分かるように立ち止まりながら読み聞かせる。

読み終わると、子どもたちは口々に感想を言い始める。そのタイミングで、席に戻して教科書の本文をもう一度確認させながら自分で読ませ、感想をノートに書かせた。

2時間目

前時に書いた感想を発表し交流する。

C：一度もお手紙をもらえなかったがまくんが、最後にお手紙をもらえてよかったです。

C：かえるくんが手紙を書くなんて、いいことを思い付いたと思いました。

C：かたつむりくんは、一生懸命手紙を運んだんだなあと思いました。

C：がまくんは、もう少しがまんして手紙を待っていればよかったと思います。

T：かえるくん、がまくん、かたつむりくんと、みんなに感想がもてましたね。

と感想を受けながら、それぞれのペープサートを出す。

T：それぞれすてきな感想をもてた人たちのことを、**登場人物**というんだってね。
そこで、みんなの大好きながまくんやかえるくんになって人形を動かしたり、会話したりしてみませんか。

C：やる！　C：先生、作るんですか？　C：ぼくにも貸してください。

T：では、演じる**場面**と、誰がいった言葉かを確認しないといけないね。
場所や時間が変わる区切りがどこにあったか確認しよう。先生が音読するから、区切りが来たら教えてね。

以後、音読をしながら、**場面**の区切りを確認する。

・手紙をもらえないがまくんを知る**場面**。
・手紙を書いて励ましてあげようとかえるくんが手紙を書き、かたつむりくんに頼む**場面**。
・がまくんの家でかえるくんが自分の書いた手紙が届くのを待っている**場面**。
・かえるくんががまくんに手紙を書いたことを話し、二人で待っている**場面**。
・４日経って、手紙が届いた**場面**。

T：ペープサートで演じてみたい**場面**はどこですか。また、だれを演じたいですか。

と聞き、大きく三つにまとめ、ひとまとまりごとに学習を進めていく計画を立てる。

第二次の様子──登場人物の気持ちを想像して、場面ごとにペープサートで演じる

1時間目

本時の学習**場面**を音読し、だれの台詞か確認したあと、かえるくんとがまくんの言動を教科書から抜き出し整理する。

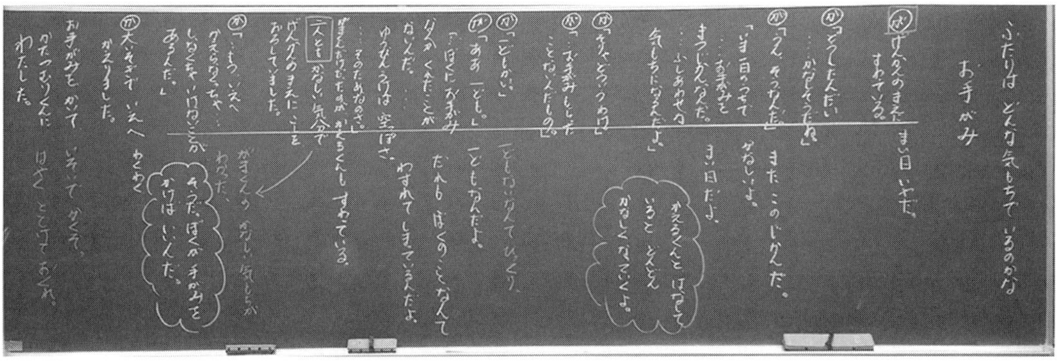

C：がまくんは、毎日毎日もういやだって思っていると思います。

C：一度もお手紙もらったことがないなんてびっくりしたと思います。

T：二人とも悲しい気分で玄関の前に座っているんだね。どうしてかな？

C：かえるくんもがまくんのことを心配して一緒にお手紙を待ってあげてたんだよ。

C：ふたりは仲よしだから、がまくんに手紙が来ない悲しい気持ちが分かったんだ。

T：かえるくんのしたことは何でしたか。

C：手紙を書くことです。

C：いいことを思い付いてわくわくしていたと思います。

C：だからかたつむりくんに手紙を渡すときにこにこしているんだよ。ほら。【挿絵をさして】

板書に整理した気持ちを表現するために、がまくんとかえるくんの表情を考え、ペープサートを作る。できあがった子からペアを組んで演じる。

2時間目

前時に演じた感想を交流する。

C：がまくんと一緒にいるときは悲しい顔だけど、手紙を書いているときはうれしそうだから、表と裏に二つ描きました。

C：がまくんはずっと悲しい顔でいいけど、かえるくんは変えたいなあ。

T：なるほど。気持ちの変化に合わせて表情が変わるってことだね。では、画用紙を必要な枚数あげるので、今日の**場面**を作ってみよう。

台詞ごとに気持ちを子どもたちに問いかけ、かえるくんがどんなにがまくんを励ましても、かえって逆効果になってすねてしまうことを確認した。そして、かえるくんはかたつむりくんに預けた手紙がなかなか来ないことに、困っている様子であることも付け足した。最後に台詞と台詞の間にどんな気持ちの変化が生じているか問いかけ、板書した。

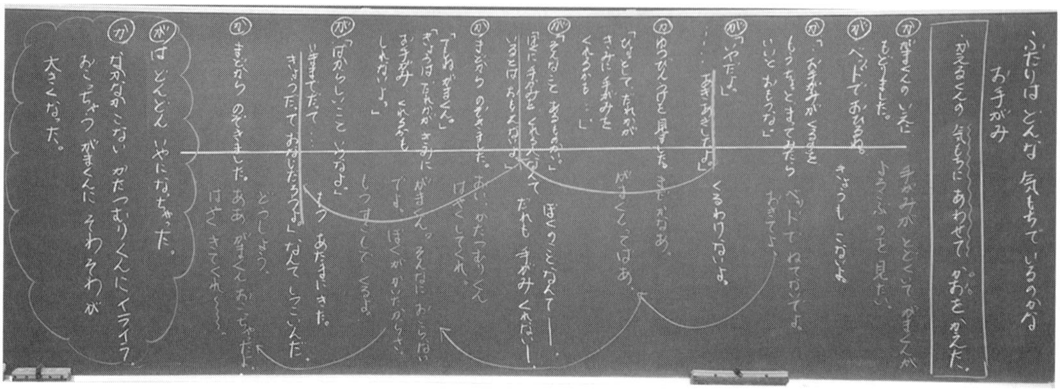

板書の整理で気持ちの変化をつかみ、必要な追加の表情をつくりたい子はつくった。できあがった子はペアをつくってペープサートで演じた。

3時間目

前時で【気持ちに合わせて声を変えているペア】を指名して演じてもらい、声の調子と気持ちの関係に気付かせ、本時のめあてに声の調子についても加えることを意識させた。

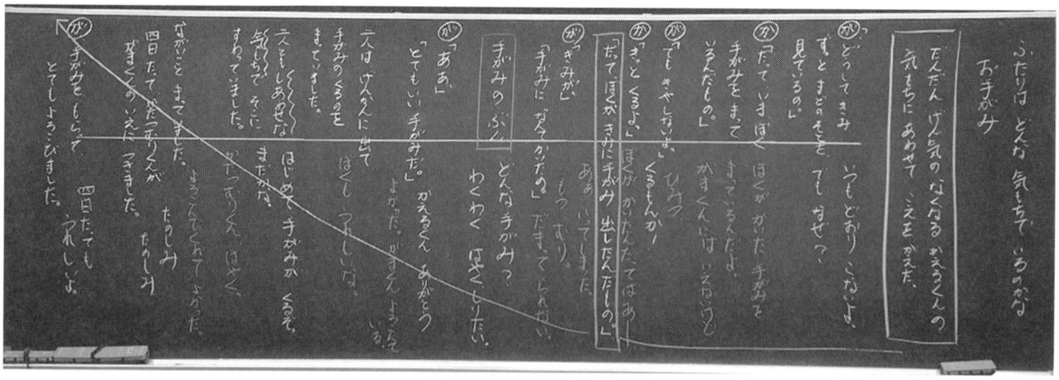

「だって、ぼくが、きみに　手がみ　出したんだもの」の台詞の前後でかえるくんとがまくんの気持ちの変化を中心にまとめていった。そして、声がどう変わるか考え演じるようにした。

C：がまくんの声がだんだん明るくなるように、演じればいいと思います。

C：元気よくなって大きな声になると思います。

第三次――まとめのお手紙を書く

第二次１時間目は**登場人物**の気持ちを表情、２時間目は気持ちと声の調子が関係していることを整理したあと、がまくんがお返事の手紙を書くという想定をまとめの活動とした。

（4）単元の評価

子どもたちが主体的に学ぶために組み合わせた言語活動であるペープサートは、自分が演じて、もっとこうしたいと工夫を考え実現しやすい言語活動である。つまり、**登場人物**の言動を理解し、気持ちを想像すればするほど、描かれる表情や演じる声の調子に変化を付けたくなるのである。３時間かけて学習を積み重ねてきた結果、子どもたちは、自ら演じる際の工夫に気付いていけた。

また、大きく三つに分けた**場面**から、**登場人物**の行動と気持ちの変化を捉えることができた。重点となる台詞を決め、その前後の行動をテキストから抜き出すことで具体的に考えることができた。

最後に、子どもたちはペープサートと出合ったことで、自分の解釈をペアの子に話したくなり、お互いに**場面**がどうなっているか、**登場人物**がどんな様子かなどを、話しながら演じることができた。

3 ●「学習用語」を扱うことで得られた学び

場面と**登場人物**とは物語を読む上で基本中の基本の学習要素である。今回、ペープサートで演じるという言語活動を通すことで、**場面**の区切りを意識することができた。つまり、テキストのどこからどこまでの範囲を演じるのかを区切ることができた。そして、区切るためには、場所や時間などに変化があることが区切る目印になることも獲得している。

次に**登場人物**についてであるが、ペープサートで演じるためには、その**登場人物**がどのように行動し、どのような気持ちになっているかを想像しなくてはならず、テキストにある言動をつなぎ合わせて変化を読みとることとなる。その手助けとしてペープサートに描く表情であったり、演じるときの声だったりと、具体的に自分が行うことで、**登場人物**に寄り添いながら想像することができた。

（大塚健太郎）

学習用語「視点」「語り手」

ごんの視点・兵十の視点・語り手の視点に気付こう

―登場人物の視点・語り手の視点―

◇「ごんぎつね」（教育出版）・絵本『ごんぎつね』（偕成社）

1 ◦「学習用語」の扱い方

本単元では小学校４年生を対象として、「ごんぎつね」の物語を「**語り手**」「**視点**」を意識して読む学習を行った。

「ごんぎつね」の物語は小学校の全ての国語教科書に掲載されており、多くの授業実践が行われている。教科書への掲載歴も長く、初出から60年が経過している。

教科書教材の連続性の観点として「**語り手**」「**視点**」という「学習用語」を軸に教材を捉えていくことについて考えたい。「学習用語」を授業に取り入れる際、一過性で終わらせるのではなく、スパイラル的に取り組んでいくことが欠かせないと考えている。一つの作品を読み解くための「用語」として扱うのではなく、その後の学習でも子どもたちが自分のものとして使っていけるように指導したい。

小３「おにたのぼうし」では「おにたの**視点**」と「女の子の**視点**」、その双方をみつめて語る「**語り手の視点**」という構図を意識させることができる。そして、「ごんぎつね」では「ごんの**視点**」「兵十の**視点**」「これは、わたしが小さいときに……」と語り始める「**語り手の視点**」を意識して読むことで、ごんの兵十を想う心情、ごんを撃ってしまった兵十の心情をより豊かに読み味わうことにつながると考えた。

特に「**語り手**」については、テキストを俯瞰して捉える必要があるため、小学４年生には理解がやや難しい。明確な理解をめざすのではなく、物語には読者に物語を伝える「**語り手**」という存在があるのだということ、「**語り手**」にも「**視点**」があって、ときに全体を見下ろす「**視点**」になるときもあれば、ときに登場人物に寄り添うような「**視点**」となることもあるのだということを捉えさせるようにした。

2 ◦「学習用語」を生かす授業の実践

(1) 単元の目標

○様子や行動、気持ちや性格を表す語句を本文から探し、その表す内容について考えることで語彙を豊かにすることができる。　〔知識及び技能〕(1) オ

○ごんや兵十の気持ちの変化や性格、置かれている状況について、場面の展開と結び付け

て具体的に想像することができる。　〔思考力、判断力、表現力等〕C 読むこと (1) エ
○自ら気付いたことを発信し、進んで友達と考えを交流しようとする。
〔学びに向かう力、人間性等〕

(2) 単元の指導計画

第一次（2時間） **「ごんぎつね」の物語を知り、「ごん」の人物設定や、物語の展開を捉える。**

（主な学習活動）

・絵本『ごんぎつね』の読み聞かせを聞き、物語から受けた印象を書く。
・「ごん」が兵十に対してとった行動を確認し、ごんの心情を想像する。

（留意事項）

・「ごんぎつね」の物語の全体像を捉えさせる。

第二次（3時間） **「ごん」や「兵十」の体験を追体験することで、作中の登場人物たちの「視点」を理解する。**

（主な学習活動）

・プロジェクトG（ごんになってみよう）を計画し、副校長に渡すために匿名の手紙やプレゼントを作成する。手紙やプレゼントはグループごとに職員室にそっと置いていき、そのときの感想を交流する。
・副校長に真相を伝え、匿名の手紙やプレゼントが置かれていたときの感想や、真相が分かったときの感想を話してもらう。

（留意事項）

・「ごん」と「兵十」の関係と、自分たちのプロジェクトとの類似性を子ども自身に気付かせるように、感想の交流をする機会を設ける。

第三次（4時間） **「ごん」と「兵十」の視点、「語り手」の「視点」に気付きながら物語を読み深める。**

（主な学習活動）

・「ごん」の**視点**、「兵十」の**視点**、それぞれの**視点**から物語を読み、物語の中における「**語り手**」の存在について考える。

（留意事項）

・第二次での体験を思い返しながら、「ごん」と「兵十」の「**視点**」は交わらず、「ごん」が一方的にみつめている関係であることを捉える。
・「**語り手**」はどのような想いで「ごんぎつね」の物語を語っているのか想像する。

---

(3) 授業の実際

第一次 ――「ごんぎつね」の物語を読む

1・2時間目

初読時では、教科書本文を用いず、絵本版『ごんぎつね』(偕成社) を読み聞かせる形で行った。「**語り手**」のイメージをもちやすくするためと、「ごんぎつね」の冒頭部分「これは、わたしが小さいときに、村の茂兵(もへい)というおじいさんからきいたお話です」に近い状況をつくりたかったためである。村の老人が近所の子どもに対して昔話を聞かせてやる。その昔話を聞いた「わたし」が、後になってから、幼少期に聞いた昔話を「**語り手**」として語っていく、というのが「ごんぎつね」の構造である。

一人ひとりが教科書を手に持ち読んでいくのとは、異なる状況設定になっていたからか、子どもたちは集中して物語に浸りながら読み聞かせを聞いた。

読み聞かせのあとで、「ごんぎつねの物語を聞いて、何を感じたか」について感想を書かせた。感想を発表していく中で、ごんが兵十に撃たれてしまった最後の場面について、「ごんがかわいそう」と感じた子どもたちと、「ごんはうれしかったはずだ」と感じた子どもたちとに分かれた。初読段階ではあったが、授業者の判断で予定を変更し、短い時間ではあったが、双方の立場からそう考えた理由を挙げて話し合い活動を行った。

「かわいそう」派の感想は、読者としての素直な反応であり、「ごん」の気持ちの移り変わりや兵十への想いを受けとめたがゆえに、最後の場面の結末に衝撃を受けて出てきた感想だと考えられる。特に「兵十は、火なわじゅうをばたりと取り落としました。青いけむりが、まだつつ口から細く出ていました」という描写が残す余韻から、「かわいそう」と感じるのは実に豊かな受けとめであると考えた。

一方、「うれしかったはず」派の感想は、子どもたちが物語の構造に踏み込んでいったからこそ出てきた感想であると考えた。子どもたちが挙げた理由が以下のものである。

・ごんにしてみれば今まで一人ぼっちだったから、兵十の近くにいられたのが幸せだったんだよ。だから、最後に「お前だったのか」って分かってもらえてうれしかった。(男児S)

・最後に「うなずきました」ってなってたのは、ごんが兵十に「大丈夫だから」って伝えようとしたんだと思います。(女児K)

この二つの意見については、聞いていた子どもたちからも「ああ」「なるほど」といったつぶやきが生まれていた。特に「ごんにしてみれば」という読みは、「ごんの**視点**」に立った読みであり、大事にしたい発言だと考えた。

板書例

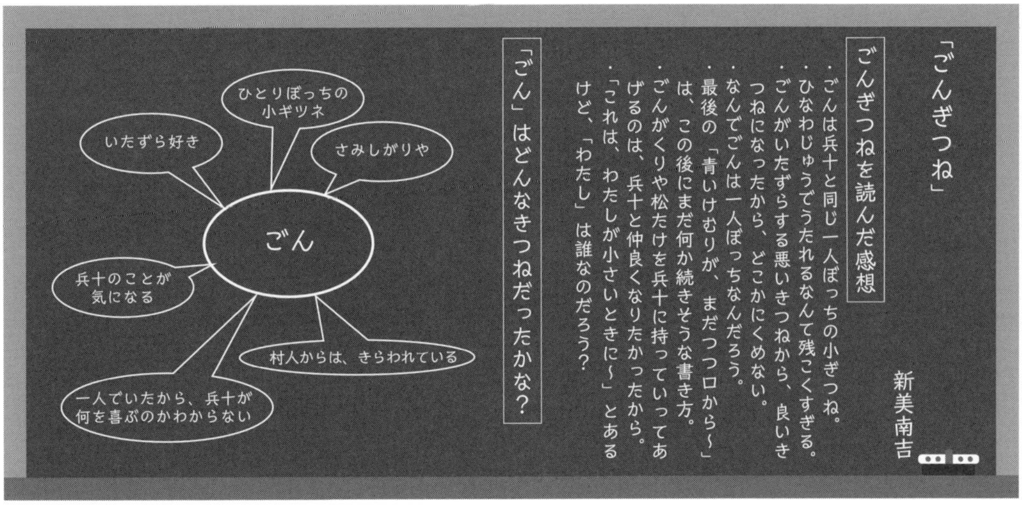

第二次――「プロジェクトG」（ごんなりきり作戦）で「ごん」の「視点」を体験する

第二次では、ごんの「**視点**」を体験的に理解させることをねらいとした活動を行った。日常から自分たちの学校生活をみえないところで支えてくれている副校長先生に宛てて、お礼や励ましなどの気持ちを伝える手紙やプレゼントを子どもたちが作り、それをこっそりと置いていくという活動（プロジェクトG）を子どもたちと計画した。第二次に関しては、クラス活動の時間と関連させて行っている。

プロジェクトGを終えて、子どもたちが記述した振り返りを抜粋する。

・（プレゼントを作っている時に）副校長先生の顔がうかびあがった。（男児O）
・副校長先生がどう思うかな、うれしいと思うかなと考えて書きました。（男児S）
・用意してる時、副校長先生に思いが伝わればいいなと思っていました。（女児K）
・どきどき、ばれないかな、こわっ。（男児I）
・「バレたらどうしよう」「わあー、近くにいる」とドキドキ感。（男児H）
・ドキドキしながらこそこそ置いて、帰る時は、くすくす笑っちゃいました。（女児O）
・気づかれないかな……。ばったりあわないかな……。（女児K）

自分たちが「ごん」と類似する状況を経験したことで、「ごん」の「**視点**」から「兵十」はどう見えていたか、より実感をもった読みが生まれたと考えている。自分たちしか知らないエピソード（ごん側の「**視点**」）を経験すること、また、種明かしをしたあとで副校長から兵十側の「**視点**」の話を聞かせてもらったことは、物語の「**視点**」について子どもたちが理解するための大きな足がかりとなった。

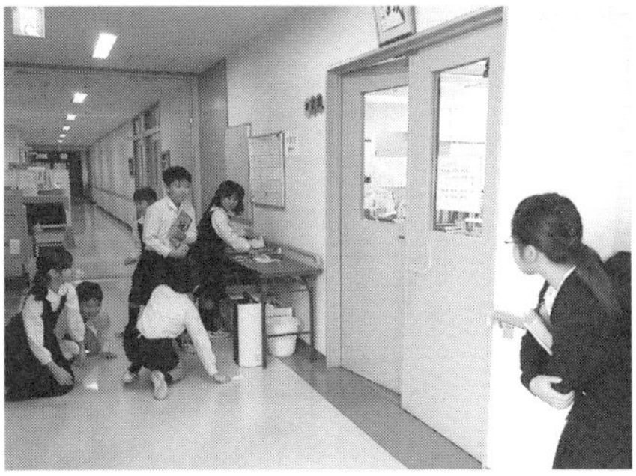

第三次 —— 学習用語「語り手」「視点」を意識して読む

第三次では、作品に立ち返って、「**視点**」を意識した読解を行った。五つの場面（「うなぎにいたずらをする場面」「いわし屋の場面」「くりや松たけの場面」「月のいい晩の場面」「ごんが撃たれてしまう場面」）を提示し、「ごん」と「兵十」それぞれの「**視点**」で分けるとどうなるか考えていった。

①うなぎにいたずらをする場面	
「ごん」の**視点**	「兵十」の**視点**
・ひとりぼっちの小ぎつね ・二、三日ぶりに外に出られた。 ・ちょいといたずらがしたくなった。	・（ごんは）夜でも昼でも、あたりの村へ出ていって、いたずらばかりしていた。 ・「うわあ、ぬすっとぎつねめ。」

④月のいい晩の場面	
「ごん」の**視点**	「兵十」の**視点**
・かくれてじっと二人の話を聞く。 ・ごんは、二人の後を付けていきました。 ・へえ、こいつはつまらないな。 ・おれはひきあわないなあ。	・「おれあ、このごろ、とても、ふしぎなことがあるんだ。」 ・「だれだか知らんが、おれにくりや松たけなんかを～～」 ・「おれの知らんうちに、置いていくんだ。」 ・「どうも、そりゃ、人間じゃない、神さまだ。」 ・「毎日、神様にお礼をいうがいいよ。」

①～④の場面と同じように⑤「ごんが撃たれてしまう場面」を「ごん」と「兵十」の**視点**で分けていこうとすると、両者の**視点**では分けきれない叙述が出てくる。それは「ごんはばたりとたおれました。兵十はかけよってきました」である。「ごん」は「ぐったりと目をつぶったまま」である。「では、かけよってきた兵十を見ているのはだれなのだろうか」と問いかけた。

そのうち、一人が「何か神様みたいなその場にいるんだけど、いないような人がいて、それがごんと兵十の二人を見てるんだよ」という気付きに至った。「その場にいるんだけど、いないような人」という言い方をひきとって、その場で「**語り手**」という学習用語を提示した。「**語り手**」は読者に物語を伝える存在であること、「**語り手**」にも視点があることなどを確認した。

「**語り手**」という学習用語を手がかりに、子どもたちともう一度本文全体を見直していった。子どもたちは「ごんが『ちょっ、あんないたずらをしなければよかった』と考えているのが分かるのは、『**語り手**』だからだよ」、「『兵十のかげぼうしをふみふみいきました』のところは、兵十に気付かれないように見ているごんをさらに『**語り手**』が見てるんだ」と、今までは生まれなかった読みを次々に生んでいった。物語に内包される「**語り手**」という概念が、学習用語として教室で共有されることで、読みの次元が高まったといえる。

(4) 単元の評価

本単元は「**視点**」「**語り手**」という学習用語を扱った。登場人物に同化して読むだけではなく、「**視点**」を意識することで、本文にある情景描写や「ごん」がねぐらとしている穴の中でつぶやいた独り言などを、より情感豊かに読むことができた。また、「ごん」の心情や行動に「兵十」が気付かないことによって生まれてしまう悲劇を、「**視点**」の切り替わりが効果的に描き出していることにも子どもたちは気付いていった。第二次の「プロジェクトG」の活動では、手紙やプレゼントをみつからないように置く様子を子どもたちは互いに見合った。「ごんもこんな風にこそこそっと置きにいったのかもしれないね」「ごんだって、くりやまつたけを用意するのは大変だったんだよ。きっと」など、本文には描かれていない「ごん」の心情にまで、感想を交流しながら読みを深めていった。

3 ◦「学習用語」を扱うことで得られた学び

学習用語を授業に活用する場合、用語を習得することが目的になってしまわないように注意する必要がある。学習用語を使うことで読みの**視点**が拡がったり、豊かに味わえるようになったり、友達との交流や共有が確かなものになったりしたときに、初めて学習用語は学びの中に位置付いたといえるだろう。

「ごんぎつね」という作品は、「ごん」の**視点**に同一化して読み、「ごん」の物語として読むことももちろん可能であるし、その価値もある。しかし、この物語は、ごんに気付かない「兵十」と、そんな兵十を見つめる「ごん」、そしてその両者をさらに高次からみつめ、読者に物語として語りかける「**語り手**」という構図を理解することで、より一層味わい深く読むことができるようになる。最後の場面の「青いけむりが、まだつつ口から～」という描写などは、「**語り手**」が読者に語りかけてくるように読んでこそ、その余韻を味わうことができるだろう。

本単元では「**視点**」「**語り手**」の学習用語が、子どもたちの思考を自然と抽象思考へと誘っていったと考える。「本文にこう書いてあるということは、ごんの『**視点**』からはこういう風にみえているはず」と、自分が考えた読みを友達に説明するのに、「**視点**」「**語り手**」の用語は大いに役立っていた。分析的な読み方に一歩足を踏み入れる契機となったことが、学習用語を導入したことで得られた学びであったろうといえる。　**(荻野聡)**

学習用語「人物像」

大造じいさん、別の名は

―登場人物の人物像を読む―

◇「大造じいさんとがん」（教育出版）

1 ◦「学習用語」の扱い方

本単元では、登場人物の**人物像**を捉えることで、「大造じいさんとがん」という作品に対する自分の見方を広げると同時に、**人物像**を表現する言葉を増やすことを目的にする。登場人物の**人物像**を捉えることと**人物像**を表現する言葉を増やすことは、別々のことではなく、**人物像**を表現する言葉が増える、豊かになることで、作品理解を深めることにつながると考える。本作品でいえば、大造じいさんの**人物像**に迫ることで、残雪との関係性を問い直して読み、大造じいさんのとった行動、例えば、「おとりのがんを使ったこと」や「はやぶさと戦い傷ついた残雪を保護すること」を意味付けることができるということである。

そのために、大造じいさんの**人物像**を考えて、「別の名」で表現することを言語活動に考えている。つまり、大造じいさんの「別の名」を考え、表現することを通して、第三場面〈注〉の残雪がはやぶさと戦い仲間を助ける部分に児童の感動や注目が集まるところを、大造じいさんの狩人としてさまざまな工夫をしてがんを捕ろうとしているところや、一方で、第三者と争っているときに不意をついて残雪を撃つような卑怯な人間ではないところにも感動や注目が向くような読むことの学習をめざしたいと考える。

このような学びは、学習用語を習得しながら活用し、活用しながら習得するという、「使える」学びになるのではないかと考える。

〈注〉
教育出版では、四つに場面を分けている。
○第１場面…大造じいさんが、うなぎつりばりでがんを捕えることができたが、次からは残雪の知恵によって同じ方法ではがんを捕れなくなった場面。
○第２場面…大造じいさんが、たにしを五俵集めたり小屋を作ったりしたが、またしても残雪によって警戒されてしまい、がんが捕れなかった場面。
○第３場面…大造じいさんが、おとりのがんを使って、がんをおびきよせようとするが、はやぶさが現れて残雪がおとりのがんを救うために、はやぶさと戦う場面。その後、傷ついた残雪が頭領としての威厳を示す場面。
○第４場面…大造じいさんが、残雪を保護し、傷の癒えた残雪を放す場面。

2 「学習用語」を生かす授業の実践

(1) 単元の目標

○大造じいさんが残雪の見方を変えていく様子が分かる表現や、大造じいさんの心情を表す言葉や文に気付くことができる。　〔知識及び技能〕(1) オ

○大造じいさんの**人物像**を考え表現することを通して、大造じいさんの残雪に対する見方の変化や物語の全体像を問い直して読むことができる。

〔思考力、判断力、表現力等〕C 読むこと (1) エ

○大造じいさんの**人物像**を考え表現することを通して、人間には多面性があることや自分や友達の**人物像**に興味をもち、考えようとする。　〔学びに向かう力、人間性等〕

(2) 単元の指導計画

第一次（2時間）　**「大造じいさんとがん」で印象に残った場面や物語の全体像を読みとる。**

（主な学習活動）

・読み聞かせを聞き、印象に残った場面とその理由を書く。

・印象に残った場面の傾向を知るとともに、物語の全体像を整理する。

（留意事項）

・物語が大造じいさんを視点人物として描かれていることを認識させる。

第二次（4時間）　**大造じいさんの人物像の見方を通して、物語の見方を捉え直す。**

（主な学習活動）

・大造じいさんを別のいい方（別の名）で表し、他の考えと比較し**人物像**について話し合う。

・大造じいさんの**人物像**について、叙述との関係から捉え直す。

（留意事項）

・大造じいさんが狩人であることや残雪に対する心情の変化を読みとらせる。

第三次（2時間）　**大造じいさんの人物像をまとめる。**

（主な学習活動）

・大造じいさんの別のいい方（別の名）としてふさわしい言葉を、理由も明らかにして書く。

（留意事項）

・大造じいさんの**人物像**が描かれている叙述を結び付けて言葉をみつけ出させる。

---

(3) 授業の実際

第一次 —— 学習用語「人物像」と出会う（習得する）

1・2時間目

読み聞かせ後に印象に残った場面を聞くと、残雪がはやぶさと戦う場面に偏っていた（残雪がはやぶさと戦う場面が62％、大造じいさんと残雪のお別れで大造じいさんが「堂々と戦おう」という場面が23％、大造じいさんが銃を下ろす場面が12％、物語を通した大造じいさんの心の変化が3％であった）。印象に残った場面の理由を記述したものを、場面によって色分けした一覧表にして児童に配布した。その際に、最も少数の大造じいさんの心の変化を選んだ児童のように全体的に捉えている児童が少なかったので改めて読み直して、「このお話はどんなお話なんだろう？」と投げかけ、30字程度で要約して表した。

次の児童の要約をとり上げて、それをもとにして、付け足したり言い換えたりしていった。

A児「残雪のことを大造じいさんが少しずつ理解していく狩人対がんのストーリー」

T1：Aさんが、このようにまとめましたけど、自分の考えていることとくらべて、何か意見はありますか。

C1：はやぶさと戦っているところで、大造じいさんの残雪に対する気持ちが変わっているから「少しずつ」というのが、どうかなと思います。

C2：私も、「少しずつ」ではないと思います。103ページの9行目に「心打たれて」と書いてあるので、残雪が大造じいさんのおとりのがんを救って変わったんだと思います。

C3：大造じいさんは、残雪がおとりのがんを救ってくれたので、「いいやつだな」と思ったんじゃないかな。

C4：大造じいさんが、一方的に残雪のことを思っている。

T2：それは、どういうことかな。

C4：このお話の主人公は、大造じいさんで、残雪は最初から最後まで何も変わっていない。大造じいさんの気持ちが変わっている。

T3：なるほど、残雪は変わらないけど、大造じいさんの残雪への見方が変わったということは入れないといけないね。ほかには、何か入れないといけないことがあるかな。

C5：登場人物がどういう人なのかということを入れないと伝わらないと思います。

T4：どういう人なのかを表すには、どんなことが分かればいいのかな。

C6：性格とか、人柄とか、心情、印象など。

T5：うんうん。そういうの全部合わせて何ていうか知っているかな。

この直後、一人の児童が、先に配布した前時の学習感想の一覧表を見て、「**人物像**」といったので、性格、人柄、その人の印象というものをすべてまとめて「**人物像**」というこ

とを確認した。これが、本単元での「**人物像**」という学習用語との出会いであった。結局、作者は、読み手に、大造じいさんの気持ちを理解してほしいとか伝えたいのだという意見が多く挙がり、物語から読みとった「**人物像**」をもとにして、大造じいさんの別の言い方「別の名」を考える単元がスタートした。

第二次——学習用語「人物像」を通して読む（活用する）

3時間目

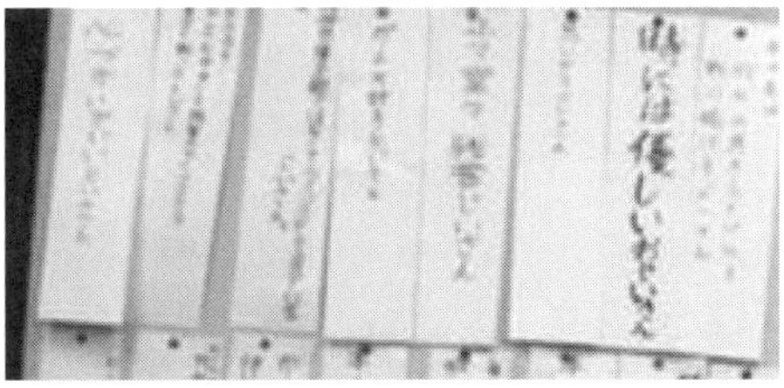

写真1：短冊に書いた大造じいさんの人物像

第2時の終末に大造じいさんの別の名を短冊に書いたものを全員分提示（写真1）した。**人物像**を表す言葉としては、例えば、「やさしい」や「こわい」というような人物を形容する言葉や「〇〇じいさん」というような呼称の表現のことを指すということを指導してから、友達の表し方でよいと思うものを挙げていった。着目したのは次の三点であった。

ア．心打たれた戦略家 イ．がんをとらえたくて一生けん命だけど優しいおじいさん ウ．残雪に心打たれた狩人さん

人物を形容する言葉としては、イの「一生けん命」「優しい」という言葉が入っているものが選ばれた。人物を呼称するものとしては「戦略家」や「狩人」が入っているものが選ばれた。選んだ理由を聞くと、「一生けん命」や「優しい」については、がんを捕るために、さまざまな作戦を考えたり、実行したりしていることが挙がった。一方で、「優しい」については、一生懸命がんを捕ろうとしているにもかかわらず、残雪によって妨げられていることがあり、「いまいましい相手」と思っていたが、はやぶさと戦っているときに「銃を下ろし」たり、傷付いた残雪を助けたりしたことが理由として挙がった。

そして、アとウに共通する「心打たれた」という表現が入っていることについては、物語の中で大造じいさんの残雪の見方が大きく変容する部分として大切な言葉だからという理由が挙げられた。注目したいのは、「戦略家」というように「〇〇家」として大造じいさんの**人物像**を表現することは、「おじいさん」というような表現よりも、大造じいさんの物語での言動から受ける印象として合っているという意見が出たことである。

4・5時間目

大造じいさんの別の名を表した短冊には、イの中にある「優しい」という言葉が多く入っていた。第3時では、「優しい」の理由として、傷付いた残雪を助けたという部分を表す言葉が使われていたため、大造じいさんが「卑怯なやり方で戦いたくない」や「正々堂々と戦いたい」という思いをもっていることに気付く必要があると感じた。そのため、大造じいさんは、「本当に優しいと言えるのか」ということを学習課題にして、グループ（四人一組）で話し合いをした。話し合いの結果はホワイトボードにメモをして発表した。

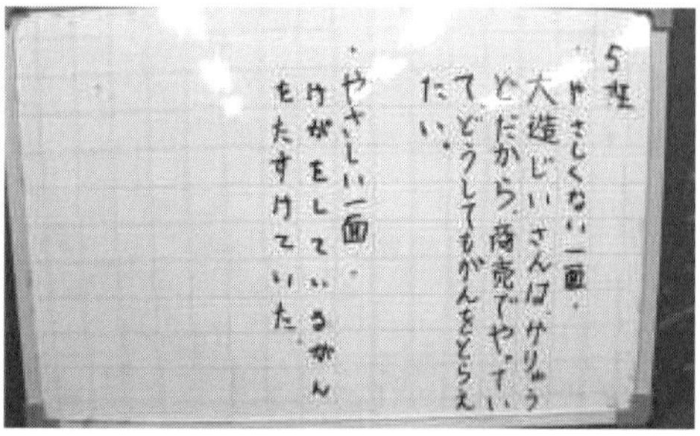

写真２：大造じいさんは商売で狩りをしている

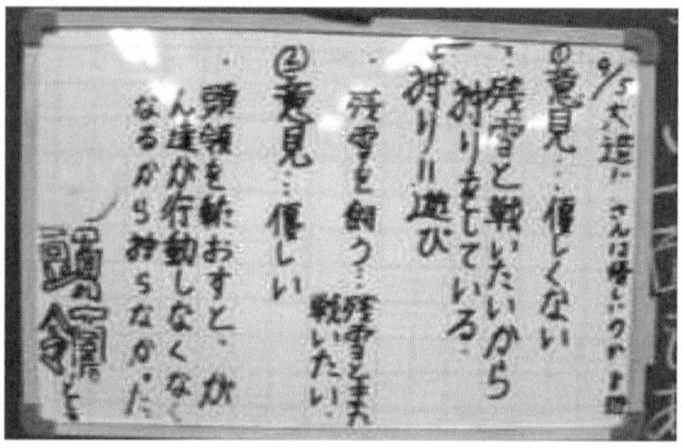

写真３：大造じいさんは遊びで狩りをしている

大造じいさんは「本当に優しいと言えるか」という学習課題に対して、優しい面と優しくない面の両面があるという考え方をした二班があった。話し合いの結果、写真２（左・５班）は、優しくない一面として「商売で狩りをしているからどうしてもがんを捕らえたい」という見方を示し、写真３（右・８班）は、「狩りを遊びで行っていて、残雪とまた戦いたいから助けた」という見方を示し、対照的な意見が出てきた。本文をよく読めば、大造じいさんの情熱的ながんの追い込み方やおとりのがんを助けようとする残雪の姿や傷付いて動けなくなっても頭領としての威厳を保とうとする残雪の姿に「心打たれる」ということから、遊びでなく真剣に狩りをしているということを読みとることができるが、**人物像**から物語を読むということをしているため、８班のような意見が出てくるのだと推察する。

第５時に前時の各グループでの話し合いを全体で共有すると、５班と８班から出された「狩りは商売か遊びか」ということが自然と話題となった。

C　最初は、商売だったんだけど、残雪との戦いを楽しむようになったから遊びだと思う。

C　でも、銃や玉にお金がかかる。商売じゃないとここまでやらない。

C　何事にも一生懸命な人なんだと思う。

C　残雪がいなければ普段はやさしい人だと思う。

C　けがをした残雪をつかまえても仕方がないと思ったからやさしさとは違う。

C　自分の心が満たされない。

C　狩人としてのプライドで助けたんじゃないかな。

このような児童の話し合いがあったが、結論は出なかった。教師は、この場合の話し合いでは、結論は出ないものと予想していた。それは、教育出版の本文には、「前書き」が

なく、大造じいさんを狩人として確証する記述は乏しいからである。そのため、「やさしい」という**人物像**を捉え直すことを目的に話し合った。「自分の心が満たされない」や「狩人としてのプライド」などの発言が出てきたため、多くの児童から、単なる「やさしい」や「いじわる」という**人物像**は取り除かれ、**人物像**に多面性があることに気付いていった。以下は、本時の学習感想の一部である。

・大造じいさんはやさしいのか、意見に対してはやさしいと考えている。やさしさはあるが、利益には弱い、そう考えた。また、大造じいさんは商売をしているのか、娯楽なのかという意見については、商売だと思う。娯楽のわりにはしかけもこっているし、残雪に対する強い感情は狩人のプライドから生まれているとしたら、商売人なのではないかと考えた。大造じいさんはいじわるというより商売をしないと生きていけないから狩りをするのだと思った。（K児）
・大造じいさんは、やさしい一面はある。理由、じいさんが心打たれるというのは、残雪のことを尊敬し、裏のみ力があると感じたなら、少しでもやさしさがある。（M児）
・大造じいさんは、狩人でそのプライドがある。だから、残雪を助けるいい一面もあれば、少しひきょうな手で取ろうとしている一面がある。つまり、時にはやさしく、時にはひきょうだったりする。（H児）

6時間目

大造じいさんが、なぜ残雪やがんを狩ろうとしていたかについての意見は、分かれたままであったが、大造じいさんの**人物像**を残雪との関係や物語の全体像と関連して読むことができなければならないと感じた。そこで、前半部分の大造じいさんのがんを捕るためのさまざまな作戦と後半部分の残雪を撃つための好機に「銃を下ろした」や傷付いてもなお頭領としての威厳を保とうとする残雪に「心を打たれた」ことなどを比較して**人物像**を考えた。そして、「大造じいさん、別の名は」を表現する前に、残雪との関係や物語の全体像から見た大造じいさんの「色」の印象を各自考えた。結果はグラフの通りであった。

情景描写から、「赤」をイメージした児童が多かったが、一色ではなく、複数の色を合わせて大造じいさんをイメージした児童が多かった（半数程度が複数色を選んだ）。

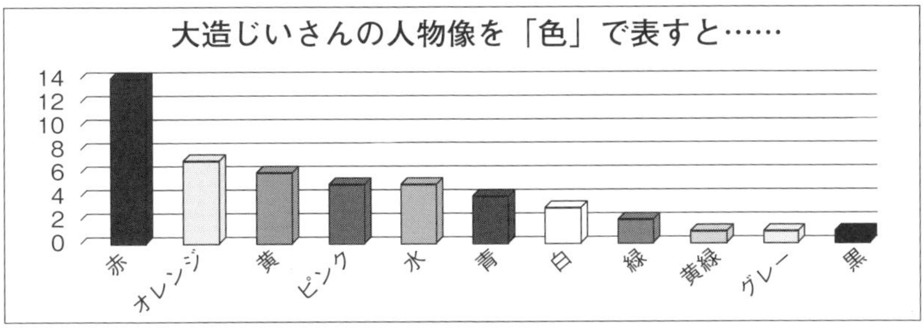

グラフ：大造じいさんを「色」で表した人数

第三次 ―― 学習用語「人物像」を通して自分の読みをまとめる

7・8時間目

前時の「色」のグラフ（グラフ）やその理由として代表的なものを提示した。それぞれの色を選んだ理由としては、以下のようなものがあった。

赤…大造じいさんとがんの戦いの色。大造じいさんの心の色、大造じいさんの情熱の色だと思うから。（W児）
橙…大造じいさんの努力・勇気＝赤。かくれたやさしさ＝黄色を組み合わせるとオレンジだから。（A児）
青…すなおでピュアな水色に、ときに計略を練ってがんをはめようとする悪い黒をまぜて青。（Y児）

そのあと、大造じいさんの**人物像**にふさわしい色画用紙の短冊に、まとめの「大造じいさん、別の名は」を書いた。裏面には、**人物像**を通して学習した感想や最終的な「別の名」の理由について記述した。

人物像を短冊に書く児童

別の名：「心の底に優しさひめた永遠の努力家」
理　由：努力家だが、狩人でもあり、戦略家とも表すことができるので、最後の○○○は、どうやって大造じいさんを表現しようか迷いました。大造じいさんの努力をおしまない姿から、永遠の努力家と表すことにしました。（I児）
別の名：「がんに人生を費やす努力家」
理　由：大造じいさんの**人物像**を考えながら読んでみると、一言では言えない複雑な気持ちがたくさんありました。でも、たにしを去年から集めたりして、がんに時間を費やしているのと努力という言葉がうかびました。（M児）

(4) 単元の評価

本単元は「**人物像**」という学習用語を扱ったが、「**人物像**」という学習用語を理解することが目標ではない。単元の目標にあるように、大造じいさんが残雪の見方を変えていく様子が分かる表現や大造じいさんの心情を表す言葉や文に気付くことをめざした。「**人物像**」に迫る手がかりとして「**人物像**」を表す「色」を考えた。これは、大造じいさんの行動や心情について直接的に叙述されている部分だけでなく、「東の空が真っ赤に燃えて」のような比喩表現の叙述に着目する読み方ができるようになったことと考えられる。

また、単元の最初は、大造じいさんの**人物像**を「ずるいけどやさしいおじいさん」のように捉える児童が多かった。しかし、**人物像**として「やさしい」のか、「やさしいとはどういうところか」を考えたことで、「やさしい」とは、どういうことか、また、何によって「やさしさ」が表れたのか、ということを考えながら読むことができた。本文では、大造じいさんを「かりゅうど」と述べているが、狩人という仕事を理解していないため、残雪を捕ることが「商売」なのか、「遊び」なのかという疑問が生まれた。この疑問を解決するために、大造じいさんの**人物像**に迫る言葉をみつけながら読んだという側面もあった。このことは、「かりゅうど」と「大造じいさん」の関係性や、「大造じいさん」と「残雪」の関係性に着目して読むために効果的であった。

3 ●「学習用語」によって得られた学び

本単元では、「**人物像**」という学習用語を習得し、活用していくうちに、深まっていった学びが主に二つあった。

一つは、**人物像**を表す語彙が増えた。単元の初期段階では、大造じいさんを別の言い方で表しているにもかかわらず、「おじいさん」や「じいさん」が22名(34名中)だった。「色」ということを考えることで、「○○○」の呼称部分が、単元の終末で「おじいさん」や「じいさん」で呼称部分を表現する児童が一人もいなかった。表現としては、「狩人」が最も多く12名だが、ほかにも「計略家」(戦略家、策略家)、「努力家」、「がんとり名人」などが表現された。また、最初は、人物を評する言葉として「やさしい」や「ずるい」という語彙しかもっていなかったが、「情熱的」「闘志あふれる」「誠実」「信念をもった」「がんこ」などと表現が豊かになった。

さらに、単元の初めでは「やさしいおじいさん」や「ずるいじいさん」のように一面的にしか大造じいさんをみていなかったが、**人物像**を考えながら物語の全体像や残雪との関係の変化に着目して読んでいったことによって、単元の終末には**人物像**には多面性や複雑な心境の変化を含んでいるという見方を働かせて読む児童も現れた。使える言葉が増えるということは、思考の幅も広がり、その広がりが見方や考え方を働かせるということにつながっていくものと認識できた。

(成家雅史)

読むこと（文学）　　中学２年生

学習用語「象徴」

“あるもの”のもつ「意味」を捉える／“共有される”事柄はなにか

―“場所”のもつ「意味」や「働き」はどのようなものか―

◇「小さな手袋」（三省堂）

1 ◦「学習用語」の扱い方

文章を読み深めていくに当たり、ある事象のもつ「**象徴**性」への着目やその働きを理解することには大きな役割・効果が期待できる。この学習用語の活用を図ることで自身の感覚だけでなく、社会や文化など大きな文脈を土台にした「読み」につながる視点を獲得できるだろう。また、ただ書かれている物語内容を理解するだけでなく、文章中では明示されていない外的な「約束事」も自身の読みに反照させ、対象を捉えていくことにつながる。さらに、作品中に含まれるそれぞれの事象（登場人物も含め）の役割・機能を考えていくことにも結び付けることができるのではないか。

これにより、「イメージ」に着目して抽象・具体を往還しながら対象を相対化することはもちろん、物語の構造について考えていくことや語りの問題などについて考える機会が生まれるだろう。このような点を踏まえ、この語がもつ性質を一般的な定義から確認しておきたい。

象徴	ことばに表しにくい事象、心象などに対して、それを想起、連想させるような具体的な物事や感覚的なことばで置きかえて表すこと。また、その表したもの。（中略）比喩が感覚的に把握しやすい類似した具象※と具象との関係をたとえで表すのに対し、象徴は抽象的なものを具象でたとえる場合にいう。シンボル。

※具象：ものが実体を備え、固有の形体を持っていること。また、そういう形。

（『精選版 日本国語大辞典』（前出）より）

ここから「**象徴**」という学習用語をとり扱うときには、具体的事象への着目と、そのものがもつ「意味」について着目することが重要であることが分かる。また“個々のイメージ”にとどまらず、その語のもつ「働き」について抽象度を高めた共有が図られる必要がある。そのためには物語の背景や設定についても把握できなければならない。さらに文章を読み、“当然そういえる”と考えたものにあらためて意識を向けることも大切である。

「**象徴**」という学習用語を活用すると、「その文章におけるもの」だけでなく「文化・社会的な面から共有されるもの」を捉えられる。そして、対象の特徴を明確にしながらより大きな視点から作品を捉え、考えを深めていくことができるだろう。

2 ◦「学習用語」を生かす授業の実践

(1) 単元の目標

○登場人物の会話や行動、出来事を読みとり、その要因を考えることができる。
〔思考力、判断力、表現力等〕Ｃ読むこと（1）イ

○事柄の連なりや関係性に目を向け、「つくられるイメージ」について考えることができる。【連想・伏線】〔知識及び技能〕

○物語の表現上の特徴に注目し、どのような事柄が焦点化されるのか考えることができる。【視点・時間軸】〔思考力、判断力、表現力等〕Ｃ読むこと（1）エ

○タイトルと「言葉の選択」という点から、その役割や効果について自身の考えを深めようとしている。【象徴性】〔学びに向かう力、人間性等〕

(2) 単元の指導計画

第一次（4時間） **物語を読み進めながら、登場人物の関係性と場所のもつ意味に着目する。**

（主な学習活動）

・場面ごとの情報整理をし、登場人物の役割について考える。
・視点の移動と「語り」について考える。
・「雑木林」に注目し「**象徴**」の働きと効果について考える。
・時間の流れを土台に、物語の伏線と働きについて考える。

（留意事項）

・各場面の場所と語りの関係について、「伝聞」に着目して捉えていく。
・登場人物の役割と場所のもつ**象徴**性についての着目を促す。

第二次（2時間） **「象徴性」について、【連想・伏線】【視点・時間軸】をもとに「つくられるイメージ」ということから考えていく。**

（主な学習活動）

「小さな手袋」における「**象徴**性」について４つの点から考える（レポート課題を含む）。

・一次を踏まえミニマル・ストーリーを考える。
・ミニマル・ストーリーに表れる「小さな手袋」の特徴を、「つくられるイメージ」「物語上の機能」「対比・差異」という点を踏まえ分析する。
・タイトルに込められた「意味」を想像し、焦点化ということも踏まえ、「**象徴**」するものについて考える。
・「小さな手袋」に語を補い、再タイトル化を行う。

（留意事項）

事柄のつながりや全体像という点に着目し「**象徴**」の“効果”の意識化を促しながら、「明示されないもの」の働きについても捉えていく。

（3）授業の実際

第一次　学習用語「象徴」にふれる／事柄の結び付きに着目する

1時間目　※教材文においてスペースで区切られた部分を●場面とした。

本単元で主に考えた「**象徴**性」は、「その文章におけるもの」（作品を通じて共有されるもの）である。ここで、定められた枠組みのなかで「**象徴**」について考えることで、「**象徴**性」を用いた表現を捉える視点を得ることをねらいとした。

1時間目については「物語情報の整理」に位置付け、「小さな手袋」を読み、ミニマル・ストーリーにまとめることや気になった事柄を書き出すなど、初発段階での記録を残すことに取り組んだ。またここで設定した課題の観点は、単元の最後に行うレポート課題に共通させ、変化の把握を促すようにした。

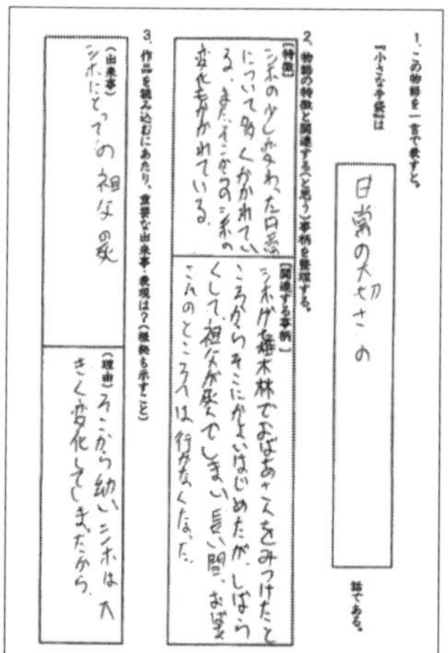

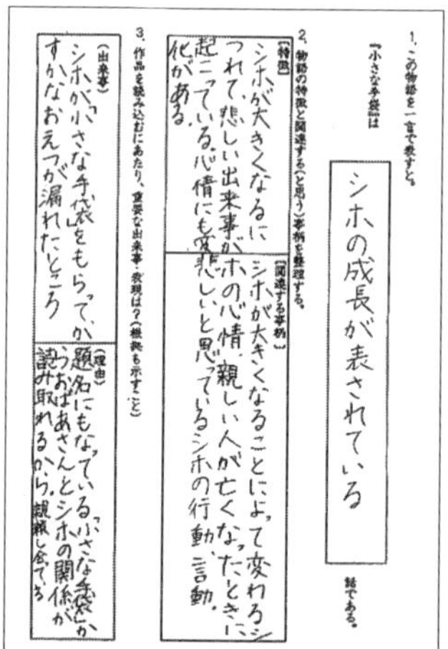

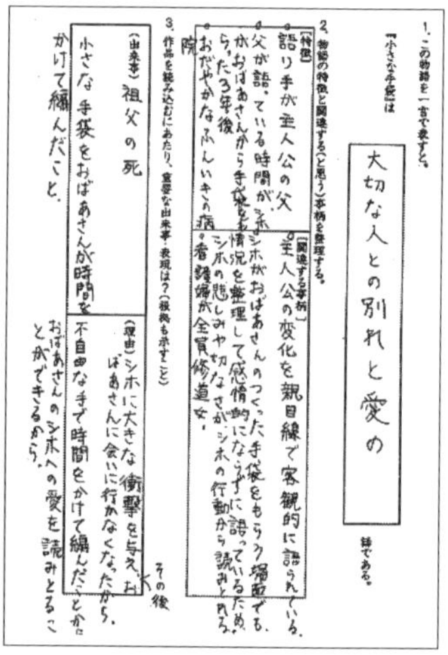

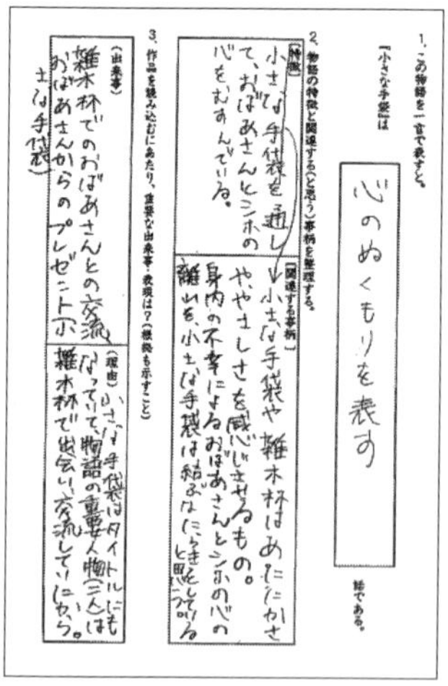

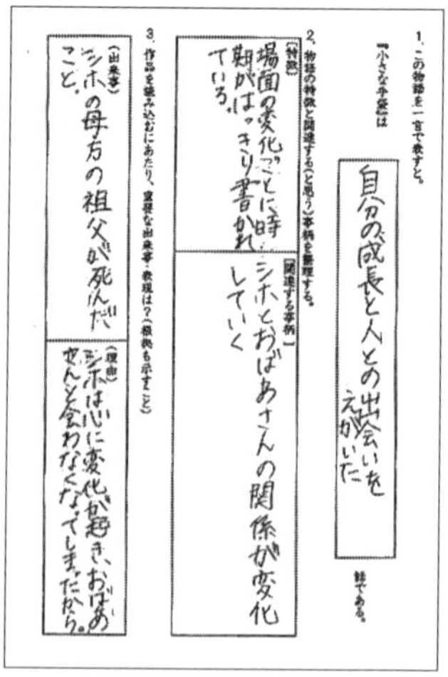

さらに「書かれている事柄」を確認していった。そこで、まず“場面、「見出し」をつけるとしたら／主な内容、出来事、時、人物”の観点から表にまとめ整理してみることに取り組んだ。

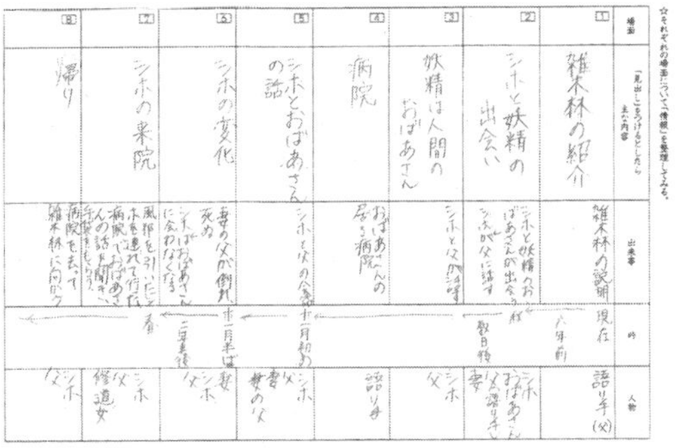

２時間目

前時の初発の記録と「情報」を整理した表を周りの人と見くらべ、この段階で共有されている事柄や特徴的な部分は何か問いかけた。例えば共有できるものとして、祖父の死の重要性、手袋の役割についての着目などが話題になった。その中で“主人公”という語を用いた生徒たちから、主人公をシホとするのかおばあさんとするのか（そもそも主人公とは？　なども）が挙げられた。そのとき「語り」や視点について考える様子も混在していたことから、次のような点を黒板に書き出し、“主たる”登場人物という考え方を共有した上で、登場人物の「機能」についても考えてみるよう促した。

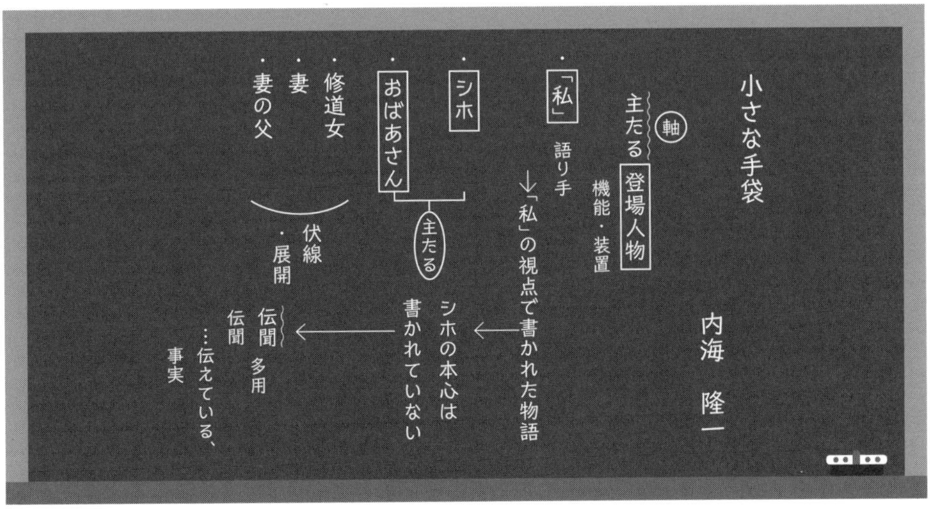

板書例

さらに「雑木林」という場所の重要性を指摘する声が多く挙がった。そこで、第１場面で雑木林がどのように表現されているのか確かめ、登場人物との結び付き（シホと「おばあさん」）を考えてみた。そこから、例えば「それぞれの場面の“場所”は、“物語の空気感”に影響する」といったことが指摘された。

ここから、雑木林そのもののイメージが出来事の捉え方に影響するといえるのではないかと投げかけ、本文の記述「武蔵野」に着目し、「今自分が実際にイメージしているものに最も近い雑木林」と「『武蔵野の雑木林』といえるもの」をインターネットなどで画像を探し、くらべてみる課題にも取り組んだ（結果をノートに貼り付け、引用提示の方法の指導も行っている）。

事柄同士の結び付きをみることで、特に今回の教材ではこれ以降の段落でも「視点の移動」を意識し、描写から特徴を把握していた。そのなかでそれぞれの場面が展開する“場所”を対比させ、「場所が意味するもの」は何かという「**象徴**」の活用につながる視点から対象を捉える様子がみられた。

3・4時間目

「雑木林」のもつ意味について、文章表現に含まれる対比関係に着目し、そこから何が浮かび上がるかという点から特徴を考えていくこととした。

まずは人物の対比関係から、それぞれの特徴と物語上の働きを具体化することに取り組んだ。ここではシホと「おばあさん」だけでなく、シホと父という点からもみることができることをとり上げ、さらに雑木林と家を“雑木林の内外”という視点でみたときに、役割に着目するとどうかと投げかけた。すると、先に考えた人物同士の関係性・つながりについても同じような役割をみることができるという考えが挙げられた。そこでその意見をもとに、共有される「意味」の重なりに着目すると雑木林は何を「**象徴**」するものと言えるかと投げかけを重ね、それぞれの考えを整理することを促した。

特に子どもたちが目を向けたものに、第４場面での「日参」という、移動だけでなく連続性も有する言葉の使用が挙げられる。ここから、これまでの場面で意識付けられたイメージと心情との重なりについて、その強さや何か変化した部分があるのかということが意識され、本文を読むことにつながっていった。またそれにより、雑木林が「**象徴**」するものについての自分の考えを見直すきっかけにもなっていた。

第５場面では「おばあさん」の捉えに、新たに「妻」「妻の父」という要素が加わる。これについてこれまで培われてきたイメージに変化が起こるきっかけを見出し、変化を示すような表現がないか目を向ける様子がみられた。そこで“雑木林の内側”に異なる視点での意味付けが加わり、それによる変化の可能性をあらためて全体に問いかけた。すると、新たな要素を受けた第６場面では、やはり人物と場所の結び付き（シホ―雑木林）に変化が起こることが、「距離感がでる」という表現で指摘された。それだけでなく、場所との距離感に変化が起きたり移動が途絶えたりするが、場所のもつ役割・「**象徴**」するものがなくなってしまうわけではないということも述べられた。これは、結び付く“要素”への着目がもとになっていた。

第二次　学習用語「象徴」の活用を図る（「象徴」を土台に考える）

1・2時間目

それぞれの場所のもつ**象徴**性という点から、第7場面で新たに出た「病院」についてとり上げ、考えることを促した。そこで「おばあさん―病院」という結び付きをこれまでと比較することで、それまでシホ側を中心にみていた「雑木林」が「おばあさん」側からの役割も担う、「意味」の重層性をみていくことにつながった。そして、再び「雑木林」へ向かう帰途を描く第8場面も踏まえ、作品全体を通した「雑木林が**象徴**するもの」は何か考えることをあらためて取り上げ、本単元のまとめを設定した。

まとめの活動として、作品全体を通した「雑木林が**象徴**するもの」について、【連想・伏線】【視点・時間軸】をもとに「つくられるイメージ」ということを踏まえた考察に取り組んだ。それに当たり、これまでの活動を踏まえて描写の特徴などを互いに確認する時間を設けた。さらに、1時間目に記録した「感覚的把握した事柄」についても見直し、考えをまとめる材料とすることを促した。

1）「小さな手袋」は一言で表すとどのような物語であるか。
2）1）に表れる「小さな手袋」の特徴を、次の条件に注意しながら分析・説明する。
　・事柄の連なりや展開を踏まえ、「つくられるイメージ」や表現上の特徴に注目して説明すること。
　・場面・視点・時間・人物など、「物語上の機能」ということについてもとり上げること。（複数可）
　・場面や表現を踏まえ「対比」・「差異」ということも考慮すること。
3）タイトル「小さな手袋」にはどのような意味が込められ、また何を「**象徴**」しているか。あなたの考えを示しなさい。
　・タイトルについて「どのようなことが切り取られつけられているのか」という点を踏まえた上で説明すること。
　・「視点」・「焦点化」ということについても考慮すること。
4）1）～3）を踏まえ、「小さな手袋」というタイトルに語を補い、再タイトル化を行いなさい。

【子どもたちの記述例】

	初発（どのような物語か）	まとめ（どのような物語か）	再タイトル化
1	日常の大切さ	シホの成長を描いた	小さな手袋～シホと雑木林のおばあさん～
2	シホの成長が表されている	人と人の絆を表現した	二人の小さな手袋

3	大切な人との別れと愛の	大切な人への愛の	おばあさんからシホへの愛のこもった小さな手袋
4	心のぬくもりを表す	老人と少女が心を通わすことによる少女の心の成長を描いた	涙で濡れた小さな手袋
5	自分の成長と人との出会いを描いた	大切な人との出会いと別れの	小さな手袋とシホとおばあさんの雑木林での時間
6	自然を通したシホとおばあさんの出会いや苦しみ	別れのつらさを教えてくれる	別れを告げた小さな手袋
7	悲しいけれど暖かい	人と人の交流の暖かさや人の変化を表す	小さな手袋と雑木林の思い出
8	シホの幼さと雑木林やおばあさんの暖かさ	シホとおばあさんの暖かく切ない	たくさんの人々のまごころが詰まった小さな手袋
9	シホが大切な人を失う悲しさを知る	雑木林が舞台のシホとおばあさんの感動の	おばあさんの親切心のつまった小さな手袋
10	激しい後悔とともに大人になっていく少女の	少女の成長の	小さな暖かい手袋

（4）単元の評価

日常の中でともすると安易に事柄同士を結び付けて「**象徴**」を用いたり、“なんとなく”使われているものを受け入れ使ってしまったりするかもしれない。そのような中で、表現の選択や効果について、“つくられるイメージ”の活用や“共有されること”をどう生かすかという点から考えを深めた単元であったといえる。さらに、タイトルや言葉の選択などに含まれる「書かれていない事柄」が与える影響についても目を向け、考えていくことにつながった。

また、抽象度の高い「**象徴**」を考えるに当たり、文章中に含まれる要素という具体をみていく姿勢が多くみられた。それらの役割を考えるときに、対比を用いて対象の特徴を捉える様子や変化を把握する姿から、丁寧に描写を追うことや意味を考えることにも結び付いている。

これらのことから、自分の考えを深めるために「共有される事柄」に着目することが「**象徴**」という用語を活用していくうえで重要になる。このとき、“自分”だけでなく、「他者」がどのように捉えるのか、なぜそのようにいえるのか作品外部にも目を向ける必要がある。それらをとり入れられるよう、多角的に対象を捉える視点につなげることも、本単元の学習を生かしていくときに重要になるだろう。

3 ◦「学習用語」によって得られた学び

本単元は文章に含まれる事象を考察し、その意味の生成について多面的に捉え、考えていくことを土台にしている。そして、「事柄の意味付け」について条件を定め着目することを段階的に経験していった。

「**象徴**」では、言葉と示される内容に強い結び付きが求められる。単に類似性を有する語に置き換えればよいのではなく、微細な差異はあっても同種のイメージが想起・承認されなくてはならない。この部分に「**象徴**」の難しさがあるが、子どもたちが「場所」の特徴だけでなく頻度からも着目したように、“イメージの強度”を意識できるようになったことは、「**象徴**」をきっかけにした学びの効果ということができるだろう。さらに言葉の理解のために、意味だけでなく特徴や状況へ着目するなど、視点を広げることにも結び付いた。これらの取組を通じ、自身の言葉の使用・選択について振り返り、「伝えたいことが表現できているか」「そのために必要なことはなにか」を意識する機会とできた。

（渡邉裕）

「読むこと（文学）」の実践の振り返り

文学的な文章を読み合う授業において、学習用語を学ぶことが必要であると論じている研究者の一人に、浜本純逸氏がいる。浜本氏は、次のようにいう。

> 文学の感動は、深ければ深いほど言葉による説明は困難である。説明しきれないものが残る。文学の学習用語は、そのようなそれぞれの切実な読みを説明しようとする時に役立つ。（中略）子どもたちは学習用語を使ってそれぞれの読みを説明する。それを聞き合い、読みを交流することによって、教室の読みが深まるとともに一人ひとりの読みも豊かになっていく。
>
> （浜本純逸監修『文学の授業づくりハンドブック第１巻』溪水社、2010年、10頁）

文学を読む上で必要なさまざまな言葉を学習用語としてもつことで、子どもたちはその用語を使って、作品について説明したり話し合ったりすることができる。また、そのこと以前に、説明文の実践の振り返りでも述べたが、学習用語は作品を捉える着眼点としての役割を果たしている。

例えば、成家先生による「大造じいさんとガン」の実践では、「人物像」という用語が、大造じいさんを考える着眼点となっている。「人物像」を捉えようとするから、子どもたちは、大造じいさんがどのような姿勢で残雪と向き合っているのかを、叙述をもとに考えようとする。読むことと考えることがリンクして、学習が進むようになる。

逆にいえば、「人物像」という用語の定義や意味を教えても、それが目の前の文学作品を読み解いたり、解釈を深めたり、話し合ったりする活動を充実させることにつながらならなければ、浜本氏のいうような学習の意義は薄れてしまうということになる。

この点、成家先生の実践では、第一次で「人物像」という用語に出会わせるところを、実に工夫している。先に用語を与え、「こういう意味だから、この点に気を付けて文章を読もう」と提示しているわけではない。116ページにあるように、大造じいさんの残雪への気持ちの変化に着目させ、「どういう人なのかを表すには、どんなことが分かればいいのかな」と問いかけ、子どもたちから「性格とか、人柄とか、心情、印象など」という人物像につながる読みの視点が出されたタイミングで、「そういうの全部合わせて何ていうか知っているかな」と導き、「人物像」という用語に出会わせている。

こうした丁寧な出会わせ方があるからこそ、子どもたちは「へえ、そういういい方があるんだ」「いいいい方だね、使ってみたい」という実感や意欲を伴って、学習用語を学ぶことができる。そして、意欲的に学習用語を活用して、読んだり考えたり話し合ったりしていく。どのタイミングでどのように学習用語と出会わせるかは、文学の授業だけでなく、どの領域においても大切な課題である。

（中村和弘）

ワールドカフェ　中学校以上《ちゅうがっこういじょう》

「ワールドカフェ」は、四《よん》〜六人《ろくにん》のグループで「資源《しげん》を引《ひ》き出《だ》す（意見《いけん》や考《かんが》えを多《おお》く出《だ》す）」話《はな》し合《あ》いの方法《ほうほう》です。そこには「模造紙《もぞうし》」、「少人数《しょうにんずう》のグループ」、「もてなしの空間《くうかん》」、「共通《きょうつう》の課題《かだい》」、「全員《ぜんいん》のやる気《き》」などの活発《かっぱつ》な話《はな》し合《あ》いが成立《せいりつ》する要素《ようそ》があります。

実際《じっさい》に行《おこな》うときには、以下《いか》のような手順《てじゅん》で進《すす》めます。

準備《じゅんび》するもの「模造紙《もぞうし》・八《はち》〜十色《じっしょく》の水性《すいせい》ペン・模造紙《もぞうし》が広《ひろ》げられる机《つくえ》」

手順《てじゅん》1　店主《てんしゅ》を決《き》め、カフェの名前《なまえ》と赤黒《あかくろ》黄《き》以外《いがい》の自分《じぶん》の色《いろ》を決《き》める。テーマと店名《てんめい》を模造紙《もぞうし》の中央《ちゅうおう》に書《か》く。リラックスして話《はな》しながら自分《じぶん》の方向《ほうこう》に、考《かんが》えを模造紙《もぞうし》に書《か》く。

手順《てじゅん》2　店主以外《てんしゅいがい》は、他《ほか》のカフェに行《い》き、前《まえ》のカフェでの話《はなし》を紹介《しょうかい》し合《あ》い、話《はな》し続《つづ》け、考《かんが》えを模造紙《もぞうし》に書《か》く。

手順《てじゅん》3　もとのカフェに戻《もど》り、どんな話《はなし》があったのか紹介《しょうかい》し合《あ》い、また話《はな》し続《つづ》け、話《はな》したことを模造紙《もぞうし》に書《か》く。

手順《てじゅん》4（共有《きょうゆう》）客《きゃく》が模造紙《もぞうし》を持《も》ち、店主《てんしゅ》はどんな話《はな》し合《あ》いがあったのか簡単《かんたん》に紹介《しょうかい》する。

ファシリテーション・グラフィック　中学校以上《ちゅうがっこういじょう》

ファシリテーション・グラフィックは、合意形成《ごういけいせい》のための話《はな》し合《あ》いの方法《ほうほう》です。全員《ぜんいん》の意見《いけん》が明示《めいじ》され、話《はな》し合《あ》いの過程《かてい》が記録《きろく》されるので、意見統一《いけんとういつ》の道筋《みちすじ》がはっきりし、参加者全員《さんかしゃぜんいん》が納得《なっとく》しながら、合意《ごうい》が得《え》られやすくなります。この方式《ほうしき》は最後《さいご》に自分《じぶん》の意見《いけん》をまとめるための、シミュレーションと考《かんが》えることもできます。

実際《じっさい》に行《おこな》うときには、以下《いか》のような手順《てじゅん》で進《すす》めます。

準備《じゅんび》するもの「模造紙《もぞうし》・八《はち》〜十色《じっしょく》の水性《すいせい》ペン・模造紙《もぞうし》が広《ひろ》げられる机《つくえ》」

手順《てじゅん》1　赤黒黄《あかくろき》以外《いがい》の自分《じぶん》の色《いろ》を決《き》め、自分《じぶん》の色《いろ》で模造紙《もぞうし》の端《はし》に名前《なまえ》を書《か》く。司会者《しかいしゃ》を決《き》め、テーマと班名《はんめい》を模造紙《もぞうし》の中央《ちゅうおう》に書《か》く。自分《じぶん》の方向《ほうこう》に、思《おも》いつきを、模造紙《もぞうし》の中心部分《ちゅうしんぶぶん》を残《のこ》して、話《はな》しながら書《か》く。

手順《てじゅん》2　右側《みぎがわ》のいすに移動《いどう》し、書《か》いてある事柄《ことがら》に思《おも》いつきやひらめきや意見《いけん》を書《か》く。これを一周《いっしゅう》行《おこな》う。

手順《てじゅん》3　司会者《しかいしゃ》は相違点《そういてん》に赤《あか》、類似点《るいじてん》に黒《くろ》、注目点《ちゅうもくてん》に黄《き》で印《しるし》をつけたり、線《せん》で結《むす》んだりして、合意《ごうい》できるポイントをいくつかまとめ、グループで合意《ごうい》できそうな課題《かだい》を決定《けってい》し、中心部分《ちゅうしんぶぶん》に書《か》く。

手順《てじゅん》4　参加者《さんかしゃ》は模造紙《もぞうし》を持《も》ち、司会者《しかいしゃ》はどんな根拠《こんきょ》からどのような合意《ごうい》が出来《き》たのか紹介《しょうかい》する。

う

プレゼンテーションには必《かなら》ず聞《き》き手《て》がいるので、聞《き》き手《て》に興味《きょうみ》をもってもらうための工夫《くふう》が成功《せいこう》の鍵《かぎ》となります。資料《しりょう》の作《つく》り方《かた》や示《しめ》し方《かた》などはもちろん、クイズを出《だ》して聞《き》き手《て》を参加《さんか》させたり、劇《げき》のような場面《ばめん》をつくったりすることも効果的《こうかてき》です。

ポスターセッション

中学年《ちゅうがくねん》以上《いじょう》

何《なに》か調《しら》べたことを文章《ぶんしょう》や写真《しゃしん》、グラフ、図《ず》などを使《つか》ってポスターにまとめて発表《はっぴょう》することを「ポスターセッション」といいます。

ポスターセッションは発表《はっぴょう》の方法《ほうほう》の一《ひと》つですが、次《つぎ》のような特色《とくしょく》があります。

・一《ひと》つの会場《かいじょう》（教室《きょうしつ》など）の中《なか》に、何人《なんにん》（何組《なんくみ》）かの発表者《はっぴょうしゃ》が決《き》められた位置《いち》に準備待機《じゅんびたいき》して同時《どうじ》に発表《はっぴょう》を行《おこな》う
・発表者《はっぴょうしゃ》は自分《じぶん》の近《ちか》くにポスターを貼《は》り、聞《き》き手《て》を集《あつ》める
・聞《き》き手《て》は興味《きょうみ》をもったポスターの前《まえ》で立《た》ち止《ど》まり、説明《せつめい》を聞《き》いたり質問《しつもん》をしたりする

このような特色《とくしょく》をもつため、ポスターセッションでは、発表者《はっぴょうしゃ》と同《おな》じくらい、聞《き》き手《て》の役割《やくわり》が大切《たいせつ》になってきます。ポスターを見《み》て、自分《じぶん》の判断《はんだん》で発表者《はっぴょうしゃ》を選《えら》ぶわけですから、「なぜこの発表《はっぴょう》を選《えら》んだのか」「この発表内容《はっぴょうないよう》について、自分《じぶん》はどのような知識《ちしき》や意見《いけん》をもっているのか」などを明《あき》らかにしたうえで、発表《はっぴょう》を聞《き》くことが大切《たいせつ》です。賛成《さんせい》であれば相《あい》づちを打《う》ったり、疑問《ぎもん》を感《かん》じたなら積極的《せっきょくてき》に質問《しつもん》したりすることも忘《わす》れてはなりません。

また、聞《き》き手《て》が目《め》の前《まえ》にいるわけですから、発表者《はっぴょうしゃ》は相手《あいて》の反応《はんのう》を確《たし》かめながら話《はなし》をすることができます。よく分《わ》からないという表情《ひょうじょう》が見《み》られたら、言葉《ことば》をかえて言《い》い直《なお》したり、別《べつ》の資料《しりょう》を示《しめ》したりすることも大切《たいせつ》です。

なお、ポスターセッションではテーマの選《えら》び方《かた》に注意《ちゅうい》が必要《ひつよう》です。同《おな》じようなテーマばかりが並《なら》んでいたら聞《き》き手《て》を引《ひ》きつけることはできませんが、全《まった》く関係《かんけい》のないテーマが散《ち》らばっているだけだったら、発表《はっぴょう》の目的《もくてき》が分《わ》かりません。大《おお》きな全体《ぜんたい》テーマ（例《たと》えば「身近《みぢか》な環境保護《かんきょうほご》」）の下《もと》に様々《さまざま》な具体的《ぐたいてき》提案《ていあん》が示《しめ》される、というような形《かたち》が理想的《りそうてき》でしょう。

【ポスターセッションのポイント】

聞《き》き手《て》…賛成《さんせい》であれば相《あい》づちを打《う》ち、疑問《ぎもん》を感《かん》じたなら、積極的《せっきょくてき》に質問《しつもん》する

話《はな》し手《て》…目《め》の前《まえ》の聞《き》き手《て》の反応《はんのう》を確認《かくにん》し、言葉《ことば》をかえて言《い》い直《なお》したり、別《べつ》の資料《しりょう》を示《しめ》したりする

パネルディスカッション　高学年以上《こうがくねんいじょう》

「パネルディスカッション」とは、テーマについて数名《すうめい》の異《こと》なる考《かんが》えをもつパネリスト（話《はな》し手《て》）が、フロア（聞《き》き手《て》）の前《まえ》で意見《いけん》を述《の》べ、パネリスト同士《どうし》で討論《とうろん》した後《あと》、フロアも討論《とうろん》に参加《さんか》して話《はな》し合《あ》う討論会《とうろんかい》です。

パネルディスカッションは、話《はな》し合《あ》いをして結論《けつろん》を出《だ》すことが目的《もくてき》ではありません。様々《さまざま》な立場《たちば》から意見《いけん》を述《の》べ合《あ》い、考《かんが》えの根拠《こんきょ》やよいところや問題点《もんだいてん》を出《だ》し合《あ》うことで、それぞれの考《かんが》えや立場《たちば》の違《ちが》いを明《あき》らかにすることが目的《もくてき》です。

つまり、パネルディスカッションでは、参加《さんか》した一人一人《ひとりひとり》が最後《さいご》に自分《じぶん》の考《かんが》えを深《ふか》めることが大切《たいせつ》なのです。

パネルディスカッションでは、次《つぎ》のような準備《じゅんび》や心構《こころがま》えが大切《たいせつ》です。

〇パネリスト
- ・テーマについて、同《おな》じ意見《いけん》、似《に》ている意《い》見《けん》をもつ人《ひと》でグループをつくる
- ・グループで話《はな》し合《あ》いながら、必要《ひつよう》な資《し》料《りょう》を集《あつ》める
- ・集《あつ》めた資料《しりょう》を使《つか》って、話《はなし》の組《く》み立《た》てを考《かんが》え提案《ていあん》できる内容《ないよう》を準備《じゅんび》する
- ・グループの代表《だいひょう》をパネリストにする

〇フロア
- ・パネルディスカッションが行《おこな》われているとき、フロアはそれぞれのパネリストの意見《いけん》を比《くら》べたり、関係《かんけい》を考《かんが》えたりして聞《き》き、積極的《せっきょくてき》に質問《しつもん》する

パネルディスカッションが終《お》わったら、パネリストもフロアも深《ふか》めることができた考《かんが》えを書《か》き残《のこ》しましょう。

プレゼンテーション　高学年以上《こうがくねんいじょう》

調《しら》べ学習《がくしゅう》やグループ学習《がくしゅう》の成果《せいか》をもとに、学級全体《がっきゅうぜんたい》やその他《た》の集団《しゅうだん》に向《む》かって、資料《しりょう》を使《つか》って発表《はっぴょう》することを「プレゼンテーション」といいます。ただ話《はなし》をするだけでなく、掲示資料《けいじしりょう》やビデオ映像《えいぞう》などの道《どう》具《ぐ》を使《つか》って、内容《ないよう》が分《わ》かりやすく伝《つた》わるよう工夫《くふう》をするところに特徴《とくちょう》があります。パソコンのプレゼンテーション・ソフトを使《つか》うこともあります。

プレゼンテーションをするには、次《つぎ》のような手順《てじゅん》が一般的《いっぱんてき》です。

①発表《はっぴょう》するテーマを決《き》め、資料《しりょう》を集《あつ》める
- ・調《しら》べる価値《かち》があり、聞《き》き手《て》が興味《きょうみ》をもって聞《き》いてくれるテーマを選《えら》ぶ
- ・できるだけ広《ひろ》い範囲《はんい》からいろいろな種類《しゅるい》の資料《しりょう》を集《あつ》める。本《ほん》、インターネット、アンケートなどを活用《かつよう》する

②発表《はっぴょう》に使《つか》う資料《しりょう》を選《えら》び、内容《ないよう》を決《き》める
- ・発表《はっぴょう》の中心《ちゅうしん》となることがらが効果的《こうかてき》に伝《つた》わるように資料《しりょう》を取捨選択《しゅしゃせんたく》し、内容《ないよう》の配列《はいれつ》や時間配分《じかんはいぶん》を決《き》める
- ・資料《しりょう》の示《しめ》し方《かた》やタイミング、発表者《はっぴょうしゃ》の役割分担《やくわりぶんたん》などを決《き》める

③リハーサル後《ご》に本番《ほんばん》の発表《はっぴょう》をする
- ・発表前《はっぴょうまえ》の練習《れんしゅう》で、伝《つた》わりにくいところがないかどうか点検《てんけん》し、必要《ひつよう》なら手直《てなお》しをする
- ・実際《じっさい》の発表《はっぴょう》をして、質問《しつもん》や感想《かんそう》をもら

・撮影《さつえい》や録音《ろくおん》が可能《かのう》か確《たし》かめる。
・聞《き》きたいことの、下調《したしら》べをする。
・聞《き》きたいことを書《か》き出《だ》して、インタビューメモを作《つく》る。
・「はい」「いいえ」だけで終《お》わらない質問《しつもん》をし、気持《きも》ちなどもたずねる。

○実際《じっさい》にインタビューをする
・何《なに》を聞《き》きに来《き》たのかを伝《つた》える。
・相手《あいて》の顔《かお》を見《み》ながら、注意深《ちゅういぶか》く聞《き》く。
・大事《だいじ》なことはメモにとる。
・もっと詳《くわ》しく知《し》りたいときや、分《わ》からないときは、話《はなし》の区切《くぎ》りで聞《き》き返《かえ》したり、質問《しつもん》したりする。

○インタビューが終《お》わったら
・その場《ば》で書《か》いたメモを、整理《せいり》する。
・感想《かんそう》やお礼《れい》を書《か》いたりする。

話《はな》し合《あ》い　全学年《ぜんがくねん》

「話《はな》し合《あ》い」とは、二人《ふたり》以上《いじょう》の人《ひと》で、意見《いけん》や考《かんが》えを話《はな》すことで交流《こうりゅう》することです。

話《はな》し合《あ》いには、グループや学級《がっきゅう》で問題《もんだい》を理解《りかい》し合《あ》ったり、問題《もんだい》の解決《かいけつ》をしたりするために、互《たが》いの意見《いけん》や考《かんが》えなどを出《だ》し合《あ》って一《ひと》つにまとめていく合意《ごうい》づくりと、互《たが》いの意見《いけん》や考《かんが》えの違《ちが》いを大事《だいじ》にしながら多《おお》くの意見《いけん》や考《かんが》えを取《と》り入《い》れていく討論《とうろん》があります。

どちらの場合《ばあい》も、互《たが》いの意見《いけん》や考《かんが》えをはっきりさせ、話《はな》し合《あ》いを計画的《けいかくてき》に進《すす》めていくために、司会者《しかいしゃ》は議題《ぎだい》を提案《ていあん》する人《ひと》や時間《じかん》配分《はいぶん》など、前《まえ》もって話《はな》し合《あ》いの進行計画《しんこうけいかく》を立《た》てておきましょう。

討論《とうろん》　高学年以上《こうがくねんいじょう》

「討論《とうろん》」とは、テーマについて異《こと》なる考《かんが》えを述《の》べ合《あ》い、考《かんが》えを深《ふか》めたり、広《ひろ》げたりする話《はな》し合《あ》いです。

討論《とうろん》を進《すす》めるには、考《かんが》えの異《こと》なる討論《とうろん》者《しゃ》、進行《しんこう》（司会《しかい》）、聞《き》き手《て》といった役割《やくわり》をはっきりさせることが大切《たいせつ》です。つまり、テーマと役割《やくわり》がはっきりした話《はな》し合《あ》いが討論《とうろん》になります。

討論《とうろん》には、次《つぎ》のような形式《けいしき》があります。
・ディベート
・パネルディスカッション
・シンポジウム

ここでは、ディベートについて説明《せつめい》します。

ディベートとは、ある話題《わだい》について、賛《さん》成《せい》・反対《はんたい》の二組《ふたくみ》に分《わ》かれて、意見《いけん》を交《か》わす話《はな》し合《あ》いです。決《き》められた流《なが》れや時間《じかん》にそって討論《とうろん》を行《おこな》い、最後《さいご》は、どちらの話《はなし》が勝《か》っていたかを聞《き》き手《て》が判定《はんてい》する話《はな》し合《あ》いゲームです。

あくまでも話《はな》し合《あ》いゲームなので、討論《とうろん》を楽《たの》しむことが大切《たいせつ》です。ディベートが終《お》わったら、お互《たが》いがんばったことを認《みと》め合《あ》いましょう。

ディベートでは、次《つぎ》のような準備《じゅんび》をすると充実《じゅうじつ》した討論《とうろん》になります。
・一人一人《ひとりひとり》の考《かんが》えの根拠《こんきょ》・理由《りゆう》を出《だ》し合《あ》う
・テーマに関《かん》する資料《しりょう》を集《あつ》める
・集《あつ》めた資料《しりょう》を整理《せいり》する
・資料《しりょう》を使《つか》って、自分《じぶん》たちの考《かんが》えをまとめる
・相手《あいて》の立場《たちば》の根拠《こんきょ》を予測《よそく》する
・相手《あいて》への質問《しつもん》を考《かんが》える
・立論《りつろん》、質問《しつもん》、反論《はんろん》など、一人一人《ひとりひとり》の役割《やくわり》を決《き》める

話《はな》し合《あ》いの方法《ほうほう》

スピーチ

全学年《ぜんがくねん》

一人《ひとり》の話《はな》し手《て》が大勢《おおぜい》の聞《き》き手《て》に話《はなし》をすることを「スピーチ」といいます。

スピーチで大切《たいせつ》なことは、聞《き》き手《て》の表情《ひょうじょう》を見《み》ながら、ゆっくり話《はな》したり、繰《く》り返《かえ》したり、間《ま》を取《と》ったりなど、聞《き》き手《て》がよく分《わ》かるように、聞《き》き手《て》に応《おう》じて話《はな》し方《かた》を変《か》えて話《はな》すことです。音読《おんどく》や朗読《ろうどく》のように書《か》いてある文《ぶん》章《しょう》を読《よ》みあげるのではありません。

聞《き》き手《て》の表情《ひょうじょう》を見《み》ながらスピーチするために、スピーチメモを作成《さくせい》します。スピーチメモは読《よ》みあげるのではなく、話《はな》しているときに話《はなし》の筋《すじ》が計画《けいかく》したものと合《あ》っているかどうか確認《かくにん》するためのものです。スピーチメモは話《はな》したいことを、「はじめ・中《なか》・終《お》わり」などの順《じゅん》に箇条《かじょう》書《が》きでまとめます。スピーチをするときは、聞《き》き手《て》の表情《ひょうじょう》などを見《み》ながら、話《はな》す内容《ないよう》を詳《くわ》しくしたり、省略《しょうりゃく》したりなど、その場《ば》に応《おう》じてうまく対応《たいおう》することも大切《たいせつ》です。

例《たと》えば、日直《にっちょく》が、朝《あさ》の会《かい》で話《はな》すことや、朝礼《ちょうれい》の校長先生《こうちょうせんせい》のお話《はなし》もスピーチになります。

スピーチでは、次《つぎ》のような内容《ないよう》を聞《き》き手《て》に分《わ》かりやすく伝《つた》えます。

・楽《たの》しかったこと、心《こころ》に残《のこ》ったこと

・調《しら》べたこと、考《かんが》えたこと

・連絡《れんらく》、一緒《いっしょ》にしたいこと

実際《じっさい》にスピーチをするときは、次《つぎ》のようなことに気《き》を付《つ》けるといいでしょう。

○テーマを決《き》める

・内容《ないよう》の中《なか》で、何《なに》を伝《つた》えたいのかはっきりさせる。

○話《はな》す順番《じゅんばん》を決《き》める（スピーチメモの作成《さくせい》）

・「はじめ」では、テーマを話《はな》す。

・「中《なか》」では、自分《じぶん》の体験《たいけん》やできごとを話《はな》す。

・「終《お》わり」では、テーマについての考《かんが》えや思《おも》ったことを話《はな》す。

○時間《じかん》を決《き》めて、練習《れんしゅう》をする

・スピーチは、決《き》められた時間《じかん》の中《なか》で話《はな》すことも大切《たいせつ》。

・鏡《かがみ》を見《み》ながら練習《れんしゅう》をすると声《こえ》の大《おお》きさや速《はや》さ、自分《じぶん》の表情《ひょうじょう》を確《たし》かめることができる。

・おうちの人《ひと》や友達《ともだち》に聞《き》いてもらうと緊《きん》張《ちょう》しないで話《はな》せるようになる。

インタビュー

中学年以上《ちゅうがくねんいじょう》

「インタビュー」とは知《し》りたいことを、詳《くわ》しく知《し》っている人《ひと》に直接《ちょくせつ》会《あ》って話《はなし》を聞《き》くことです。

聞《き》きたいことを整理《せいり》して、「インタビューメモ」を作《つく》って、計画《けいかく》を立てます。そして、インタビューメモにあることをきちんと聞《き》くことが大切《たいせつ》です。また、もっと詳《くわ》しく知《し》りたいことなどが出《で》てきた場合《ばあい》は、詳《くわ》しく聞《き》くことも大切《たいせつ》です。

インタビューの手順《てじゅん》を紹介《しょうかい》します。

○インタビューの準備《じゅんび》

・誰《だれ》に、どんなことをたずねるのかを考《かんが》えて、決《き》めておく。

・電話《でんわ》や手紙《てがみ》で申《もう》し込《こ》む。

・相手《あいて》の都合《つごう》で日時《にちじ》を決《き》める。

・聞《き》きたいことをまとめ、伝《つた》えておく。

ついて、年表形式《ねんぴょうけいしき》にしてまとめることも効《こう》果的《かてき》な学習方法《がくしゅうほうほう》です。その年表《ねんぴょう》を読《よ》むことによって、その人物《じんぶつ》の考《かんが》え方《かた》や生《い》き方《かた》を深《ふか》く理解《りかい》することができます。

また、伝記《でんき》はある筆者《ひっしゃ》によって書《か》かれたものですから、筆者《ひっしゃ》の書《か》き方《かた》に注意《ちゅうい》し、筆者《ひっしゃ》がその人物《じんぶつ》をどのように捉《とら》えているのかを読《よ》み取《と》ることも大切《たいせつ》です。

随筆《ずいひつ》

高学年以上《こうがくねんいじょう》

「随筆《ずいひつ》」とは、自分《じぶん》が経験《けいけん》したり見聞《みき》きしたりしたことについての自分《じぶん》の考《かんが》えや感想《かんそう》を読《よ》み物《もの》として工夫《くふう》して自由《じゆう》に書《か》いた文章《ぶんしょう》で、エッセイともよばれます。

随筆《ずいひつ》を読《よ》むときには、作者《さくしゃ》のものの見方《みかた》や感《かん》じ方《かた》・考《かんが》え方《かた》を捉《とら》え、自分《じぶん》と比《くら》べながら、感想《かんそう》を深《ふか》めていくとよいでしょう。

随筆《ずいひつ》を書《か》くときには、自分《じぶん》が「書《か》きたいこと」を読者《どくしゃ》が「読《よ》みたくなる」ように、事実《じじつ》から自分《じぶん》が何《なに》をどのように捉《とら》えたのかということについて、読者《どくしゃ》が興味《きょうみ》をもつように表現《ひょうげん》や構成《こうせい》を工夫《くふう》して書《か》いていきましょう。

メモ

中学年以上《ちゅうがくねんいじょう》

「メモ」とは、忘《わす》れないように要点《ようてん》を書《か》き留《と》めることをいいます。あるいは、書《か》き留《と》めたもののことをいいます。

日常生活《にちじょうせいかつ》においても、「メモをとる」ことが多《おお》くあります。

メモの種類《しゅるい》としては、①調査《ちょうさ》メモ（インタビューなどの聞《き》き取《と》り・本《ほん》や資料《しりょう》からの読《よ》み取《と》りのときに使《つか》う）、②整理《せいり》メモ（どんな順番《じゅんばん》で書《か》こうか、どんな順番《じゅんばん》で話《はな》そうかと考《かんが》えるときに使《つか》う）、③思考《しこう》メモ（言葉《ことば》を○で囲《かこ》んだり、矢印《やじるし》などでつなげたりするなど、新《あら》たな考《かんが》えを出《だ》すときなどに使《つか》う）などがあります。

メモは、短時間《たんじかん》で書《か》くことが多《おお》いので、文章《ぶんしょう》でまとめるというよりも、短《みじか》い言葉《ことば》で書《か》き留《と》める必要《ひつよう》があります。例《たと》えば、インタビューをするときに、相手《あいて》が話《はな》すことをすべて書《か》き留《と》めることはできません。

そこで、メモの書《か》き方《かた》の例《れい》として、「箇条《かじょう》書《が》き」があります。まず、数字《すうじ》や「・」を書《か》き、その後《あと》に大事《だいじ》なことを短《みじか》くまとめます。一《ひと》つのことがらについて、一《ひと》つの箇条《かじょう》書《が》きにまとめることで、つなぎ言葉《ことば》や文末《ぶんまつ》表現《ひょうげん》にとらわれずに、たくさんのメモをとることができます。

調査《ちょうさ》メモの例《れい》

鈴木《すずき》さんはネコを飼《か》いたいので、ネコを飼《か》っている田中《たなか》さんに話《はなし》を聞《き》いてメモをとりました。

【田中《たなか》さんの話《はなし》】

「うちのネコは小《ちい》さくて、体《からだ》の色《いろ》は黒《くろ》い色《いろ》だよ。手足《てあし》は短《みじか》いけれど、しっぽは長《なが》くて先《さき》が白《しろ》いんだ。好《す》きな食《た》べ物《もの》は魚《さかな》のやわらかいキャットフードだよ。一日《いちにち》のほとんどを寝《ね》て過《す》ごしているけど、わたしを見《み》つけると、すり寄《よ》ってくるから、かわいいよ。」

【鈴木《すずき》さんのメモ】

田中《たなか》さんのネコ
・小《ちい》さい黒色《くろいろ》
・手足《てあし》短《みじか》い　しっぽ長《なが》い
先《さき》…白《しろ》
・好《す》きな食《た》べ物《もの》
＝魚《さかな》のやわらかいキャットフード
・一日《いちにち》のほとんど　寝《ね》てる
→すり寄《よ》る　かわいい

詩《し》

全学年《ぜんがくねん》

「詩《し》」は、文学《ぶんがく》の形式《けいしき》の一《ひと》つです。ひとまとまりの文章《ぶんしょう》で書《か》かれた童話《どうわ》や小説《しょうせつ》に対《たい》して、短《みじか》い言葉《ことば》や文《ぶん》で書《か》き手《て》の感動《かんどう》や思《おも》いを表現《ひょうげん》したものです。言葉《ことば》の音《おと》のリズムを感《かん》じられる短《みじか》い文《ぶん》を「詩《し》」とよぶ場合《ばあい》もあります。

短《みじか》くといっても何字《なんじ》までというような具《ぐ》体的《たいてき》な決《き》まりがあるわけではありません。たった一行《いちぎょう》や一言《ひとこと》で終《お》わってしまう「詩《し》」もあれば、何十行《なんじゅうぎょう》と続《つづ》く「詩《し》」もあります。散文詩《さんぶんし》といって見《み》た目《め》はふつうの文章《ぶんしょう》と変《か》わらないような「詩《し》」もあります。また、短《みじか》い文《ぶん》でも、標語《ひょうご》や宣伝文句《せんでんもんく》は「詩《し》」ではありません。

詩《し》には決《き》まった形《かたち》や決《き》まりは、ありません。「体言止《たいげんど》め」や「倒置法《とうちほう》」といった書《か》き方《かた》の方法《ほうほう》がありますが、形《かたち》は自由《じゆう》です。ですから、形《かたち》ではなく、心《こころ》の動《うご》きや読《よ》み手《て》に伝《つた》えたい気持《きも》ち、感動《かんどう》がぎゅっとしっかり書《か》かれているかどうかによってその文《ぶん》（文章《ぶんしょう》）が詩《し》なのかどうか決《き》めることになります。あるいは、読《よ》んだ人《ひと》や書《か》いた人《ひと》が「これは詩《し》だ」と言《い》えば、その文《ぶん》や文章《ぶんしょう》は詩《し》になります。

ですから、詩《し》を読《よ》むときは、言葉《ことば》の指《さ》す内容《ないよう》だけではなく、なぜその形《かたち》やその言葉《ことば》が選《えら》ばれたのかといったことまで考《かんが》えてみる必要《ひつよう》があります。音《おと》のリズムを見《み》つけられることもあるかもしれません。また、詩《し》をつくるときも同《おな》じように工夫《くふう》してみるとよいでしょう。

日記《にっき》

全学年《ぜんがくねん》

その日《ひ》にあったできごとや思《おも》ったこと、感想《かんそう》などを書《か》いたものを「日記《にっき》」といいます。

日記《にっき》を書《か》くことで、自分《じぶん》が何《なに》を見《み》て、どう思《おも》ったのかなどを振《ふ》り返《かえ》ったり、いろいろな考《かんが》えをもったりすることができます。

あったことを書《か》き続《つづ》けることが日記《にっき》の基本《きほん》です。それができるようになったら、少《すこ》しずつ自分《じぶん》の思《おも》ったことを書《か》き加《くわ》えていきます。

日記《にっき》は、自分《じぶん》のために書《か》くことが多《おお》いので、何《なに》をどんな方法《ほうほう》で書《か》くのかという書《か》き方《かた》の決《き》まりはほとんどありません。

日記《にっき》には、次《つぎ》のような種類《しゅるい》があります。

○生活日記《せいかつにっき》
毎日《まいにち》の生活《せいかつ》の記録《きろく》を書《か》いた日記《にっき》です。低学年《ていがくねん》では絵日記《えにっき》もあります。

○観察日記《かんさつにっき》
飼育《しいく》している動物《どうぶつ》、昆虫《こんちゅう》や植物《しょくぶつ》の成長《せいちょう》を観察《かんさつ》して書《か》いた日記《にっき》です。

○読書日記《どくしょにっき》
本《ほん》の内容《ないよう》、感想《かんそう》などを書《か》いた日記《にっき》です。

○交換日記《こうかんにっき》
先生《せんせい》やおうちの方《かた》、お友達《ともだち》とノートを交換《こうかん》しながら書《か》いた日記《にっき》です。

伝記《でんき》

高学年以上《こうがくねんいじょう》

「伝記《でんき》」とは、ある人物《じんぶつ》の一生《いっしょう》や生《い》き方《かた》などを、事実《じじつ》をもとに書《か》いた文章《ぶんしょう》です。

伝記《でんき》を読《よ》むことによって、その人物《じんぶつ》の生《い》き方《かた》や考《かんが》え方《かた》に共感《きょうかん》し、自分自身《じぶんじしん》のこれからの生《い》き方《かた》を見《み》つめることにもなります。

ほとんどの伝記《でんき》は人物《じんぶつ》の成長《せいちょう》にそって書《か》かれていますから、その人物《じんぶつ》がいつ何《なに》をしたのか、そしてどのように考《かんが》えたのかなどに

手紙《てがみ》　全学年《ぜんがくねん》

用事《ようじ》や思《おも》いを書《か》いて人《ひと》に送《おく》るものを「手紙《てがみ》」といいます。

手紙《てがみ》には、お願《ねが》いやお礼《れい》の手紙《てがみ》、案内《あんない》や招待《しょうたい》の手紙《てがみ》などがあります。お願《ねが》いやお礼《れい》の手紙《てがみ》は、社会科《しゃかいか》の学習《がくしゅう》などで、見学《けんがく》をしたりインタビューをしたり、資料《しりょう》をいただいたりするときなどの前後《ぜんご》に書《か》きます。案内《あんない》や招待《しょうたい》の手紙《てがみ》は、運動会《うんどうかい》や学芸発表会《がくげいはっぴょうかい》などを見《み》に来《き》てほしいときに送《おく》ります。

その他《ほか》にも、季節《きせつ》に合《あ》わせて送《おく》る年賀状《ねんがじょう》や暑中《しょちゅう》・残暑見舞《ざんしょみま》いなども手紙《てがみ》といいます。

手紙《てがみ》には、前文《ぜんぶん》・本文《ほんぶん》・末文《まつぶん》（結《むす》び）・後付《あとづ》けという決《き》まった型《かた》があります。

前文《ぜんぶん》は、はじめのあいさつです。季節《きせつ》の言葉《ことば》や相手《あいて》の様子《ようす》をたずね、自分《じぶん》のことを知《し》らせる文《ぶん》を書《か》きます。本文《ほんぶん》では、伝《つた》えたいことや知《し》らせたいことをはっきりと、詳《くわ》しく書《か》きます。末文《まつぶん》には相手《あいて》を気《き》づかう言葉《ことば》を入《い》れ、終《お》わりのあいさつとします。最後《さいご》に、後付《あとづ》けを書《か》きます。後付《あとづ》けとは、日付《ひづけ》、自分《じぶん》の名《な》前《まえ》、相手《あいて》の名前《なまえ》のことです。自分《じぶん》の名前《なまえ》は下《した》に書《か》くようにします。

手紙《てがみ》は、読《よ》んだ人《ひと》に分《わ》かるように、伝《つた》えたいことや必要《ひつよう》なことがらをはっきりと書《か》きます。また、相手《あいて》の立場《たちば》に立《た》って丁寧《ていねい》に文字《もじ》を書《か》いたり、丁寧《ていねい》な言葉《ことば》を使《つか》ったりすることも必要《ひつよう》になってきます。

相手《あいて》に失礼《しつれい》のないように型《かた》を守《まも》って手紙《てがみ》を書《か》くことも大切《たいせつ》ですが、自分《じぶん》の気持《きも》ちを素直《すなお》に表現《ひょうげん》することも手紙《てがみ》を書《か》くうえでは大切《たいせつ》です。

物語《ものがたり》　中学年以上《ちゅうがくねんいじょう》

一口《ひとくち》に「物語《ものがたり》」といってもいろいろな意味《いみ》があります。

「物語《ものがた》る」という動詞《どうし》があるように、あるまとまった内容《ないよう》のことを話《はな》すことを物語《ものがたり》ということがあります。また、物語《ものがた》ること、あるいは語《かた》り伝《つた》えられてきた話《はなし》そのものを指《さ》す場合《ばあい》もあります。この場合《ばあい》は「昔話《むかしばなし》」という語《ご》に意味《いみ》が重《かさ》なってきます。

一方《いっぽう》、ある作者《さくしゃ》がいてその作者《さくしゃ》がある人物《じんぶつ》や事件《じけん》について書《か》いた架空《かくう》の話《はなし》をいう場合《ばあい》があります。文学作品《ぶんがくさくひん》といってもよいでしょう。この場合《ばあい》は「小説《しょうせつ》」や「童話《どうわ》」といった語《ご》に意味《いみ》は重《かさ》なってきます。

以上《いじょう》のように、昔話《むかしばなし》、伝説《でんせつ》、小説《しょうせつ》、童話《どうわ》あるいはお話《はなし》と物語《ものがたり》をはっきりと言葉《ことば》のうえで区別《くべつ》することはできません。漠然《ばくぜん》として使《つか》うことが多《おお》いのですが、大切《たいせつ》なのは物語《ものがたり》の特色《とくしょく》を捉《とら》えて読《よ》むことです。

つまり、「物語《ものがたり》（文学作品《ぶんがくさくひん》）は、作者《さくしゃ》がいてその作者《さくしゃ》がある語《かた》り手《て》を決《き》めその語《かた》り手《て》にできごとなどを語《かた》らせた虚構《きょこう》（つくりごと）の文章《ぶんしょう》である」ということを押《お》さえて、その物語《ものがたり》を想像豊《そうぞうゆた》かに読《よ》み進《すす》めていくのです。

何《なに》が（誰《だれ》が）どのように（しくみ）語《かた》られているのかを考《かんが》えながら自分《じぶん》なりにその物語《ものがたり》を解釈《かいしゃく》していくことによって、読《よ》み手《て》である自分《じぶん》の中《なか》にまた新《あたら》しい物語《ものがたり》が生《う》まれてきます。それが物語《ものがたり》を読《よ》むことの意味《いみ》になるのではないでしょうか。

なお、日本《にほん》の古典文学作品《こてんぶんがくさくひん》である『竹取物語《たけとりものがたり》』『伊勢物語《いせものがたり》』『源氏物語《げんじものがたり》』なども物語《ものがたり》の一種《いっしゅ》ですし、これらをまとめて「物語文学《ものがたりぶんがく》」ということもあります。

報告《ほうこく》／報告文《ほうこくぶん》

高学年以上《こうがくねんいじょう》

調《しら》べて分《わ》かったことを述《の》べることが「報告《ほうこく》」で、報告《ほうこく》を文章《ぶんしょう》にまとめたものを「報告文《ほうこくぶん》」といいます。

よい報告《ほうこく》をするためには、以下《いか》のことが大切《たいせつ》です。

①伝《つた》えたいテーマをしっかり決《き》める
②必要《ひつよう》な情報《じょうほう》とそうではない情報《じょうほう》を整理《せいり》する
③よく伝《つた》わるように構成《こうせい》を考《かんが》える
④効果《こうか》を考《かんが》えて表《ひょう》・グラフなどを活用《かつよう》する
⑤練習《れんしゅう》や推敲《すいこう》をしてよりよい報告《ほうこく》になるように工夫《くふう》する

実際《じっさい》に報告《ほうこく》する前《まえ》に、十分《じゅうぶん》準備《じゅんび》することが大切《たいせつ》です。友達《ともだち》に聞《き》いてもらったり読《よ》んでもらったりして、アドバイスをもらいましょう。

記録文《きろくぶん》

中学年以上《ちゅうがくねんいじょう》

「記録文《きろくぶん》」とは、後《あと》で必要《ひつよう》になったときに正確《せいかく》に分《わ》かるように書《か》いて残《のこ》しておく文章《ぶんしょう》です。

記録文《きろくぶん》の種類《しゅるい》には、メモや日記《にっき》、学習記録《がくしゅうきろく》、読書記録《どくしょきろく》、会議《かいぎ》を記録《きろく》した議事録《ぎじろく》、研究《けんきゅう》レポートや観察文《かんさつぶん》などがあります。

記録文《きろくぶん》を書《か》くときは、できごとの順番《じゅんばん》どおりに書《か》いていくことが大切《たいせつ》です。そうすると、後《あと》で読《よ》んだときに、記録《きろく》したときの様子《ようす》がよく分《わ》かるからです。

何《なに》か見《み》たり聞《き》いたりしたとき、忘《わす》れないために、記録《きろく》することもあります。そのときは、自分《じぶん》が読《よ》めば思《おも》い出《だ》せる程度《ていど》に、大事《だいじ》な言葉《ことば》だけを、図《ず》や記号《きごう》を使《つか》ってすばやく書《か》き留《と》めることが大切《たいせつ》です。

推薦《すいせん》／推薦文《すいせんぶん》

高学年以上《こうがくねんいじょう》

多《おお》くの人《ひと》に知《し》ってもらいたいと思《おも》う人《ひと》やもの、ことがらのよさを他《ほか》の人《ひと》に紹介《しょうかい》することを「推薦《すいせん》」といいます。

推薦《すいせん》は、スピーチなどの話《はな》し言葉《ことば》の場合《ばあい》と、「推薦文《すいせんぶん》」などの書《か》き言葉《ことば》の場合《ばあい》とがあります。どちらの場合《ばあい》でも、取《と》り上《あ》げる人《ひと》やもの、ことがらについて深《ふか》く理解《りかい》し、そのよさを分《わ》かりやすい話《はなし》や文章《ぶんしょう》にすることが大切《たいせつ》です。具体的《ぐたいてき》な例《れい》を挙《あ》げたり、推薦理由《すいせんりゆう》を項目《こうもく》立《だ》てしたりすることで、説得力《せっとくりょく》のある推薦《すいせん》となります。また、話《はなし》の聞《き》き手《て》や文章《ぶんしょう》の読《よ》み手《て》が学級《がっきゅう》の友達《ともだち》などの身近《みぢか》な人《ひと》たちなのか、不特定《ふとくてい》の一般《いっぱん》の人《ひと》たちなのかということも、話《はなし》や文章《ぶんしょう》を組《く》み立《た》てる際《さい》に重要《じゅうよう》なポイントになります。

紹介《しょうかい》／紹介文《しょうかいぶん》

中学年以上《ちゅうがくねんいじょう》

ものごとを人《ひと》に知《し》らせたり広《ひろ》めたりすることを「紹介《しょうかい》」といい、紹介《しょうかい》することについて書《か》いた文章《ぶんしょう》を「紹介文《しょうかいぶん》」といいます。

紹介《しょうかい》したい相手《あいて》を決《き》め、紹介《しょうかい》したい理由《りゆう》を中心《ちゅうしん》に、どのように紹介《しょうかい》するかを考《かんが》えて書《か》いたり話《はな》したりします。

例《たと》えば、おすすめの本《ほん》を紹介《しょうかい》する場合《ばあい》には、相手《あいて》がその本《ほん》を読《よ》みたくなるように、よびかけや問《と》いかけの文《ぶん》を入《い》れるなど、書《か》き方《かた》を工夫《くふう》したり、本《ほん》を探《さが》すために必要《ひつよう》なことがら（書名《しょめい》、作者名《さくしゃめい》、出版社名《しゅっぱんしゃめい》など）を入《い》れたりします。

も、積極的《せっきょくてき》に感想《かんそう》を述《の》べましょう。

本《ほん》を読《よ》んだ後《あと》の感想《かんそう》を記録《きろく》し、より高《たか》めるための「読書感想文《どくしょかんそうぶん》」を書《か》くときには、次《つぎ》のような点《てん》に注意《ちゅうい》するとよいでしょう。

①いちばん心《こころ》に残《のこ》ったところから書《か》く

②視覚《しかく》（見《み》る）、聴覚《ちょうかく》（聴《き》く）、嗅覚《きゅうかく》（においをかぐ）、味覚《みかく》（味《あじ》わう）、触覚《しょっかく》（さわる）など自分《じぶん》の感覚《かんかく》をはたらかせて書《か》く

＊登場人物《とうじょうじんぶつ》と同《おな》じ場面《ばめん》にいるつもりで書《か》きましょう。

③自分《じぶん》の体験《たいけん》を重《かさ》ねて書《か》く

＊登場人物《とうじょうじんぶつ》と同《おな》じような体験《たいけん》を思《おも》い出《だ》してみましょう。

④あらすじは書《か》かずに心《こころ》に残《のこ》った場面《ばめん》だけを書《か》く

⑤これからどんな読書《どくしょ》をしたいか、これからどのように生《い》きていこうと思《おも》ったかについて書《か》く

観察文《かんさつぶん》　中学年以上《ちゅうがくねんいじょう》

「観察文《かんさつぶん》」とは、あるものを見《み》たり、聞《き》いたり、さわったりして観察《かんさつ》することによって分《わ》かったことを記録《きろく》した文章《ぶんしょう》です。

観察文《かんさつぶん》には、次《つぎ》のようなことが書《か》かれています。観察《かんさつ》した日付《ひづけ》、曜日《ようび》、天気《てんき》。「いつ」、「どこで」、「何《なに》を」、「どうやって」観察《かんさつ》したのか。参考《さんこう》になる絵《え》や写真《しゃしん》などです。

そして、観察《かんさつ》したものの「大《おお》きさ」、「形《かたち》」「色《いろ》」、「数《かず》」、「音《おと》」、「さわった感《かん》じ」、「におい」「味《あじ》」などが詳《くわ》しく書《か》かれています。

まとめとして、観察《かんさつ》して考《かんが》えたことが書《か》かれているものもあります。

意見《いけん》／意見文《いけんぶん》　高学年以上《こうがくねんいじょう》

「事実《じじつ》や根拠《こんきょ》をもとに考《かんが》えたこと」が「意見《いけん》」で、それを書《か》きつづった文章《ぶんしょう》のことを「意見文《いけんぶん》」といいます。

意見文《いけんぶん》はふつう、四《よっ》つの部分《ぶぶん》に分《わ》かれます。

問題提起《もんだいていき》…テーマを示《しめ》す部分《ぶぶん》
意見《いけん》の提示《ていじ》…書《か》き手《て》の意見《いけん》を示《しめ》す部分《ぶぶん》
意見《いけん》の根拠《こんきょ》…証拠《しょうこ》を示《しめ》し、意見《いけん》の説明《せつめい》をする部分《ぶぶん》
結論《けつろん》…文章全体《ぶんしょうぜんたい》のまとめの部分《ぶぶん》

書《か》くときには、相手《あいて》を説得《せっとく》できるように、自分《じぶん》の意見《いけん》を支《ささ》える根拠《こんきょ》を選《えら》びます。

読《よ》むときには、書《か》き手《て》の根拠《こんきょ》がよりよい証拠《しょうこ》となって意見《いけん》を支《ささ》えているかどうか、読《よ》んでいきます。

説明文《せつめいぶん》　中学年以上《ちゅうがくねんいじょう》

ことがらの内容《ないよう》や理由《りゆう》や意義《いぎ》などを分《わ》かりやすく述《の》べることを「説明《せつめい》」といい、説明《せつめい》することを目的《もくてき》とした文章《ぶんしょう》を「説明文《せつめいぶん》」といいます。国語《こくご》の教科書《きょうかしょ》の読《よ》み物《もの》の文章《ぶんしょう》は、大《おお》きく分《わ》けて説明文《せつめいぶん》と物語《ものがたり》があります。また、書《か》くことの教材《きょうざい》にも、説明文《せつめいぶん》を書《か》くものがあります。

説明文《せつめいぶん》は、筆者《ひっしゃ》が自分《じぶん》の意見《いけん》を筋道《すじみち》を立《た》てて述《の》べている文章《ぶんしょう》なので、説明文《せつめいぶん》の学習《がくしゅう》では、筆者《ひっしゃ》の意見《いけん》と書《か》き進《すす》め方《かた》をしっかりつかむことや、筋道《すじみち》を立《た》てて考《かんが》えを伝《つた》えるにはどうすればよいかなどを学《まな》ぶことが中心《ちゅうしん》になります。

説明文《せつめいぶん》を書《か》く学習《がくしゅう》の場合《ばあい》は、要旨《ようし》を明《あき》らかにし、段落《だんらく》ごとの要点《ようてん》をまとめ、段落《だんらく》と段落《だんらく》との関係《かんけい》を考《かんが》え、そして筋道《すじみち》を立《た》てて書《か》くことが大切《たいせつ》です。

朗読《ろうどく》

高学年以上《こうがくねんいじょう》

文章《ぶんしょう》を読《よ》んで内容《ないよう》を捉《とら》え、その文章全体《ぶんしょうぜんたい》から感《かん》じたことや考《かんが》えたことを声《こえ》に表《あらわ》し、それを相手《あいて》に伝《つた》えるように読《よ》むことを「朗読《ろうどく》」といいます。

朗読《ろうどく》では、文章《ぶんしょう》を読《よ》んで、思《おも》ったことや考《かんが》えたことをまとめ、文章《ぶんしょう》の全体的《ぜんたいてき》なイメージをはっきりともちます。そして、どのように読《よ》むと相手《あいて》に自分《じぶん》の思《おも》いや考《かんが》えがより伝《つた》わるか工夫《くふう》して読《よ》みます。

音読《おんどく》が文章《ぶんしょう》の内容《ないよう》や表現《ひょうげん》を理解《りかい》して伝《つた》えるものであることに対《たい》して、朗読《ろうどく》は、文章《ぶんしょう》全体《ぜんたい》から受《う》けた自分《じぶん》の思《おも》いや考《かんが》えを声《こえ》や読《よ》み方《かた》で表《あらわ》して、聞《き》き手《て》に味《あじ》わってもらおうとする読《よ》み方《かた》です。

黙読《もくどく》

中学年以上《ちゅうがくねんいじょう》

文字《もじ》に書《か》かれた文《ぶん》や文章《ぶんしょう》を声《こえ》に出《だ》さずに読《よ》むことを「黙読《もくどく》」といいます。本《ほん》や新聞《しんぶん》を読《よ》むなど、一般社会《いっぱんしゃかい》に見《み》られる個人的《こじんてき》な読《よ》み方《かた》のほとんどは黙読《もくどく》です。

小学校低学年《しょうがっこうていがくねん》では音読《おんどく》をすることが多《おお》く、小学校中学年《しょうがっこうちゅうがくねん》からは黙読《もくどく》をすることが増《ふ》えてきます。

授業《じゅぎょう》では、読《よ》む目的《もくてき》に合《あ》わせて、音読《おんどく》または黙読《もくどく》を選《えら》び、文章《ぶんしょう》の読《よ》みを深《ふか》めます。

情報《じょうほう》を得《え》るために文章《ぶんしょう》を読《よ》む場合《ばあい》には、目的《もくてき》に合《あ》う文章《ぶんしょう》を見《み》つけたり、相互《そうご》に関連《かんれん》する文章《ぶんしょう》を探《さが》したりしますが、そのような場合《ばあい》には黙読《もくどく》が適《てき》しています。また、詩《し》や古《こ》典《てん》など、言葉《ことば》や表現《ひょうげん》を味《あじ》わう場合《ばあい》には音読《おんどく》が適《てき》しています。

暗唱《あんしょう》

高学年以上《こうがくねんいじょう》

「暗唱《あんしょう》」とは文章《ぶんしょう》などを見《み》ないで声《こえ》に出《だ》すことです。

暗唱《あんしょう》は、音読《おんどく》と同《おな》じように書《か》き手《て》の意図《いと》などを自分《じぶん》なりに考《かんが》えて音声化《おんせいか》します。音《おん》読《どく》と違《ちが》う点《てん》は、文章《ぶんしょう》を見《み》て読《よ》むのではなく、おぼえて行《おこな》う点《てん》で、声《こえ》の出《だ》し方《かた》にいろいろな工夫《くふう》ができ、また聞《き》き手《て》の表情《ひょうじょう》を見《み》ることができます。物語《ものがたり》や詩《し》などを暗唱《あんしょう》する場合《ばあい》、書《か》き手《て》がどのように語《かた》り手《て》や登場《とうじょう》人物《じんぶつ》の人物像《じんぶつぞう》を設定《せってい》しているか想像《そうぞう》しながら、語《かた》り方《かた》を工夫《くふう》します。短歌《たんか》や俳句《はいく》の場《ば》合《あい》、五音《ごおん》・七音《しちおん》の繰《く》り返《かえ》しでリズム感《かん》があるので、何度《なんど》も音読《おんどく》したり暗唱《あんしょう》したりすることで、その俳句《はいく》や短歌《たんか》がえがいた情景《じょうけい》をより深《ふか》く味《あじ》わえ、日本語《にほんご》の響《ひび》きを感《かん》じることができます。

文章《ぶんしょう》の種類《しゅるい》

感想《かんそう》／感想文《かんそうぶん》

中学年以上《ちゅうがくねんいじょう》

心《こころ》に浮《う》かんだ思《おも》いや感《かん》じたことを「感想《かんそう》」といいます。それを文章《ぶんしょう》にまとめたものが「感想文《かんそうぶん》」です。

感想文《かんそうぶん》は「読書感想文《どくしょかんそうぶん》」が代表的《だいひょうてき》ですが、それ以外《いがい》にも、友達《ともだち》の発言《はつげん》に対《たい》する感《かん》想《そう》、発表《はっぴょう》や作品《さくひん》に対《たい》する感想《かんそう》を書《か》いたものも感想文《かんそうぶん》といいます。

感想《かんそう》を述《の》べるときには、むずかしく考《かんが》えずに、「心《こころ》に浮《う》かんだ思《おも》いや感《かん》じたこと」をそのまま述《の》べればよいのです。よい感想《かんそう》を述《の》べてもらうととてもうれしいものです。次《つぎ》もがんばって発表《はっぴょう》しようという意欲《いよく》につながります。お互《たが》いの学習《がくしゅう》を高《たか》め合《あ》うために

視点《してん》

高学年以上《こうがくねんいじょう》

ものごとを見《み》たり考《かんが》えたりするときの立《たち》場《ば》のことを「視点《してん》」といいます。

物語《ものがたり》の語《かた》り手《て》は、物語《ものがたり》の中《なか》の人物《じんぶつ》や様《よう》子《す》、できごとなどを、ある視点《してん》で語《かた》ります。

物語《ものがたり》によって、語《かた》り手《て》の視点《してん》は異《こと》なります。物語《ものがたり》の中《なか》の「わたし」が語《かた》り手《て》の立場《たちば》になっていることもあれば、物語《ものがたり》の中《なか》の人《じん》物《ぶつ》ではないのに、すべての登場人物《とうじょうじんぶつ》の思《おも》いや考《かんが》えを分《わ》かっている存在《そんざい》として語《かた》ることもあります。

そういった語《かた》り手《て》の視点《してん》に気《き》を付《つ》けて読《よ》むと、物語《ものがたり》にえがかれた様子《ようす》や人物《じんぶつ》の心情《しんじょう》などを、よりしっかり捉《とら》えることができます。

また、登場人物《とうじょうじんぶつ》の中《なか》のある一人《ひとり》の視点《してん》に立《た》って物語《ものがたり》を読《よ》んでみると、想像《そうぞう》もふくらみ、読《よ》みを深《ふか》めることもできるでしょう。

あらすじ

中学年以上《ちゅうがくねんいじょう》

「あらすじ」とは、文章《ぶんしょう》や話《はなし》のだいたいの内容《ないよう》を短《みじか》くまとめたものです。

あらすじは、物語文《ものがたりぶん》の学習《がくしゅう》のときに、話《はなし》の全体《ぜんたい》を理解《りかい》するためにまとめることが多《おお》いです。

あらすじの長《なが》さは、一文《いちぶん》からいくつかの段《だん》落《らく》でできた文章《ぶんしょう》まで様々《さまざま》で、使《つか》い道《みち》に応《おう》じて、長《なが》さを決《き》めます。

あらすじをまとめるときは、細《こま》かい描写《びょうしゃ》を省《はぶ》いて、登場人物《とうじょうじんぶつ》のしたこと（行動《こうどう》）を中心《ちゅうしん》にまとめます。①いつ、②どこで、③誰《だれ》が、④どうして、⑤どうなった、などの内《ない》容《よう》を入《い》れてまとめます。

ねらいによっては、登場人物《とうじょうじんぶつ》の行動《こうどう》だけではなく、気持《きも》ちに注目《ちゅうもく》してあらすじをまとめることもあります。

音読《おんどく》

全学年《ぜんがくねん》

文字《もじ》に書《か》かれた文《ぶん》や文章《ぶんしょう》を声《こえ》に出《だ》して読《よ》むことを「音読《おんどく》」といいます。音読《おんどく》は、文《ぶん》章《しょう》の内容《ないよう》を理解《りかい》して、その理解《りかい》を確《たし》かめたり深《ふか》めたりするために読《よ》む読《よ》み方《かた》です。

低学年《ていがくねん》で大事《だいじ》なことは、自分《じぶん》の声《こえ》をしっかりと聞《き》きながら、はっきりとした発音《はつおん》で読《よ》むこと、ひとまとまりの言葉《ことば》や文《ぶん》として読《よ》むこと、言葉《ことば》の響《ひび》きやリズムなどに気《き》を付《つ》けて読《よ》むことです。そのために、音読《おんどく》するときには、姿勢《しせい》よく、口《くち》をよく開《あ》けてゆっくりと丁《てい》寧《ねい》に読《よ》みます。

中学年《ちゅうがくねん》で大事《だいじ》なことは、文章《ぶんしょう》の内容《ないよう》や構《こう》成《せい》、場面《ばめん》の移《うつ》り変《か》わりや登場人物《とうじょうじんぶつ》の気持《きも》ちの変化《へんか》などを理解《りかい》し、そこに自分《じぶん》の思《おも》いや考《かんが》えを合《あ》わせながら音読《おんどく》することです。また、文章全体《ぶんしょうぜんたい》から中心《ちゅうしん》がどこにあるのかを理解《りかい》し、理解《りかい》したことをもとに、声《こえ》の大《おお》きさや強弱《きょうじゃく》、速《はや》さなどを考《かんが》えて読《よ》みます。

高学年《こうがくねん》では、文章《ぶんしょう》の書《か》き手《て》の意図《いと》を考《かんが》え、その思《おも》いをもとに自分《じぶん》なりに声《こえ》の出《だ》し方《かた》を工夫《くふう》して音読《おんどく》します。

教室《きょうしつ》で音読《おんどく》をする方法《ほうほう》には、一人《ひとり》ずつ読《よ》む他《ほか》にも、全員《ぜんいん》で声《こえ》をそろえて読《よ》む「一斉《いっせい》読《よ》み」、句点《くてん》や段落《だんらく》などで交代《こうたい》して読《よ》む「区切《くぎ》り読《よ》み」、先生《せんせい》が読《よ》んだ後《あと》に繰《く》り返《かえ》して読《よ》む「リピート」、グループで役割《やくわり》を決《き》めて読《よ》む「グループ読《よ》み」、自分《じぶん》に聞《き》こえる声《こえ》の大《おお》きさで読《よ》む「微音読《びおんどく》」など、様々《さまざま》な方法《ほうほう》があります。

連《れん》

高学年《こうがくねん》以上《いじょう》

詩《し》がいくつかに分《わ》かれているときのかたまりのことを「連《れん》」といいます。何行《なんぎょう》かをまとめた内容《ないよう》や感動《かんどう》のまとまりのことです。お話《はなし》だったら段落《だんらく》といいますが、詩《し》では連《れん》といいます。はじめのかたまりを第一連《だいいちれん》、次《つぎ》のかたまりを第二連《だいにれん》、続《つづ》けて第三連《だいさんれん》、第四連《だいよれん》、……といいます。一行《いちぎょう》空《あ》きになっていることが多《おお》いので見《み》つけやすいです。

詩《し》の技法《ぎほう》の中《なか》に「行分《ぎょうわ》け」というのがありますが、これは文《ぶん》を一行一行《いちぎょういちぎょう》で区切《くぎ》ることで、文章《ぶんしょう》としては次《つぎ》の行《ぎょう》には続《つづ》きません。「連《れん》」は行分《ぎょうわ》けとは逆《ぎゃく》に、数行《すうぎょう》を一《ひと》つのまとまりある文《ぶん》としてつなげていくことになります。

作者《さくしゃ》

中学年《ちゅうがくねん》以上《いじょう》

物語《ものがたり》を書《か》いた人《ひと》を「作者《さくしゃ》」といいます。

作者《さくしゃ》は、物語《ものがたり》の設定《せってい》を考《かんが》え、作品《さくひん》の中《なか》の登場人物《とうじょうじんぶつ》に話《はなし》をさせたり、行動《こうどう》させたりして、物語《ものがたり》をつくります。ですから、物語作《ものがたりさく》品《ひん》の中《なか》に、作者《さくしゃ》が登場《とうじょう》することはありません。

例《たと》えば「これは、わたしが小《ちい》さい時《とき》に、村《むら》の茂平《もへい》というおじいさんから聞《き》いたお話《はなし》です。」（新美南吉《にいみなんきち》『ごんぎつね』）のように、「わたし」という言葉《ことば》が出《で》てきていても、作《さく》者《しゃ》はこの物語《ものがたり》を作品《さくひん》としてつくった人《ひと》なので、この「わたし」は作者《さくしゃ》ではなくて語《かた》り手《て》ということになります。詩《し》・脚本《きゃくほん》や絵画《かいが》・彫刻《ちょうこく》・工芸《こうげい》などの作品《さくひん》をつくった人《ひと》も「作《さく》者《しゃ》」といいます。

語《かた》り手《て》

高学年《こうがくねん》以上《いじょう》

お話《はなし》や物語《ものがたり》などを語《かた》る人《ひと》を「語《かた》り手《て》」といいます。浄瑠璃《じょうるり》や浪曲《ろうきょく》を語《かた》る人《ひと》のことも「語《かた》り手《て》」といいます。

また、音読《おんどく》や朗読《ろうどく》をするのではなく、あるお話《はなし》を直接《ちょくせつ》聞《き》き手《て》に語《かた》って聞《き》かせる場合《ばあい》は、その語《かた》る人《ひと》のことを特《とく》に「語《かた》り部《べ》」ともいいます。劇《げき》や放送番組《ほうそうばんぐみ》などでは、筋《すじ》や話《はなし》の進行《しんこう》を説明《せつめい》する人《ひと》も語《かた》り手《て》といいます。この場合《ばあい》は「ナレーター」ともいいます。

以上《いじょう》は、声《こえ》を出《だ》す語《かた》り手《て》ですが、声《こえ》を出《だ》さない語《かた》り手《て》もいます。書《か》かれた物語《ものがたり》の「語《かた》り手《て》」です。

物語《ものがたり》には必《かなら》ずその物語《ものがたり》を語《かた》る語《かた》り手《て》がいます。語《かた》り手《て》は作者《さくしゃ》ではありません。作者《さくしゃ》がある語《かた》り手《て》を決《き》めて、その語《かた》り手《て》にある筋《すじ》のあるお話《はなし》を語《かた》らせたのが物語《ものがたり》なのです。

そのお話《はなし》で、「わたしは○○した」などと書《か》かれていれば、その話《はなし》の語《かた》り手《て》は「わたし」になります。「吾輩《わがはい》は猫《ねこ》である」となっていれば語《かた》り手《て》は「猫《ねこ》」です。「彼女《かのじょ》は○○と感《かん》じた」とあれば、語《かた》り手《て》は彼女《かのじょ》ではなく、その場《ば》にはいなくて見《み》えないけれど、彼女《かのじょ》のことが分《わ》かっていてその物語《ものがたり》を読《よ》み手《て》に語《かた》る「誰《だれ》か」ということになります。

このように作者《さくしゃ》は語《かた》り手《て》を自由《じゆう》に設定《せってい》できます。ですから、女性《じょせい》の作者《さくしゃ》が「おれは○○だ」という物語《ものがたり》（作品《さくひん》）を書《か》くこともできるのです。

物語《ものがたり》を読《よ》むときは、まず語《かた》り手《て》は誰《だれ》なのかを確認《かくにん》しておくことが大切《たいせつ》です。そうすることによってよりいっそうその物語《ものがたり》の世界《せかい》を深《ふか》く読《よ》み取《と》ることができます。語《かた》り手《て》が何《なに》をどのように語《かた》っていて、それはなぜだろうかなどと考《かんが》えてみましょう。

会話文《かいわぶん》には、実際《じっさい》に話《はな》しかけている文《ぶん》と、独《ひと》り言《ごと》（または心《こころ》の中《なか》でのつぶやき）の文《ぶん》があり、どちらも「　」で表《あらわ》されていますので、前後《ぜんご》の文《ぶん》の流《なが》れから読《よ》み分《わ》けることが必要《ひつよう》です。

　物語《ものがたり》では、登場人物《とうじょうじんぶつ》の心《こころ》の様子《ようす》が会話《かいわ》文《ぶん》の形《かたち》で表《あらわ》されていることが多《おお》く、その場《ば》面《めん》や会話《かいわ》の相手《あいて》、会話《かいわ》をしている人物《じんぶつ》の表《ひょう》情《じょう》などを想像《そうぞう》しながら読《よ》むと、作品《さくひん》に対《たい》する読《よ》みが深《ふか》まってきます。

象徴《しょうちょう》

中学校以上《ちゅうがっこういじょう》

「象徴《しょうちょう》」とは「ハトは平和《へいわ》の象徴《しょうちょう》」のように、「平和《へいわ》」といった抽象的《ちゅうしょうてき》な概念《がいねん》を、具体的《ぐたいてき》な「ハト」によって表現《ひょうげん》することです。

　文学作品《ぶんがくさくひん》は、象徴性《しょうちょうせい》の高《たか》い表現《ひょうげん》が多《おお》く使《つか》われています。例《たと》えば、「花《はな》」という表現《ひょうげん》が、単《たん》なる花《はな》としてだけでなく、登場人物《とうじょうじんぶつ》の「夢《ゆめ》」や「未来《みらい》」を象徴《しょうちょう》しているということがあります。文学作品《ぶんがくさくひん》の読《よ》みでは、具体《ぐたい》的《てき》なものやことを通《とお》して、その背後《はいご》にどんな抽象的《ちゅうしょうてき》な考《かんが》えが隠《かく》されているかを探《さぐ》っていくような読《よ》み方《かた》が大切《たいせつ》になります。登場《とうじょう》人物《じんぶつ》がこだわったり、それによって心《こころ》を動《うご》かされたりするものやこととして、繰《く》り返《かえ》し表現《ひょうげん》される具体的《ぐたいてき》なものを見《み》つけ、それは抽象的《ちゅうしょうてき》な何《なに》かを表現《ひょうげん》しているのではないかと考《かんが》えてみることです。

伏線《ふくせん》

高学年以上《こうがくねんいじょう》

「伏線《ふくせん》」とは物語《ものがたり》、小説《しょうせつ》などにおいて、後《あと》の展開《てんかい》に必要《ひつよう》なことがらをそれとなく描《えが》いておくという表現技法《ひょうげんぎほう》の一《ひと》つです。「それとなく」表現《ひょうげん》するのは、話《はなし》の展開《てんかい》が分《わ》かってしまうような書《か》き方《かた》では、読《よ》み手《て》にとって、先《さき》を読《よ》む楽《たの》しみが少《すく》なくなってしまうからです。伏線《ふくせん》がしっかりと張《は》られているということは、作品《さくひん》の構成《こうせい》が緻密《ちみつ》に練《ね》られているということであり、読《よ》み手《て》も作品《さくひん》の展開《てんかい》に納得《なっとく》がいきます。

主題《しゅだい》

高学年以上《こうがくねんいじょう》

「主題《しゅだい》」とは、作品《さくひん》で作者《さくしゃ》が表《あらわ》そうとしていることがらの中心《ちゅうしん》のことです。英語《えいご》でいう「テーマ」にあたりますが、例《たと》えば「本日《ほんじつ》のテーマ（主題《しゅだい》）は…」というように「題《だい》目《もく》」といった意味《いみ》になることもあります。

　国語科《こくごか》の学習《がくしゅう》では、中心《ちゅうしん》となる考《かんが》え方《かた》（思想《しそう》）という意味《いみ》でよく使《つか》われます。

　「書《か》くこと」の場面《ばめん》では、例《たと》えばあるひとまとまりの作文《さくぶん》を書《か》くとき、書《か》き手《て》としていちばん書《か》きたいこと（読《よ》み手《て》に伝《つた》えたいこと）が主題《しゅだい》となります。

　「話《はな》すこと」でも同様《どうよう》です。聞《き》き手《て》にぜひ聞《き》いてもらいたいことの中心《ちゅうしん》が、話《はな》し手《て》の主題《しゅだい》となります。

　「読《よ》むこと」では、読《よ》み手《て》が物語《ものがたり》を読《よ》んで、その物語《ものがたり》が最《もっと》も伝《つた》えたいことだと感《かん》じたこと（作品《さくひん》から伝《つた》わってきたことの中心《ちゅうしん》）が主題《しゅだい》となります。作者《さくしゃ》が物語《ものがたり》に込《こ》めた思《おも》いや考《かんが》えを主題《しゅだい》とする捉《とら》え方《かた》もありますが、作品《さくひん》のどこにひかれ、どんなメッセージを感《かん》じるかは読《よ》み手《て》によって異《こと》なります。ですから、主題《しゅだい》は作者《さくしゃ》がつくるものではなく、作品《さくひん》の中《なか》にあり、読《よ》み手《て》が自分《じぶん》なりに捉《とら》えていくものと考《かんが》えたほうがよいでしょう。

情景《じょうけい》

高学年以上《こうがくねんいじょう》

「情景《じょうけい》」とは、物語《ものがたり》などで、登場人物《とうじょうじんぶつ》の気持《きも》ちによりそってえがかれた風景《ふうけい》や様子《ようす》のことです。読《よ》み手《て》は、人物《じんぶつ》の行動《こうどう》や会話《かいわ》だけでなく、場面《ばめん》の風景《ふうけい》や様子《ようす》を読《よ》むことで、人物《じんぶつ》の気持《きも》ちを捉《とら》えることができます。

「雨《あめ》があがると、ごんは、ほっとしてあなからはい出《で》ました。空《そら》はからっと晴《は》れていて、もずの声《こえ》がきんきんひびいていました。」

（新美南吉《にいみなんきち》『ごんぎつね』）

この第二文《だいにぶん》を読《よ》むと、雨《あめ》がやんだ後《あと》のまわりの様子《ようす》が分《わ》かるだけではありません。やっと、穴《あな》から出《で》ることができたごんの見上《みあ》げる空《そら》やごんの耳《みみ》に聞《き》こえてくる音《おと》を感《かん》じて読《よ》むことができ、この時のごんの思《おも》いをより豊《ゆた》かに想像《そうぞう》できます。

人物像《じんぶつぞう》

高学年以上《こうがくねんいじょう》

物語《ものがたり》に登場《とうじょう》する人物《じんぶつ》の性格《せいかく》や特徴《とくちょう》を「人《ひと》がら」と言《い》います。また、人《ひと》がらを考《かんが》えて読《よ》むことを「人物像《じんぶつぞう》」を捉《とら》えると言《い》います。

登場人物《とうじょうじんぶつ》の言動《げんどう》や心情《しんじょう》のえがかれ方《かた》から人物像《じんぶつぞう》を想像《そうぞう》することができます。登場人物《とうじょうじんぶつ》がどうして、どんな気持《きも》ちで、そのような言動《げんどう》をしたのかといった問《と》いかけをすると、想像《そうぞう》を広《ひろ》げながら読《よ》むことができます。

また、人物像《じんぶつぞう》は、物語《ものがたり》の展開《てんかい》によって変化《へんか》していくことがあります。どのようなできごとによって人物《じんぶつ》の心情《しんじょう》が変化《へんか》したのかに気《き》を付《つ》けて読《よ》んでみましょう。

設定《せってい》

高学年以上《こうがくねんいじょう》

物語全体《ものがたりぜんたい》に関係《かんけい》のある、「いつ（時《とき》）」、「どこで（場所《ばしょ》）」、「誰《だれ》が（人物《じんぶつ》）」などについて説明《せつめい》している部分《ぶぶん》を「設定《せってい》」といいます。物語《ものがたり》を読《よ》み始《はじ》めたら、まず設定《せってい》を確認《かくにん》します。次《つぎ》に、物語《ものがたり》がどのように進《すす》むか、どのようなできごとが起《お》きるのか（展開《てんかい》）に気《き》を付《つ》けて読《よ》みましょう。さらに、物語《ものがたり》の中《なか》には、大《おお》きな変化《へんか》（山場《やまば》）があります。最初《さいしょ》の設定《せってい》はどう変《か》わったのか、どんなことが起《お》こったのか、それはなぜかなどについて考《かんが》えながら読《よ》むと理解《りかい》が深《ふか》まります。

また、物語《ものがたり》では、作者《さくしゃ》が様々《さまざま》に、場面《ばめん》や人物《じんぶつ》などの設定《せってい》を工夫《くふう》しています。そのような工夫《くふう》を見《み》つけることも、物語《ものがたり》を読《よ》む楽《たの》しさの一《ひと》つになることでしょう。

山場《やまば》

高学年以上《こうがくねんいじょう》

「山場《やまば》」とは、大《おお》きな変化《へんか》が起《お》こる、物語《ものがたり》の最《もっと》も重要《じゅうよう》な部分《ぶぶん》のことです。「クライマックス」という言《い》い方《かた》もします。クライマックスは、最《もっと》も気持《きも》ちが高《たか》まったり、もり上《あ》がったりした場面《ばめん》でもあります。

「山場《やまば》」や「クライマックス」で大《おお》きな変化《へんか》が起《お》こった後《あと》は、「結末《けつまつ》」が続《つづ》きます。「結末《けつまつ》」は物語《ものがたり》の終《お》わりを指《さ》します。「山場《やまば》」や「結末《けつまつ》」または、「設定《せってい》」（いつ、どこで、誰《だれ》が）や「展開《てんかい》」（物語《ものがたり》で起《お》こったいくつかのできごと）を見《み》つけながら読《よ》むと、物語《ものがたり》の構成《こうせい》（組《く》み立《た》て）がよく分《わ》かります。

会話文《かいわぶん》・地《じ》の文《ぶん》

中学年以上《ちゅうがくねんいじょう》

話《はな》した言葉《ことば》を「　」（かぎ）で表《あらわ》したものを「会話文《かいわぶん》」といいます。また、会話文以外《かいわぶんいがい》の文《ぶん》を「地《じ》の文《ぶん》」といい、物語《ものがたり》は大《おお》きく分《わ》けて会話文《かいわぶん》と地《じ》の文《ぶん》によってできています。

読《よ》み取《と》る際《さい》には、どうして書《か》いた人《ひと》はこの題《だい》名《めい》をつけたのだろうかと考《かんが》えて内容《ないよう》を想像《そうぞう》してみたり、題名《だいめい》が指《さ》し示《しめ》す言葉《ことば》を手《て》がかりにテーマを読《よ》むと、よりいっそう深《ふか》い作品《さくひん》の読《よ》みができるようになります。

場面《ばめん》　中学年以上《ちゅうがくねんいじょう》

「場面《ばめん》」とは、物語《ものがたり》の中《なか》で、あることが起《お》こったり行《おこな》われたりしている様子《ようす》をえがいた一《ひと》つのまとまりのことです。

物語《ものがたり》を読《よ》むときには、場面《ばめん》の様子《ようす》を捉《とら》えて、その場面《ばめん》の人物《じんぶつ》の気持《きも》ちを考《かんが》えたり、物語《ものがたり》が進《すす》むにつれて場面《ばめん》がどのように変《か》わっていくのか、場面《ばめん》の移《うつ》り変《か》わり（物語《ものがたり》の展開《てんかい》）を捉《とら》えたりしていくと作品《さくひん》の理解《りかい》が深《ふか》まります。

場面《ばめん》を捉《とら》えていくためには、いつ（時《とき》）、どこで（場所《ばしょ》）、誰《だれ》が（登場人物《とうじょうじんぶつ》）、どんなことをしたか（できごと）といったことを整《せい》理《り》し、人物《じんぶつ》の会話《かいわ》、行動《こうどう》、気持《きも》ちなどに着《ちゃく》目《もく》して読《よ》んでいきましょう。

登場人物《とうじょうじんぶつ》　中学年以上《ちゅうがくねんいじょう》

物語《ものがたり》に出《で》てくる人《ひと》のことを「登場人物《とうじょうじんぶつ》」といいます。また、動物《どうぶつ》や物《もの》でも、人《ひと》と同《おな》じように何《なに》かをしたり話《はな》したりする者《もの》としてえがかれている場合《ばあい》には、登場人物《とうじょうじんぶつ》ということができます。

物語《ものがたり》の登場人物《とうじょうじんぶつ》を出《で》てくる場面《ばめん》で見《み》ていくと、どの場面《ばめん》にも登場《とうじょう》する人物《じんぶつ》、ある場《ば》面《めん》にだけ登場《とうじょう》する人物《じんぶつ》などいろいろあります。物語《ものがたり》は、中心《ちゅうしん》となる登場人物《とうじょうじんぶつ》の様子《ようす》や気持《きも》ちの変化《へんか》や成長《せいちょう》などによって展開《てんかい》していきます。その際《さい》、中心《ちゅうしん》として行動《こうどう》や様《よう》子《す》などが書《か》かれている人物《じんぶつ》に対《たい》して、他《ほか》の登《とう》場《じょう》人物《じんぶつ》は、その人物《じんぶつ》を助《たす》けたり支《ささ》えたりする人物《じんぶつ》、影響《えいきょう》を与《あた》える人物《じんぶつ》など、それぞれの役割《やくわり》をもちます。

では、登場人物《とうじょうじんぶつ》をどのように読《よ》んでいったらよいでしょうか。まず、物語《ものがたり》をおし進《すす》めるできごとと深《ふか》くかかわって、物語《ものがたり》の流《なが》れの中《なか》にいる人物《じんぶつ》を見《み》つけましょう。この人《じん》物《ぶつ》を中心《ちゅうしん》にすえて、場面《ばめん》の様子《ようす》や気持《きも》ちを想像《そうぞう》しながら読《よ》み進《すす》めていきましょう。この人物《じんぶつ》はそれぞれの場面《ばめん》で、他《ほか》の人物《じんぶつ》とかかわりながらいろいろなできごとと出《で》合《あ》うでしょう。人物《じんぶつ》の言動《げんどう》（言《い》ったことやしたこと）について、何《なに》がきっかけなのか、どんな思《おも》いでそうしたのか、などを考《かんが》え、想像《そうぞう》をふくらませていくことで登場人物《とうじょうじんぶつ》の人《ひと》がらを捉《とら》えていきます。

登場人物《とうじょうじんぶつ》の気持《きも》ちを想像《そうぞう》し、登場人物《とうじょうじんぶつ》と一緒《いっしょ》になって、物語《ものがたり》の展開《てんかい》を読《よ》み味《あじ》わうことが物語《ものがたり》を読《よ》む楽《たの》しさにつながります。

心情《しんじょう》　高学年以上《こうがくねんいじょう》

「心情《しんじょう》」とは、心《こころ》の中《なか》で思《おも》っていることや気持《きも》ちのことです。

文学作品《ぶんがくさくひん》を読《よ》むときには、展開《てんかい》に即《そく》して、登場人物《とうじょうじんぶつ》の心情《しんじょう》の変化《へんか》を考《かんが》えながら読《よ》むことが重要《じゅうよう》になります。「次郎《じろう》は悲《かな》しかった。」というように、直接的《ちょくせつてき》な叙述《じょじゅつ》で登《とう》場《じょう》人物《じんぶつ》の心情《しんじょう》が語《かた》られることもあります。しかし、登場人物《とうじょうじんぶつ》の心情《しんじょう》は、直接的《ちょくせつてき》に語《かた》られるだけではありません。「大造《だいぞう》じいさんは、青《あお》くすんだ空《そら》を見上《みあ》げながらにっこりした。」（椋鳩十《むくはとじゅう》『大造《だいぞう》じいさんとガン』）のように、登場人物《とうじょうじんぶつ》の行動《こうどう》や表情《ひょうじょう》、会話《かいわ》、情景《じょうけい》の描写《びょうしゃ》からも、その心情《しんじょう》を想像《そうぞう》できます。

要旨《ようし》

高学年以上《こうがくねんいじょう》

書《か》き手《て》が文章《ぶんしょう》で取《と》り上《あ》げている内容《ないよう》の中《ちゅう》心《しん》となることがらのことを「要旨《ようし》」といいます。あるいは、内容《ないよう》についての書《か》き手《て》の考《かんが》えの中心《ちゅうしん》となることがらのことをいいます。要旨《ようし》は、読《よ》み手《て》が、文章《ぶんしょう》の内容《ないよう》や書《か》き手《て》の考《かんが》えの重要《じゅうよう》なところを捉《とら》え、文章《ぶんしょう》の表現《ひょうげん》にそってまとめます。

要旨《ようし》をまとめるときには、文章《ぶんしょう》に書《か》かれている話題《わだい》、理由《りゆう》や根拠《こんきょ》となっている内容《ないよう》、構成《こうせい》の仕方《しかた》や巧《たく》みな表現《ひょうげん》などに目《め》を向《む》けるようにします。

要旨《ようし》を捉《とら》えることは、自分《じぶん》の考《かんが》えを深《ふか》めていくことにつながります。

要約《ようやく》

中学年以上《ちゅうがくねんいじょう》

「要約《ようやく》」とは、文章《ぶんしょう》や話《はなし》の全体《ぜんたい》または部《ぶ》分《ぶん》を短《みじか》くまとめることです。

説明文《せつめいぶん》の全体《ぜんたい》を要約《ようやく》するために、まず、次《つぎ》の三《みっ》つのことが書《か》かれているところを探《さが》します。それは、「文章全体《ぶんしょうぜんたい》にかかわる話題《わだい》や問《もん》題《だい》」が書《か》いてあるところと、「話題《わだい》や問題《もんだい》に対《たい》する答《こた》えと説明《せつめい》」が書《か》いてあるところと、「筆者《ひっしゃ》のまとめ」が書《か》いてあるところです。

文章全体《ぶんしょうぜんたい》にかかわる話題《わだい》や問題《もんだい》の多《おお》くは、文章《ぶんしょう》の「はじめ」の部分《ぶぶん》に書《か》かれています。話題《わだい》や問題《もんだい》に対《たい》する答《こた》えと説明《せつめい》は、文《ぶん》章《しょう》の「中《なか》」の部分《ぶぶん》に書《か》かれています。「筆者《ひっしゃ》のまとめ」は文章《ぶんしょう》の「終《お》わり」に書《か》かれていることが多《おお》いです。

次《つぎ》に、各段落《かくだんらく》の要点《ようてん》を並《なら》べます。そうすることで、話題《わだい》や問題《もんだい》に対《たい》して、どんな例《れい》を挙《あ》げて説明《せつめい》しているのかが分《わ》かってきます。

また、繰《く》り返《かえ》し出《で》てくる言葉《ことば》や、段落同士《だんらくどうし》のつながりを示《しめ》す言葉《ことば》が分《わ》かってきます。そのような言葉《ことば》をキーワードともいいます。キーワードによって、この文章《ぶんしょう》を理解《りかい》するうえで、落《お》としてはいけない大事《だいじ》な内容《ないよう》も分《わ》かってきます。さらに、段落《だんらく》のつながり方《かた》も分《わ》かるようになります。

読《よ》むこと（文《ぶん》学《がく》）

題名《だいめい》

中学年以上《ちゅうがくねんいじょう》

作文《さくぶん》や童話《どうわ》・物語《ものがたり》・説明文《せつめいぶん》につけられた名前《なまえ》を「題名《だいめい》」といいます。

大《おお》きな題名《だいめい》の他《ほか》に、内容《ないよう》を説明《せつめい》するために小《ちい》さな題名《だいめい》をわきにそえることがあり、これを「副題《ふくだい》」「サブタイトル」といいます。

題名《だいめい》がよければ、読《よ》む人《ひと》はその作品《さくひん》の前《まえ》に立《た》ち止《ど》まり、作品《さくひん》を手《て》にするでしょう。反対《はんたい》に、作品《さくひん》のできがよくても、題名《だいめい》がよくないと、読《よ》む人《ひと》は見向《みむ》きもしないかもしれません。

ですから、題名《だいめい》のつけ方《かた》には次《つぎ》のような注意《ちゅうい》が必要《ひつよう》です。

①読《よ》む人《ひと》の気持《きも》ちを引《ひ》きつけるような題名《だいめい》になっているか

②作品《さくひん》の全体像《ぜんたいぞう》や一部《いちぶ》の内容《ないよう》が推測《すいそく》できたり、作品《さくひん》のテーマが推測《すいそく》できたりするような題名《だいめい》になっているか

①と②は、どちらも大切《たいせつ》な要素《ようそ》です。

作文《さくぶん》や童話《どうわ》・物語《ものがたり》・説明文《せつめいぶん》などの内容《ないよう》を

筆者《ひっしゃ》

中学年以上《ちゅうがくねんいじょう》

「筆者《ひっしゃ》」とは、説明文《せつめいぶん》を書《か》いた人《ひと》のことです。

筆者《ひっしゃ》は、読《よ》み手《て》に知《し》ってほしいことや自分《じぶん》の言《い》いたいことを伝《つた》えるために、文章《ぶんしょう》の構《こう》成《せい》や事例《じれい》などを考《かんが》えて説明文《せつめいぶん》を書《か》きます。

説明文《せつめいぶん》を読《よ》むときには、書《か》かれている内容《ないよう》をしっかり読《よ》み取《と》ることが大切《たいせつ》です。そのうえで、「筆者《ひっしゃ》は、どのような書《か》き方《かた》の工夫《くふう》をしているだろう。」という問題《もんだい》を設定《せってい》すると、文章《ぶんしょう》の工夫《くふう》に気《き》付《づ》くことができます。

筆者《ひっしゃ》はそれぞれに工夫《くふう》をして書《か》いているので、同《おな》じ題材《だいざい》の説明文《せつめいぶん》でも結論《けつろん》が違《ちが》ったり、同《おな》じ意見《いけん》を主張《しゅちょう》していても使《つか》う事例《じれい》が違《ちが》ったりしてきます。

段落《だんらく》

中学年以上《ちゅうがくねんいじょう》

文章《ぶんしょう》の中《なか》の内容《ないよう》のひとまとまりを「段落《だんらく》」といいます。文章《ぶんしょう》はふつう、いくつかの段《だん》落《らく》が集《あつ》まってできています。

一《ひと》つの段落《だんらく》は、いくつかの文《ぶん》が集《あつ》まってひとまとまりの内容《ないよう》になっています。しかし、一文《いちぶん》で一《ひと》つの段落《だんらく》になることもあります。「これは、わたしが小《ちい》さい時《とき》に、村《むら》の茂平《もへい》というおじいさんから聞《き》いたお話《はなし》です。」（新《にい》美《み》南吉《なんきち》『ごんぎつね』）などがその例《れい》です。

段落《だんらく》と段落《だんらく》とを合《あ》わせて大《おお》きな内容《ないよう》のまとまりにしたものを「大《おお》きな段落《だんらく》」または「大《だい》段落《だんらく》」といいます。

段落《だんらく》のはじめは、行《ぎょう》を改《あらた》め、書《か》き出《だ》しを一字《いちじ》下《さ》げて書《か》きます。

文章《ぶんしょう》を書《か》くときには、それぞれの内容《ないよう》のまとまり（段落《だんらく》）を考《かんが》えてから、内容《ないよう》のまとまり（段落《だんらく》）と内容《ないよう》のまとまり（段落《だんらく》）を合《あ》わせた大《おお》きな内容《ないよう》のまとまり（大段落《だいだんらく》）を考《かんが》えながら、文章《ぶんしょう》を組《く》み立《た》てます。そうすることによって、構成《こうせい》の整《ととの》った文章《ぶんしょう》を書《か》くことができます。

文章《ぶんしょう》を読《よ》むときには、まずそれぞれの段《だん》落《らく》ごとに何《なに》が書《か》かれているのか、段落《だんらく》ごとの内容《ないよう》のまとまりを読《よ》みます。そして、段落《だんらく》ごとの内容《ないよう》のまとまりをいくつかにまとめ、大《おお》きな内容《ないよう》のまとまり（大段落《だいだんらく》）を捉《とら》えます。そうすることで、文章全体《ぶんしょうぜんたい》を確《たし》かに、豊《ゆた》かに読《よ》むことができます。

なお、行《ぎょう》を改《あらた》め、書《か》き出《だ》しを一字《いちじ》下《さ》げてある段落《だんらく》を「形式段落《けいしきだんらく》」、形式段落《けいしきだんらく》をいくつか合《あ》わせた大段落《だいだんらく》を「意味段落《いみだんらく》」ということもあります。

要点《ようてん》

中学年以上《ちゅうがくねんいじょう》

「要点《ようてん》」とは、説明文《せつめいぶん》を読《よ》んだり話《はなし》を聞《き》いたりするときに、中心《ちゅうしん》となる大事《だいじ》な内容《ないよう》のことです。ですから、要点《ようてん》を落《お》とさないで、要点同士《ようてんどうし》のつながり方《かた》を考《かんが》えると、その説《せつ》明文《めいぶん》や話《はなし》がよく分《わ》かってきます。

段落《だんらく》の要点《ようてん》というときは、その段落《だんらく》の内容《ないよう》の大事《だいじ》なところのことです。段落《だんらく》の要点《ようてん》をつなげば、その説明文全体《せつめいぶんぜんたい》の内容《ないよう》が分《わ》かります。

各段落《かくだんらく》には、たいていその段落《だんらく》の内容《ないよう》をまとめる文《ぶん》があります。その文《ぶん》の大事《だいじ》な言葉《ことば》を使《つか》って短《みじか》い文《ぶん》で表《あらわ》せば、段落《だんらく》の要点《ようてん》になります。段落《だんらく》をまとめる文《ぶん》は、その段落《だんらく》が、話《わ》題《だい》を示《しめ》しているのか、説明《せつめい》をしているのか、意見《いけん》を述《の》べているのかなど、役割《やくわり》を考《かんが》えると見《み》つけやすくなります。

論理《ろんり》

中学校以上《ちゅうがっこういじょう》

「論理《ろんり》」とは、考《かんが》え方《かた》の筋道《すじみち》のことです。ある意見《いけん》をいうときに、どうしてそのように考《かんが》えられるのかという理由《りゆう》を述《の》べたり、根《こん》拠《きょ》を示《しめ》したりすることで、論理《ろんり》の通《とお》った発言《はつげん》になります。

話《はなし》や文章《ぶんしょう》は、相手《あいて》に何《なに》かを伝《つた》えるために、あるいは分《わ》かってもらうために、話《はな》したり書《か》いたりするものです。そのためには、論理《ろんり》の通《とお》った言《い》い方《かた》や書《か》き方《かた》が求《もと》められます。例《たと》えば、順序《じゅんじょ》に気《き》を付《つ》けたり、理由《りゆう》や事例《じれい》を付《つ》け加《くわ》えたり、具体的《ぐたいてき》に説明《せつめい》するところと抽象的《ちゅうしょうてき》にまとめたりするところを考《かんが》えたりする、などの工夫《くふう》が大切《たいせつ》になってきます。

その一方《いっぽう》で、話《はなし》を聞《き》いたり文章《ぶんしょう》を読《よ》んだりする際《さい》には、論理《ろんり》の展開《てんかい》に気《き》を付《つ》けて、情報《じょうほう》を受《う》け止《と》める必要《ひつよう》があります。例《たと》えば、同《おな》じテーマの文章《ぶんしょう》でも、筆者《ひっしゃ》によって論理《ろんり》の展開《てんかい》の仕方《しかた》は異《こと》なります。その場合《ばあい》、順序《じゅんじょ》はどうか、理由《りゆう》や事例《じれい》は適切《てきせつ》かなど、内容《ないよう》だけでなく、論理《ろんり》の展開《てんかい》に着目《ちゃくもく》して読《よ》み比《くら》べてみることも大切《たいせつ》です。

キーワード

中学年以上《ちゅうがくねんいじょう》

「キーワード」とは、問題《もんだい》や目的《もくてき》の解決《かいけつ》のための鍵《かぎ》（＝キー）になる言葉《ことば》です。説明的文章《せつめいてきぶんしょう》を読《よ》むときには、目的《もくてき》を意識《いしき》して、中心《ちゅうしん》となる語《ご》や文《ぶん》を見《み》つけて要約《ようやく》することが必要《ひつよう》ですが、目的《もくてき》が何《なに》であるかによって、「中心《ちゅうしん》となる語《ご》や文《ぶん》」は変《か》わってきます。

例《たと》えば、A《えい》という扉《とびら》があれば、A《えい》に合《あ》う鍵《かぎ》が必要《ひつよう》で、B《びい》という扉《とびら》があれば、B《びい》に合《あ》う鍵《かぎ》が必要《ひつよう》です。A《えい》という扉《とびら》を開《あ》けるために、B《びい》に合《あ》う鍵《かぎ》を用《もち》いても開《ひら》きません。目的《もくてき》に合《あ》う鍵《かぎ》を用《もち》いる必要《ひつよう》があります。キーワードという言葉《ことば》を用《もち》いる際《さい》にも、その点《てん》に十《じゅう》分《ぶん》気《き》を付《つ》けましょう。

単《たん》に繰《く》り返《かえ》し出《で》てくる言葉《ことば》がキーワードではなく、意識《いしき》すべき「目的《もくてき》」がキーワードを決《き》めます。考《かんが》えたい問題《もんだい》や目的《もくてき》をどのように読《よ》むかで、必要《ひつよう》なキーワードが分《わ》かってきます。

要約《ようやく》をするときには、目的《もくてき》を意識《いしき》し、探《さが》してきたキーワードをつないでいくことが効果《こうか》的《てき》です。また、書《か》くときや話《はな》すときにも、キーワードを意識《いしき》することで、無駄《むだ》がなくなり要点《ようてん》を絞《しぼ》って短《みじか》く伝《つた》えられるようになります。キーワードを意識《いしき》し合《あ》うことで、仲間《なかま》との話《はな》し合《あ》いにおいても共通点《きょうつうてん》を見《み》つけやすくなったり、相違《そうい》に気付《きづ》きやすくなったりします。

対比《たいひ》

高学年以上《こうがくねんいじょう》

「対比《たいひ》」とは、単語《たんご》、文《ぶん》、文章《ぶんしょう》などの違《ちが》ったものを並《なら》べて比《くら》べることで、内容《ないよう》を明《あき》らかにしたり、豊《ゆた》かにしたりします。

文章《ぶんしょう》や詩《し》を書《か》いたり、話《はなし》をしたりするときに、反対《はんたい》の意味《いみ》の内容《ないよう》を並《なら》べて表現《ひょうげん》することで、表《あらわ》したいことが際立《きわだ》ちます。

例《たと》えば、登場人物《とうじょうじんぶつ》の悲《かな》しみを表現《ひょうげん》したいときに、同時《どうじ》に登場人物《とうじょうじんぶつ》の周《まわ》りで幸《しあわ》せな場《ば》面《めん》を展開《てんかい》させると、逆《ぎゃく》にその登場人物《とうじょうじんぶつ》の悲《かな》しみを印象付《いんしょうづ》けることができます。

す。

アドバイスは、相手《あいて》の表現《ひょうげん》を相手《あいて》の立場《たちば》を十分《じゅうぶん》に考《かんが》えたうえで見《み》つめることによって、自分《じぶん》の考《かんが》えを深《ふか》めたり、自分《じぶん》の表現《ひょうげん》をより豊《ゆた》かにできたりします。

清書《せいしょ》

高学年以上《こうがくねんいじょう》

読《よ》み返《かえ》したり推敲《すいこう》したりした作文《さくぶん》を改《あらた》めて作文用紙《さくぶんようし》にきれいに書《か》き直《なお》すことを「清《せい》書《しょ》」といいます。

清書《せいしょ》は、書《か》き手《て》が、書《か》いた文章《ぶんしょう》を改《あらた》めて読《よ》み直《なお》し、文《ぶん》のつながりや文字《もじ》が正《ただ》しいかどうか確認《かくにん》した後《あと》に、きれいに丁寧《ていねい》に書《か》き改《あらた》めることです。

丁寧《ていねい》に書《か》いて清書《せいしょ》をすることで、自分《じぶん》の書《か》いた文章《ぶんしょう》を読《よ》み手《て》に正確《せいかく》に伝《つた》えることができます。さらに、自分《じぶん》の中《なか》に生《う》まれた言葉《ことば》をいきいきとした文章《ぶんしょう》として表《あらわ》すことは、読《よ》み手《て》を意識《いしき》した言葉《ことば》を大切《たいせつ》にすることになり、表現《ひょうげん》する言葉《ことば》を豊《ゆた》かに広《ひろ》げます。

なお、習字《しゅうじ》を練習《れんしゅう》した後《あと》に文字《もじ》の形《かたち》や配列《はいれつ》を整《ととの》えて、はっきり丁寧《ていねい》に書《か》くことも清書《せいしょ》といいます。

読《よ》むこと（説明文《せつめいぶん》）

事例《じれい》

高学年以上《こうがくねんいじょう》

自分《じぶん》の考《かんが》えを主張《しゅちょう》するためのもととなる具体的《ぐたいてき》な実例《じつれい》のことを「事例《じれい》」といいます。

「理由《りゆう》」は、なぜそのような考《かんが》えをもつのかを説明《せつめい》するもので、「事例《じれい》」は考《かんが》えをより具体的《ぐたいてき》に説明《せつめい》するために挙《あ》げられたことがらや内容《ないよう》のことです。

話《はな》すときは、伝《つた》えたいことがよく伝《つた》わるよう、相手《あいて》のことを踏《ふ》まえて理由《りゆう》や事例《じれい》を選《えら》んでいきます。相手《あいて》に応《おう》じて丁寧《ていねい》に理由《りゆう》を付《つ》け加《くわ》えたり、理解《りかい》しやすい事例《じれい》を挙《あ》げたりします。

意見《いけん》を述《の》べる文章《ぶんしょう》を書《か》くときは、理由《りゆう》や事例《じれい》を明確《めいかく》にします。考《かんが》えを支《ささ》える理由《りゆう》には、「なぜなら～」「その理由《りゆう》は～」「～ためである」などの表現《ひょうげん》を用《もち》います。考《かんが》えをより具体的《ぐたいてき》に説明《せつめい》するための事例《じれい》は、「例《たと》えば～」「事例《じれい》を挙《あ》げると～」「～などがそれに当《あ》たる」などの表現《ひょうげん》を使《つか》います。

説明的《せつめいてき》な文章《ぶんしょう》を読《よ》むときは、どの段落《だんらく》が、考《かんが》えとその事例《じれい》なのか、または結論《けつろん》とその理由《りゆう》なのか注意《ちゅうい》します。書《か》き手《て》がどのような理由《りゆう》を使《つか》って説明《せつめい》しているのか、どのような事例《じれい》を使《つか》ってより具体的《ぐたいてき》に説明《せつめい》しているのか、文章《ぶんしょう》を丁寧《ていねい》に読《よ》んでいきましょう。

根拠《こんきょ》

高学年以上《こうがくねんいじょう》

考《かんが》えや発言《はつげん》のもとになるものやその理由《りゆう》を「根拠《こんきょ》」といいます。自分《じぶん》の考《かんが》えを話《はな》したり書《か》いたりするときには、その根拠《こんきょ》を示《しめ》しながら説明《せつめい》すると相手《あいて》によく伝《つた》わります。

説明文《せつめいぶん》には、筆者《ひっしゃ》の考《かんが》えの根拠《こんきょ》となる事《じ》実《じつ》とその説明《せつめい》が書《か》かれていますから、どんなことを根拠《こんきょ》に、何《なに》を主張《しゅちょう》しようとしているのかを考《かんが》えながら読《よ》みます。その主張《しゅちょう》と根《こん》拠《きょ》に自分《じぶん》はどれくらい納得《なっとく》するかを考《かんが》えてみることもできるでしょう。

物語《ものがたり》で登場人物《とうじょうじんぶつ》の心情《しんじょう》を考《かんが》えるときなどには、文章《ぶんしょう》に述《の》べられていることを根拠《こんきょ》にして読《よ》み取《と》ります。それは、人物《じんぶつ》の行動《こうどう》や会話《かいわ》に表《あらわ》れていることが多《おお》いので、根拠《こんきょ》としたことからさらに深《ふか》く考《かんが》えて、くみ取《と》っていきます。

推敲《すいこう》

高学年以上《こうがくねんいじょう》

文章《ぶんしょう》や詩《し》をつくるとき、よりよい文章《ぶんしょう》や詩《し》にするために、言葉《ことば》や書《か》き表《あらわ》し方《かた》を何度《なんど》も読《よ》み返《かえ》して練《ね》り直《なお》すことを「推敲《すいこう》」といいます。

この「推敲《すいこう》」という言葉《ことば》は故事成語《こじせいご》で、昔《むかし》、中国《ちゅうごく》の詩人《しじん》が「僧《そう》は推《お》す月下《げっか》の門《もん》」という詩《し》の句《く》の「推《お》す」を「敲《たた》く」に変《か》えようかどうか迷《まよ》ったという話《はなし》からできました。

推敲《すいこう》するときには、観点《かんてん》を定《さだ》めて観点《かんてん》ごとに何度《なんど》も読《よ》み返《かえ》すといいでしょう。そのときに、書《か》く文種《ぶんしゅ》によって書《か》き方《かた》も必要《ひつよう》な内容《ないよう》も違《ちが》ってくるので、読者《どくしゃ》の立場《たちば》になって読《よ》み返《かえ》すことが大事《だいじ》です。読者《どくしゃ》を引《ひ》きつける効果《こうか》も考《かんが》えて、題名《だいめい》や書《か》き出《だ》しなども見直《みなお》しましょう。

（推敲《すいこう》の観点《かんてん》の一例《いちれい》）

①表記《ひょうき》や表現《ひょうげん》について
・書《か》きあやまった文字《もじ》はないか
・送《おく》りがなをまちがえていないか
・句読点《くとうてん》をきちんと打《う》っているか
・主語《しゅご》と述語《じゅつご》が合《あ》っているか
・同《おな》じことを何回《なんかい》も繰《く》り返《かえ》していないか
・一文《いちぶん》が長《なが》すぎて分《わ》かりにくくないか
・文末《ぶんまつ》が常体《じょうたい》か敬体《けいたい》で統一《とういつ》されているか

②内容《ないよう》や構成《こうせい》について
・目的《もくてき》や相手《あいて》にふさわしい書《か》き方《かた》か
・段落《だんらく》は適切《てきせつ》に分《わ》けられているか
・段落《だんらく》と段落《だんらく》との関係《かんけい》は分《わ》かりやすいか
・中心《ちゅうしん》にする場面《ばめん》がはっきりしているか
・大事《だいじ》なことが相手《あいて》に伝《つた》わるように書《か》けているか
・心《こころ》の動《うご》いた場面《ばめん》で、行動《こうどう》や様子《ようす》や会話《かいわ》、気持《きも》ちなどが詳《くわ》しく書《か》けているか
・伝《つた》えたい場面《ばめん》では、行動《こうどう》や様子《ようす》や会話《かいわ》、気持《きも》ちなどは詳《くわ》しく書《か》けているか

アドバイス

中学年以上《ちゅうがくねんいじょう》

相手《あいて》にとって、役《やく》に立《た》ったり助《たす》けになったりする意見《いけん》や言葉《ことば》のことを、「アドバイス」や「助言《じょげん》」といいます。

アドバイスをするときには、次《つぎ》のようなことが大切《たいせつ》です。

①意識《いしき》する点《てん》にもとづいてアドバイスする

アドバイスをするときは、それまでに学《がく》習《しゅう》してきたことをもとに行《おこな》います。アドバイスをする側《がわ》の人《ひと》も、される側《がわ》の人《ひと》も、どのようなことに気《き》を付《つ》けて、その課題《かだい》や活動《かつどう》に取《と》り組《く》めばいいのか（意識《いしき》する点《てん》）を、互《たが》いに分《わ》かっていることが大切《たいせつ》になります。例《たと》えば、書《か》き上《あ》げた意見文《いけんぶん》を友達《ともだち》と読《よ》み合《あ》ってアドバイスをするときは、意見文《いけんぶん》を書《か》く学習《がくしゅう》で学《まな》んだ「事実《じじつ》と意見《いけん》とを書《か》き分《わ》ける」、「図《ず》や表《ひょう》の使《つか》い方《かた》を工夫《くふう》する」といった点《てん》から、互《たが》いに相手《あいて》の意見文《いけんぶん》に対《たい》してアドバイスをすることが大切《たいせつ》です。

②どう変《か》えればいいのか具体的《ぐたいてき》に伝《つた》える

足《た》りない点《てん》や十分《じゅうぶん》でない点《てん》を伝《つた》えるだけでなく、どのように変《か》えればいいのかを具《ぐ》体《たい》的《てき》に伝《つた》えるようにします。はっきりと伝《つた》えられない場合《ばあい》は、一緒《いっしょ》に考《かんが》えることも大切《たいせつ》です。

③どの段階《だんかい》でのアドバイスなのかを意識《いしき》する

スピーチの練習《れんしゅう》や作文《さくぶん》の下書《したが》きなど、活《かつ》動《どう》の途中《とちゅう》でのアドバイスでは、よりよく変《か》えていく点《てん》を中心《ちゅうしん》に行《おこな》います。また、書《か》き上《あ》げた文章《ぶんしょう》などの最終段階《さいしゅうだんかい》では、相手《あいて》のよいところを見《み》つけることを中心《ちゅうしん》に行《おこな》いま

引用《いんよう》

中学年以上《ちゅうがくねんいじょう》

「引用《いんよう》」とは、本《ほん》や新聞《しんぶん》などにある文章《ぶんしょう》の一部《いちぶ》や図表《ずひょう》、写真《しゃしん》などを抜《ぬ》き出《だ》して、使《つか》うことをいいます。

引用《いんよう》する場合《ばあい》には、例《たと》えば、

> 引用《いんよう》とは、ぼくの使《つか》っている国語辞典《こくごじてん》には、「自分《じぶん》の文章《ぶんしょう》の中《なか》に、他《ほか》の人《ひと》の本《ほん》などの一部分《いちぶぶん》を使《つか》うこと」と書《か》いてありました。

というように、引用《いんよう》した部分《ぶぶん》を必《かなら》ずかぎ（「　」）でくくります。それは、その部分《ぶぶん》が自分《じぶん》の書《か》いたものではなく、他《ほか》の人《ひと》の文章《ぶんしょう》であることが分《わ》かるようにするためです。

引用《いんよう》するときには、もとの文章《ぶんしょう》を短《みじか》くするなど、変《か》えて使《つか》うことはできません。また、どの本《ほん》から引用《いんよう》したのかという出典《しゅってん》を、きちんと書《か》いておくことも必要《ひつよう》になります。

引用《いんよう》は、必要《ひつよう》な情報《じょうほう》を示《しめ》したり、自分《じぶん》の考《かんが》えを補《おぎな》ったりするために用《もち》いるものです。引用《いんよう》する部分《ぶぶん》が必要以上《ひつよういじょう》に多《おお》くなりすぎないように、注意《ちゅうい》することも大切《たいせつ》です。

出典《しゅってん》

高学年以上《こうがくねんいじょう》

「出典《しゅってん》」とは、文章《ぶんしょう》を書《か》く際《さい》に、引用《いんよう》した情報《じょうほう》が載《の》っているもともとの本《ほん》などのことをいいます。出典《しゅってん》にあたるものには、本《ほん》や雑誌《ざっし》、図鑑《ずかん》、事典《じてん》、ホームページなどがあります。

自分《じぶん》の書《か》いた文章《ぶんしょう》に、ある本《ほん》のある部分《ぶぶん》を引用《いんよう》したときには、必《かなら》ず出典《しゅってん》を示《しめ》す必要《ひつよう》があります。それは、一《ひと》つには、読《よ》んでいる人《ひと》が引用《いんよう》のもととなっている本《ほん》などを探《さが》して、内容《ないよう》を確《たし》かめることができるようにするためです。もう一《ひと》つは、自分《じぶん》の文章《ぶんしょう》に、他人《たにん》の書《か》いた本《ほん》などの情報《じょうほう》を無断《むだん》で使《つか》うことは、著作権法《ちょさくけんほう》にふれるからです。

出典《しゅってん》の書《か》き方《かた》は、本《ほん》の場合《ばあい》、

・著者名《ちょしゃめい》（本《ほん》を書《か》いた人《ひと》の名前《なまえ》）
・書名《しょめい》（本《ほん》の名前《なまえ》）
・出版社《しゅっぱんしゃ》（本《ほん》を出版《しゅっぱん》している会社《かいしゃ》の名前《なまえ》）
・出版年《しゅっぱんねん》（本《ほん》が出版《しゅっぱん》された年《とし》）

を書《か》きます。これらの情報《じょうほう》は、本《ほん》の一番最後《いちばんさいご》にある奥付《おくづけ》を見《み》ると書《か》いてあります。雑誌《ざっし》の場合《ばあい》は何年何月号《なんねんなんがつごう》か、新聞《しんぶん》の場合《ばあい》は何年何月何日《なんねんなんがつなんにち》の記事《きじ》か、ということを書《か》きます。

編集《へんしゅう》

高学年以上《こうがくねんいじょう》

「編集《へんしゅう》」とは、複数《ふくすう》の材料《ざいりょう》を一定《いってい》の目的《もくてき》のもとに組《く》み合《あ》わせて表現《ひょうげん》することです。

また、それに写真《しゃしん》や表《ひょう》、グラフなどを組《く》み合《あ》わせることもあります。いろいろな材料《ざいりょう》を集《あつ》めて組《く》み合《あ》わせたものとして、新聞《しんぶん》や本《ほん》・雑誌《ざっし》などがあります。撮影済《さつえいず》みのフィルムやテープを映画《えいが》などにまとめることや、その仕事《しごと》のことも編集《へんしゅう》といいます。

編集《へんしゅう》して何《なに》か制作《せいさく》するには、どのような目的《もくてき》で作《つく》るのか、読者《どくしゃ》は誰《だれ》か、どんな場面《ばめん》を考《かんが》えて作《つく》るのかが大切《たいせつ》になってきます。

新聞《しんぶん》を例《れい》に挙《あ》げてみましょう。新聞記事《しんぶんきじ》を書《か》くときには、いつ、どこで、誰《だれ》が、どうしたのか、何《なに》があったのか、その理由《りゆう》は何《なに》かなどを落《お》とさないようにします。また、一文《いちぶん》をなるべく短《みじか》く書《か》くことも大切《たいせつ》です。さらに、伝《つた》えたい目的《もくてき》や内容《ないよう》によって使《つか》われる文章《ぶんしょう》や絵《え》・写真《しゃしん》などを選択《せんたく》し、見出《みだ》しの付《つ》け方《かた》や図表《ずひょう》などで記事《きじ》の内容《ないよう》を理解《りかい》できるよう紙面《しめん》の割《わ》り付《つ》けを工夫《くふう》し、文章全体《ぶんしょうぜんたい》の構成《こうせい》の効果《こうか》を考《かんが》えることも大切《たいせつ》なことです。

箇条書《かじょうが》き

高学年《こうがくねん》以上《いじょう》

話《はな》したり書《か》いたりする題材《だいざい》に必要《ひつよう》なことがらを集《あつ》めるために、思《おも》い出《だ》したり調《しら》べたりすることがあります。これらのことがらを短《みじか》くまとめてメモする際《さい》に、語句《ごく》や文《ぶん》で項目《こうもく》を立《た》てて並《なら》べることを「箇条書《かじょうが》き」といいます。

縦書《たてが》きの場合《ばあい》は右《みぎ》から左《ひだり》へ、横書《よこが》きの場《ば》合《あい》は上《うえ》から下《した》へ、項目《こうもく》を順《じゅん》に並《なら》べます。番《ばん》号《ごう》をつける場合《ばあい》もあります。

例《たと》えば次《つぎ》のようになります。

（例《れい》1）

①アドバイスとはどのようなものか？

②アドバイスはどのようにするのか？

③どんな場合《ばあい》にアドバイスをするのか？

（例《れい》2）

○目玉焼《めだまや》きの材料《ざいりょう》（卵《たまご》、油《あぶら》、塩《しお》）

○調理器具《ちょうりきぐ》（フライパン、ふた）

○調理手順《ちょうりてじゅん》1（フライパンを熱《ねっ》する）

○調理手順《ちょうりてじゅん》2（油《あぶら》をひく）

このように、箇条書《かじょうが》きの項目《こうもく》はそのまま文章《ぶんしょう》の小見出《こみだ》しにすることができるような語句《ごく》や文《ぶん》にします。話《はな》したり書《か》いたりしようとする内容《ないよう》の要点《ようてん》が分《わ》かるように、大事《だいじ》なことを落《お》とさず要約《ようやく》するとよいでしょう。

例《れい》1のように、疑問文《ぎもんぶん》の項目《こうもく》になっているものも箇条書《かじょうが》きに含《ふく》まれます。

箇条書《かじょうが》きにすることで、書《か》こうとすることの全体《ぜんたい》や内容《ないよう》の順序《じゅんじょ》がはっきり捉《とら》えやすくなります。また、メモの項目《こうもく》を見比《みくら》べることで、話《はな》したり書《か》いたりする前《まえ》に、内容《ないよう》を仲《なか》間分《まわ》けして段落《だんらく》にまとめることができます。さらに、余計《よけい》な内容《ないよう》や内容《ないよう》の不足《ふそく》に気付《きづ》いたり、段落《だんらく》の順序《じゅんじょ》を整理《せいり》したりすることができます。

取材《しゅざい》

中学年《ちゅうがくねん》以上《いじょう》

文章《ぶんしょう》を書《か》いたり、話《はなし》をしたりするときに、書《か》いたり話《はな》したりする材料《ざいりょう》や内容《ないよう》を集《あつ》め、必要《ひつよう》な材料《ざいりょう》や内容《ないよう》を選《えら》ぶことを「取材《しゅざい》」といいます。

文章《ぶんしょう》を書《か》くときには、思《おも》い出《だ》したことを付箋紙《ふせんし》やカードやノートなどにメモします。聞《き》いたこと、話《はな》したこと、におい、したこと、そして思《おも》ったことや考《かんが》えたこと、感《かん》じたことなどです。メモをよく見《み》て、さらに思《おも》い出《だ》したことを書《か》き加《くわ》えます。

たくさん集《あつ》めたメモの中《なか》から必要《ひつよう》なメモを選《えら》び出《だ》します。選《えら》び出《だ》したメモを時間《じかん》の順《じゅん》序《じょ》やことがらの順序《じゅんじょ》などに並《なら》び替《か》えます。

ここまでが取材《しゅざい》です。

文章《ぶんしょう》を書《か》くときには、取材《しゅざい》をもとにして文章全体《ぶんしょうぜんたい》の構成《こうせい》を考《かんが》えます。話《はなし》をするときにも、文章《ぶんしょう》を書《か》くときと同《おな》じような方法《ほうほう》で取材《しゅざい》をすることができます。

【取材《しゅざい》の進行例《しんこうれい》】

①あいさつをし、自己紹介《じこしょうかい》

②相手《あいて》にインタビューの目的《もくてき》を伝《つた》える

③台本《だいほん》をもとに質問《しつもん》をする

④わからないときには再質問《さいしつもん》

⑤大事《だいじ》なことを確《たし》かめる

⑥感想《かんそう》を述《の》べ、お礼《れい》を言《い》う

【取材《しゅざい》のアポイントの際《さい》の必要項目《ひつようこうもく》】

○学校《がっこう》、学年《がくねん》、担任名《たんにんめい》、○知《し》りたいこと

○いつ、何人《なんにん》で伺《うかが》うのか、○日時《にちじ》、場所《ばしょ》

○たずねる内容《ないよう》は、後日連絡《ごじつれんらく》

つかの文《ぶん》をつなげて段落《だんらく》をつくり書《か》き表《あらわ》していく場合《ばあい》とがあります。どちらの場合《ばあい》でも読《よ》み手《て》の興味《きょうみ》を引《ひ》きつけ、分《わ》かりやすく伝《つた》えるために、最初《さいしょ》の文《ぶん》はあまり長《なが》くならないようにすることが大切《たいせつ》です。

また、書《か》く文章《ぶんしょう》の種類《しゅるい》によっても書《か》き出《だ》しは変《か》わってきます。手紙文《てがみぶん》では、季節《きせつ》のあいさつや相手《あいて》のことをたずねる文《ぶん》から書《か》き出《だ》し、意見文《いけんぶん》などでは、話題《わだい》となっていることがらや事実《じじつ》を書《か》いたり自分《じぶん》の考《かんが》えをはじめに書《か》いたりもします。書《か》く文章《ぶんしょう》の種類《しゅるい》に合《あ》わせて書《か》き出《だ》しを使《つか》い分《わ》けることも大切《たいせつ》です。

文末《ぶんまつ》

高学年以上《こうがくねんいじょう》

文《ぶん》や文章《ぶんしょう》の終《お》わりの部分《ぶぶん》を「文末《ぶんまつ》」といいます。

日本語《にほんご》では、文末《ぶんまつ》は、書《か》き手《て》の伝《つた》えたい内《ない》容《よう》や感情《かんじょう》を表現《ひょうげん》する大切《たいせつ》な部分《ぶぶん》です。そのため、文章《ぶんしょう》を読《よ》むときには、文末《ぶんまつ》にどのような言葉《ことば》が使《つか》われているのかを見《み》ていくことが大切《たいせつ》です。否定《ひてい》（「〜ない」）、断定《だんてい》（「〜である」）、希望《きぼう》（「〜したい」）、たとえ（「〜ようだ」）、予想《よそう》（「〜だろう」）、聞《き》いたこと（「〜そうだ」）、疑問《ぎもん》や反対《はんたい》（「〜か」）など、文末《ぶんまつ》に使《つか》われている言葉《ことば》を見《み》ていくことで書《か》かれている内容《ないよう》や書《か》き手《て》の伝《つた》えたいことを読《よ》み取《と》ることができます。さらにそれらの言葉《ことば》が常体《じょうたい》なのか、敬体《けいたい》なのかによっても感《かん》じ方《かた》が違《ちが》ってきます。この他《ほか》にも名詞《めいし》で終《お》わる体言止《たいげんど》めや言葉《ことば》の並《なら》びを入《い》れ替《か》えた倒置法《とうちほう》を使《つか》った文末表現《ぶんまつひょうげん》も見《み》られます。

見出《みだ》し

高学年以上《こうがくねんいじょう》

「見出《みだ》し」とは、新聞《しんぶん》をはじめとする様々《さまざま》な文章《ぶんしょう》の中《なか》で、その内容《ないよう》の要点《ようてん》を短《みじか》い言葉《ことば》にまとめたものです。たいていは目立《めだ》つように、大《おお》きな字《じ》で（白黒《しろくろ》でなければ色《いろ》もつけて）、文章《ぶんしょう》のまとまりのはじめに置《お》かれます。

見出《みだ》しだけでは内容《ないよう》が分《わ》からない場合《ばあい》、補《ほ》足《そく》する形《かたち》で小見出《こみだ》しを入《い》れます。大見出《おおみだ》しから小見出《こみだ》しとたどれば、内容《ないよう》が分《わ》かります。

見出《みだ》しを作《つく》るときには、見出《みだ》しだけでも内《ない》容《よう》がすぐに分《わ》かるような言葉《ことば》を選《えら》び、なおかつ読者《どくしゃ》の注意《ちゅうい》を引《ひ》くよう、字《じ》の色《いろ》や大《おお》きさを変《か》えることが大切《たいせつ》です。

常体《じょうたい》・敬体《けいたい》

高学年以上《こうがくねんいじょう》

「常体《じょうたい》」とは、文末《ぶんまつ》に「である」「だ」「であった」「だった」などを用《もち》いる書《か》き方《かた》で、「である体《たい》」ともよばれます。「敬体《けいたい》」とは、文末《ぶんまつ》に「です」「ます」「でした」「ました」などを用《もち》いる書《か》き方《かた》で、「ですます体《たい》」ともよばれます。敬体《けいたい》は、まず、教科書《きょうかしょ》の文末《ぶんまつ》表現《ひょうげん》に注意《ちゅうい》して、敬体《けいたい》の文章《ぶんしょう》に読《よ》み慣《な》れるようにし、少《すこ》しずつ自分《じぶん》でも使《つか》い慣《な》れるようにしましょう。文章《ぶんしょう》を書《か》くときには、相《あい》手《て》や目的《もくてき》に応《おう》じて敬体《けいたい》か常体《じょうたい》かを選《えら》んで、いつも意識《いしき》して使《つか》い分《わ》けましょう。

常体《じょうたい》は、ふつうの言《い》い方《かた》で、きっぱりと断言《だんげん》しているため、引《ひ》き締《し》まった感《かん》じがします。意見文《いけんぶん》や、新聞《しんぶん》などで多《おお》く用《もち》いられます。敬体《けいたい》は、丁寧《ていねい》な言《い》い方《かた》で、優《やさ》しい感《かん》じを与《あた》えます。そのため、手紙《てがみ》や相手《あいて》に語《かた》りかける形《かたち》の文章《ぶんしょう》のときに多《おお》く用《もち》いられます。

文章《ぶんしょう》を書《か》くときには、常体《じょうたい》と敬体《けいたい》をまぜて使《つか》わないようにすることが大切《たいせつ》です。

なお、常体《じょうたい》や敬体《けいたい》を「文体《ぶんたい》」といいます。

合意形成《ごういけいせい》

中学校以上《ちゅうがっこういじょう》

「合意形成《ごういけいせい》」とは、話《はな》し合《あ》いなどを通《とお》して、一《ひと》つの結論《けつろん》を導《みちび》き出《だ》していくことです。

ふつう、ある課題《かだい》について話《はな》し合《あ》っていく場合《ばあい》には、様々《さまざま》な立場《たちば》や考《かんが》え方《かた》の人《ひと》が集《あつ》まり、様々《さまざま》な意見《いけん》が出《だ》されます。それらの意見《いけん》を交換《こうかん》し、調整《ちょうせい》を図《はか》り、互《たが》いにある程度《ていど》納《なっ》得《とく》のいく合意《ごうい》を図《はか》っていく一連《いちれん》の過程《かてい》が、合《ごう》意形成《いけいせい》に向《む》けた話《はな》し合《あ》いになります。

合意形成《ごういけいせい》に向《む》けた話《はな》し合《あ》いでは、お互《たが》いの立場《たちば》や考《かんが》え方《かた》を尊重《そんちょう》しつつ、どの程度《ていど》の結《けつ》論《ろん》を協力《きょうりょく》し合《あ》って出《だ》さなければならないのかというゴールを、共有《きょうゆう》することが大切《たいせつ》です。一般的《いっぱんてき》には、課題《かだい》や目的《もくてき》、条件《じょうけん》などを共有《きょうゆう》しながら、選択肢《せんたくし》を考《かんが》え、判断《はんだん》の材《ざい》料《りょう》や基準《きじゅん》を定《さだ》め、優先順位《ゆうせんじゅんい》を検討《けんとう》しながら話《はな》し合《あ》いを進《すす》めていきます。誰《だれ》のどの意見《いけん》にもくみしない司会者《しかいしゃ》（ファシリテーター）をたて、話《はな》し合《あ》いを整理《せいり》、進行《しんこう》していくのも効果的《こうかてき》です。

書《か》く

題材《だいざい》

中学年以上《ちゅうがくねんいじょう》

文章《ぶんしょう》を書《か》くときに、主題《しゅだい》となる材料《ざいりょう》のことを「題材《だいざい》」といいます。つまり、何《なに》について書《か》こうかと決《き》めるときに、もとになる材《ざい》料《りょう》のことです。

文章《ぶんしょう》を書《か》くときには、①話題選定《わだいせんてい》→②取《しゅ》材《ざい》→③構成《こうせい》→④記述《きじゅつ》→⑤推敲《すいこう》・清書《せいしょ》のような順番《じゅんばん》で書《か》きます。題材《だいざい》を決《き》める段階《だんかい》は、①の話題選定《わだいせんてい》の段階《だんかい》です。

題材《だいざい》の種類《しゅるい》としては、文章《ぶんしょう》の種類《しゅるい》によって異《こと》なりますが、例《たと》えば、日頃《ひごろ》、感《かん》じ考《かんが》えていることや、何《なに》かを体験《たいけん》したときのこと、本《ほん》や新聞《しんぶん》などから興味《きょうみ》をもったことなど多《おお》くがあります。そこで、普段《ふだん》から、題材集《だいざいあつ》めをしておけば、文章《ぶんしょう》を書《か》くときに役立《やくだ》ちます。メモなどを活用《かつよう》して、たくさんの題材《だいざい》を集《あつ》めておきましょう。

書《か》き出《だ》し

中学年以上《ちゅうがくねんいじょう》

文章《ぶんしょう》のはじめの部分《ぶぶん》を「書《か》き出《だ》し」といいます。

書《か》き出《だ》しは、読《よ》み手《て》の興味《きょうみ》を引《ひ》きつけたり、これから書《か》き手《て》がどのようなことを伝《つた》えるのかを示《しめ》したりする大切《たいせつ》な役割《やくわり》をもっています。

読《よ》み手《て》に「おもしろそう」「その先《さき》が知《し》りたい」「どうしてそう考《かんが》えたのだろう」などという気持《きも》ちをもたせるためには、書《か》き出《だ》しを工夫《くふう》することが必要《ひつよう》になってきます。例《たと》えば、「僕《ぼく》は、きのう、友達《ともだち》と遊《あそ》びました。」と書《か》くよりも「友達《ともだち》っていいなと、きのう僕《ぼく》は思《おも》いました。」と、感《かん》じたことや考《かんが》えたことから書《か》き出《だ》すと、伝《つた》えたいことがはっきりとし、読《よ》み手《て》も、きのうどんなことがあったのだろうかと興味《きょうみ》をもちながら読《よ》んでいくことができます。これ以外《いがい》にも、会話文《かいわぶん》や動作《どうさ》から書《か》き始《はじ》めたり、音《おと》や鳴《な》き声《ごえ》、様子《ようす》を書《か》いたりするなど伝《つた》えたい内容《ないよう》に合《あ》わせて様々《さまざま》な書《か》き出《だ》しの工夫《くふう》が考《かんが》えられます。

書《か》き出《だ》しは、一《ひと》つの文《ぶん》で表《あらわ》す場合《ばあい》といく

安心《あんしん》して発言《はつげん》できる雰囲気《ふんいき》ができると、いろいろな人《ひと》が発言《はつげん》できます。発言《はつげん》をしていない人《ひと》を指名《しめい》することも大切《たいせつ》です。

③分《わ》かりやすく言《い》い直《なお》す

分《わ》かりにくい意見《いけん》や、長《なが》くてまとまりのない意見《いけん》を、「それって、～ということですか？」と、簡単《かんたん》な言葉《ことば》で言《い》い直《なお》します。意見《いけん》の理由《りゆう》や例《れい》をたずねることも大切《たいせつ》です。

④それまでの意見《いけん》を整理《せいり》する

似《に》ている意見《いけん》を一《ひと》つにまとめたり、様々《さまざま》な意見《いけん》の同《おな》じ点《てん》と違《ちが》う点《てん》を考《かんが》えたりして、何《なに》を話《はな》し合《あ》うのかをはっきりさせます。

⑤次《つぎ》の内容《ないよう》に進《すす》ませる

一《ひと》つのことについて十分《じゅうぶん》に話《はな》し合《あ》えたら、次《つぎ》の内容《ないよう》に進《すす》ませます。「何《なん》のために」話《はな》し合《あ》っているかを考《かんが》え直《なお》すことが大切《たいせつ》です。

⑥決《き》まったことやはっきりしたことの確認《かくにん》

最後《さいご》に、決《き》まったことやはっきりしたことを言《い》い、みんなで確認《かくにん》します。

議題《ぎだい》

高学年《こうがくねん》以上《いじょう》

「議題《ぎだい》」とは、会議《かいぎ》などで取《と》り上《あ》げるテーマや話題《わだい》のことです。

学級会《がっきゅうかい》や委員会《いいんかい》などのように、たくさんの人数《にんずう》で相談《そうだん》したり決《き》めたりするような話《はな》し合《あ》いの場合《ばあい》は、あらかじめ議題《ぎだい》を決《き》めておき、どんなことを話《はな》し合《あ》うのかをはっきりさせておくことが必要《ひつよう》です。

また、会議《かいぎ》の最初《さいしょ》には、司会《しかい》の人《ひと》たちが、「今日《きょう》の放送委員会《ほうそういいんかい》の議題《ぎだい》は、～です」というように、議題《ぎだい》を確《たし》かめることも大切《たいせつ》です。そうすることで、会議《かいぎ》の目的《もくてき》を全員《ぜんいん》で理解《りかい》することができ、決《き》められた時間《じかん》の中《なか》でスムーズに話《はな》し合《あ》いを進《すす》めることができます。

提案《ていあん》

高学年《こうがくねん》以上《いじょう》

「提案《ていあん》」とは、話《はな》し合《あ》いや会議《かいぎ》の場《ば》で、何《なに》かの考《かんが》えやアイデアを出《だ》すことです。

学級会《がっきゅうかい》や委員会《いいんかい》など、たくさんの人数《にんずう》で決《き》まった時間《じかん》の中《なか》で話《はな》し合《あ》う場合《ばあい》には、何《なに》について話《はな》し合《あ》うのかという議題《ぎだい》を決《き》めてから、会議《かいぎ》を行《おこな》います。その議題《ぎだい》に関《かん》して、具体的《ぐたいてき》なアイデアを出《だ》すことが提案《ていあん》です。

例《たと》えば、放送委員会《ほうそういいんかい》の会議《かいぎ》で「放送室《ほうそうしつ》のそうじ当番《とうばん》を決《き》める」という議題《ぎだい》で話《はな》し合《あ》うときには、議題《ぎだい》を確《たし》かめた後《あと》、「当番《とうばん》ですが、月曜日《げつようび》を五年生《ごねんせい》、火曜日《かようび》を六年生《ろくねんせい》というように交代《こうたい》でしたらどうですか」と、議題《ぎだい》を受《う》けて具体的《ぐたいてき》なアイデアを提案《ていあん》します。提案《ていあん》があることで、話《はな》し合《あ》いをスムーズに進《すす》めることができます。

調子《ちょうし》

中学年以上《ちゅうがくねんいじょう》

声《こえ》の大小《だいしょう》、強弱《きょうじゃく》、高低《こうてい》、上《あ》げ下《さ》げ、速《はや》さや、言葉《ことば》のリズムのことを「調子《ちょうし》」といいます。

詩《し》や文章《ぶんしょう》を音読《おんどく》するときには、声《こえ》の調子《ちょうし》に気《き》を付《つ》けて読《よ》みます。声《こえ》の大小《だいしょう》・強弱《きょうじゃく》などだけでなく、リズムよく音読《おんどく》することも、音読《おんどく》を楽《たの》しむことにつながります。声《こえ》の調子《ちょうし》を整《ととの》えることで、気持《きも》ちや様子《ようす》を表現《ひょうげん》することもできます。

話《はな》すときには、相手《あいて》や場面《ばめん》によって、言葉《ことば》や声《こえ》の調子《ちょうし》を整《ととの》えて話《はな》す必要《ひつよう》があります。話《はな》し手《て》は、聞《き》き手《て》の人数《にんずう》によって、声《こえ》の大《おお》きさを考《かんが》えて話《はな》します。大勢《おおぜい》に伝《つた》えるときには、全員《ぜんいん》に届《とど》く大《おお》きさで話《はな》し、少人数《しょうにんずう》に伝《つた》えるときには、少人数《しょうにんずう》に届《とど》く程度《ていど》の声《こえ》の大《おお》きさにします。

また話《はな》す内容《ないよう》によっては、声《こえ》の上《あ》げ下《さ》げに注意《ちゅうい》して言葉《ことば》に調子《ちょうし》をつけたり、伝《つた》えたい言葉《ことば》などを強調《きょうちょう》したりして抑揚《よくよう》をつけ、話《はなし》の内容《ないよう》が相手《あいて》に伝《つた》わるようにします。

話《はな》すときに取《と》る間《ま》は、話《はな》し手《て》が発声《はっせい》するための息継《いきつ》ぎだけでなく、自分《じぶん》の伝《つた》えたいことを聞《き》き手《て》に理解《りかい》してもらうために意識《いしき》して取《と》るものです。話《はな》し手《て》は、聞《き》き手《て》を見《み》ながら間《ま》を取《と》るなどして、話《はな》す速《はや》さを調整《ちょうせい》します。

話《はな》している言葉《ことば》は同《おな》じでも、視線《しせん》や声《こえ》の調子《ちょうし》、間《ま》の取《と》り方《かた》などによって、聞《き》き手《て》の受《う》け止《と》め方《かた》は違《ちが》ってきます。そんなつもりはなくても相手《あいて》を傷《きず》つけることもあれば、喜《よろこ》ばせることもあります。声《こえ》の調子《ちょうし》を整《ととの》えて話《はな》すことは、話《はな》し手《て》も聞《き》き手《て》も互《たが》いに気持《きも》ちよく話《はな》したり聞《き》いたりすることにつながります。

質問《しつもん》

中学年以上《ちゅうがくねんいじょう》

「質問《しつもん》」とは、分《わ》からないことや確《たし》かめたいことについてたずねることです。

質問《しつもん》するときには、次《つぎ》のようなことを考《かんが》えて質問《しつもん》します。

①相手《あいて》の話《はなし》の中心《ちゅうしん》が何《なに》かを考《かんが》えて、それに関係《かんけい》のある質問《しつもん》をする

②自分《じぶん》の考《かんが》えや経験《けいけん》したことと比《くら》べながら聞《き》き、質問《しつもん》することを考《かんが》えておく

③高学年《こうがくねん》では、相手《あいて》が何《なに》を伝《つた》えようとしているのかを考《かんが》えたり、根拠《こんきょ》となる事実《じじつ》と相手《あいて》の意見《いけん》との関係《かんけい》について考《かんが》えたりしながら聞《き》き、質問《しつもん》することを考《かんが》える

話《はな》すときには、どのような質問《しつもん》をされるのかを考《かんが》えながら自分《じぶん》の発表《はっぴょう》を考《かんが》え、質問《しつもん》に答《こた》えられるようにしておくことも大切《たいせつ》です。

司会《しかい》

中学年以上《ちゅうがくねんいじょう》

話《はな》し合《あ》うときに、発言《はつげん》する人《ひと》を指名《しめい》したり、話《はな》し合《あ》いが目的《もくてき》にそって進《すす》むように調整《ちょうせい》したりすることを「司会《しかい》」といいます。司《し》会《かい》をする人《ひと》のことは、「司会者《しかいしゃ》」といいます。

司会者《しかいしゃ》は、進行表《しんこうひょう》を準備《じゅんび》し、それにそって話《はな》し合《あ》いを進行《しんこう》させるとうまくいきます。

司会者《しかいしゃ》の役割《やくわり》は次《つぎ》のようなものです。

①何《なん》の話《はな》し合《あ》いかをはっきりさせる

「何《なん》のために」、「何《なに》について」、「どのような方法《ほうほう》で」、「どのくらいの時間《じかん》をかけて」話《はな》し合《あ》うのかを、はっきりさせます。

②みんなが話《はな》し合《あ》いに参加《さんか》できるようにする

うなずいたり相《あい》づちを打《う》ったりして、一人《ひとり》の発言《はつげん》を大切《たいせつ》に聞《き》くようによびかけます。

身《み》ぶり

全学年《ぜんがくねん》

「身《み》ぶり」とは、体《からだ》を動《うご》かして気《き》持《も》ちや考《かんが》えなどを表現《ひょうげん》することです。人《ひと》に話《はなし》をするときに思《おも》わず体《からだ》が動《うご》いてしまうことがありますが、それも身《み》ぶりとよばれます。

身《み》ぶりには、自分《じぶん》が相手《あいて》に伝《つた》えたいことをわかりやすくするはたらきがあります。

例《たと》えば、大勢《おおぜい》の人《ひと》の前《まえ》で話《はな》すときに、身《み》ぶりを使《つか》うことがあります。特《とく》にスピーチなど、まとまった話《はなし》を大勢《おおぜい》の人《ひと》の前《まえ》でするときは、身《み》ぶりをよく使《つか》います。身《み》ぶりがないと、聞《き》いている人《ひと》には、ずっと同《おな》じ調子《ちょうし》で話《はな》しているように見《み》えるからです。大切《たいせつ》なところで身《み》ぶりを意識《いしき》して入《い》れると聞《き》き手《て》を引《ひ》きつけることができます。

また、聞《き》き手《て》にも身《み》ぶりがあります。うなずいたり、相《あい》づちを打《う》ったりすることは話《はな》し手《て》に、自分《じぶん》の考《かんが》えを伝《つた》える身《み》ぶりになります。

身《み》ぶりは、便利《べんり》なものですが、改《あらた》まった場《ば》では、ひかえめにします。身《み》ぶりは使《つか》いすぎると相手《あいて》に失礼《しつれい》になる場合《ばあい》があるのです。場《ば》に応《おう》じた身《み》ぶりを考《かんが》えることが大切《たいせつ》です。

言葉《ことば》づかい

中学年以上《ちゅうがくねんいじょう》

「言葉《ことば》づかい」とは、話《はな》すときや書《か》くときの言葉《ことば》の使《つか》い方《かた》や選《えら》び方《かた》のことです。

言葉《ことば》づかいは話《はな》す相手《あいて》や場面《ばめん》によって変《か》える必要《ひつよう》があります。例《たと》えば、友達《ともだち》と話《はな》すときと先生《せんせい》と話《はな》すときや、二人《ふたり》で話《はな》すときと大勢《おおぜい》の前《まえ》で話《はな》すときでは、それぞれ言葉《ことば》づかいが変《か》わります。声《こえ》の調子《ちょうし》や話《はな》すときの表情《ひょうじょう》・身《み》ぶり、使《つか》う言葉《ことば》などによっても変《か》わります。また、書《か》くときには、文末《ぶんまつ》を「です・ます」にするか「だ・である」にするかなどで、読《よ》んだときの印象《いんしょう》が変《か》わります。常体《じょうたい》と敬体《けいたい》のどちらの言葉《ことば》づかいで書《か》くか、相手《あいて》や目的《もくてき》に応《おう》じて使《つか》い分《わ》けることが大切《たいせつ》です。

敬語《けいご》を使《つか》うことも、言葉《ことば》づかいの工夫《くふう》の一《ひと》つです。

間《ま》

中学年以上《ちゅうがくねんいじょう》

話《はな》し手《て》が話《はなし》の途中《とちゅう》で入《い》れる、話《はな》していない時間《じかん》のことを「間《ま》」といいます。

間《ま》は、話《はな》し手《て》が息《いき》つぎをするときにできるものですが、それ以外《いがい》に、句読点《くとうてん》や段落《だんらく》の間《ま》や、聞《き》き手《て》が聞《き》き耳《みみ》を立《た》てるまで待《ま》つ間《ま》、聞《き》き手《て》に話《はなし》の大切《たいせつ》な部分《ぶぶん》に気《き》付《づ》いてもらうために大切《たいせつ》な言葉《ことば》の前《まえ》でとる間《ま》などがあります。このような間《ま》を使《つか》うことで、聞《き》き手《て》を引《ひ》きつけることができます。

聞《き》き手《て》にとって、話《はな》し手《て》のつくる間《ま》は、話《はな》し手《て》が伝《つた》えたい中心《ちゅうしん》を感《かん》じ取《と》ったり、話《はなし》の意図《いと》を理解《りかい》したりする助《たす》けになります。また、話《はな》し手《て》の考《かんが》え方《かた》を理解《りかい》する時間《じかん》にもなります。そして、話《はなし》を楽《たの》しく聞《き》くことができます。

落語《らくご》

中学年以上《ちゅうがくねんいじょう》

「落語《らくご》」は、日本《にほん》の伝統芸能《でんとうげいのう》の一《ひと》つで、江《え》戸《ど》時代《じだい》に始《はじ》まったといわれています。落語家《らくごか》は、高座《こうざ》とよばれる舞台《ぶたい》に一人《ひとり》で上《あ》がり、おもしろい話《はなし》を中心《ちゅうしん》に様々《さまざま》な話《はなし》を語《かた》って聞《き》かせます。「寿限無《じゅげむ》」や「時《とき》そば」、「まんじゅうこわい」などは、有名《ゆうめい》な演目《えんもく》です。

落語《らくご》は、特別《とくべつ》な道具《どうぐ》や音楽《おんがく》を使《つか》わない話芸《わげい》です。高座《こうざ》に上《あ》がるときには、「出囃子《でばやし》」というたいこや三味線《しゃみせん》による陽気《ようき》な音楽《おんがく》が使《つか》われますが、あとは、身《み》ぶりをまじえた語《かた》りだけで、何人《なんにん》かの人物《じんぶつ》を演《えん》じ話《はなし》を進《すす》めます。小道具《こどうぐ》も扇子《せんす》や手《て》ぬぐい程度《ていど》で、これらのものをうまく使《つか》いながら、そばを食《た》べるところや字《じ》を書《か》くところなどをいきいきと演《えん》じます。

怪談話《かいだんばなし》などもありますが、ふつう落語《らくご》では、「落《お》ち」のあるおもしろい話《はなし》が語《かた》られます。

能《のう》・狂言《きょうげん》

高学年以上《こうがくねんいじょう》

「能《のう》」や「狂言《きょうげん》」は、舞台《ぶたい》で演《えん》じられる演《えん》劇《げき》の一《ひと》つで、昔《むかし》から日本人《にほんじん》に親《した》しまれてきました。こうした芸能《げいのう》を伝統芸能《でんとうげいのう》とよび、歌《か》舞伎《ぶき》や人形《にんぎょう》浄瑠璃《じょうるり》などもその仲間《なかま》です。

能《のう》と狂言《きょうげん》は、室町時代《むろまちじだい》に始《はじ》まったといわれています。

能《のう》は、能面《のうめん》とよばれるいろいろなお面《めん》をつけて、音楽《おんがく》に合《あ》わせて舞《ま》いながら、貴族《きぞく》や歴《れき》史上《しじょう》の人物《じんぶつ》の役《やく》を演《えん》じます。「謡《うたい》」とよばれる声楽《せいがく》や、「囃子《はやし》」とよばれる笛《ふえ》や大小《だいしょう》の鼓《つづみ》、たいこによる演奏《えんそう》が、役者《やくしゃ》の舞《まい》と相《あい》まって幽玄《ゆうげん》な舞台《ぶたい》を演出《えんしゅつ》します。

一方《いっぽう》、狂言《きょうげん》は、笑《わら》いのある舞台《ぶたい》です。役《やく》者《しゃ》は面《めん》はつけず、衣装《いしょう》も簡単《かんたん》で、おもしろみのあるせりふやしぐさをくり出《だ》します。登《とう》場人物《じょうじんぶつ》も、能《のう》と違《ちが》って、大名《だいみょう》に仕《つか》える家来《けらい》のようなふつうの人《ひと》です。

話《はな》す・聞《き》く

話題《わだい》

中学年以上《ちゅうがくねんいじょう》

「話題《わだい》」とは、「何《なに》についての話《はなし》をする」の「何《なに》について」のことで、話《はなし》の中心《ちゅうしん》になることがらや材料《ざいりょう》のことをいいます。話《はなし》の中心《ちゅうしん》になる題材《だいざい》といったり、話《はなし》の主題《しゅだい》といったりします。

話《はなし》をするとき、話題《わだい》を決《き》めますが、低学《ていがく》年《ねん》では「身近《みぢか》なことや経験《けいけん》したこと」から決《き》めるとよいでしょう。中学年《ちゅうがくねん》や高学年《こうがくねん》では、「関心《かんしん》のあることや考《かんが》えたこと、伝《つた》えたいこと」などから話題《わだい》を決《き》めて、必要《ひつよう》な情《じょう》報《ほう》を調《しら》べて話《はなし》をします。

話《はなし》をするときなどに取《と》り上《あ》げられる話題《わだい》は、とても幅広《はばひろ》く「料理《りょうり》」などの具体的《ぐたいてき》なことから「考《かんが》え」などの形《かたち》のないものも話《わ》題《だい》になります。

古文《こぶん》

高学年以上《こうがくねんいじょう》

江戸時代以前《えどじだいいぜん》の古《ふる》い言葉《ことば》（文語体《ぶんごたい》）で書《か》かれた文章《ぶんしょう》のことを「古文《こぶん》」といいます。古《こ》文《ぶん》の中《なか》には、現在《げんざい》は使《つか》われなくなっている文《も》字《じ》や言葉《ことば》もあります。また、古文《こぶん》で書《か》かれた物語《ものがたり》などの作品《さくひん》で、今日《こんにち》まで親《した》しまれてきたものを「古典《こてん》」といいます。

昔《むかし》の文章《ぶんしょう》ではありますが、現代《げんだい》でもよく知《し》られているものがたくさんあります。

例《たと》えば、「かぐや姫《ひめ》」の話《はなし》はよく知《し》られています。これは、『竹取物語《たけとりものがたり》』という、今《いま》から千年以上《せんねんいじょう》も前《まえ》に書《か》かれた物語《ものがたり》がもとになって、現在《げんざい》まで伝《つた》えられた物語《ものがたり》なのです。誰《だれ》が書《か》いたのかは分《わ》かっていません。

また、平安時代《へいあんじだい》に清少納言《せいしょうなごん》という女性《じょせい》が書《か》いた『枕草子《まくらのそうし》』という随筆《ずいひつ》があります。その始《はじ》まりは、「春《はる》はあけぼの。やうやう白《しろ》くなりゆく山《やま》ぎは少《すこ》し明《あか》りて、紫《むらさき》だちたる雲《くも》の細《ほそ》くたなびきたる」とあります。これは、「春《はる》は明《あ》け方《がた》がいちばんいい。だんだん山《やま》と空《そら》のさかいめが白《しろ》っぽくなってきて少《すこ》し明《あか》るくなり、紫《むらさき》がかった雲《くも》が細《ほそ》くたなびいている様子《ようす》がいい。」という意味《いみ》です。作者《さくしゃ》は自分《じぶん》が気《き》に入《い》った春《はる》を「夜明《よあ》け」に決《き》めて、どういう様子《ようす》がいいのかを具体的《ぐたいてき》に表《あらわ》しています。

これらを読《よ》むと、昔《むかし》の人《ひと》がどのようなことを感《かん》じたり考《かんが》えたりしていたのかが分《わ》かります。現在《げんざい》のわたしたちと比《くら》べると、違《ちが》うことだけではなく、同《おな》じことを感《かん》じていることにも気付《きづ》きます。古文《こぶん》はリズミカルなので、繰《く》り返《かえ》し声《こえ》に出《だ》して読《よ》み、言葉《ことば》の響《ひび》きも楽《たの》しみましょう。

漢文《かんぶん》・漢詩《かんし》

高学年以上《こうがくねんいじょう》

中国《ちゅうごく》の古《ふる》い書物《しょもつ》に書《か》かれている文章《ぶんしょう》や詩《し》のことを、「漢文《かんぶん》」「漢詩《かんし》」といい、すべて漢《かん》字《じ》だけで書《か》かれています。また、中国《ちゅうごく》のものばかりではなく、それを日本人《にほんじん》がまねてつくった文章《ぶんしょう》や詩《し》も含《ふく》めていいます。

長《なが》い年月《ねんげつ》をへて、今日《こんにち》まで親《した》しまれてきた中国《ちゅうごく》の古《ふる》い書物《しょもつ》にある言葉《ことば》や文章《ぶんしょう》は、日本《にほん》人《じん》の生活《せいかつ》によくなじんでいます。

例《たと》えば、「少年老《しょうねんお》いやすく学成《がくな》りがたし。一寸《いっすん》の光陰軽《こういんかろ》んずべからず。」という一節《いっせつ》があります。学校行事《がっこうぎょうじ》などのあいさつや話《はなし》で聞《き》いたことがあると思《おも》いますが、これは、「月日《つきひ》の流《なが》れるのははやく、まだ若《わか》いと思《おも》っていても、すぐに年老《としお》いてしまう。学問《がくもん》の道《みち》は思《おも》うようには進《すす》まないものだから、少《すこ》しの時間《じかん》も惜《お》しんで勉強《べんきょう》しなさい。」という意味《いみ》です。時間《じかん》をむだにしないで、しっかり勉《べん》強《きょう》しなさい、とはげまされる場面《ばめん》で用《もち》いられることが多《おお》い一節《いっせつ》です。

実《じつ》は、これは漢詩《かんし》の一部《いちぶ》で、この後《あと》にはまだもう少《すこ》し続《つづ》きがあります。それは「未《いま》だ覚《さ》めず池塘春草《ちとうしゅんそう》の夢《ゆめ》、階前《かいぜん》の梧葉《ごよう》すでに秋《しゅう》声《せい》。」です。意味《いみ》は、「（例《たと》えば）池《いけ》のほとりの春《はる》の草《くさ》が、芽生《めば》え始《はじ》める夢《ゆめ》を見《み》ていて、まだ目《め》も覚《さ》めないうちに、もう庭《にわ》の木《き》の葉《は》は色《いろ》づいて、秋《あき》が訪《おとず》れている。それくらいに時《じ》間《かん》はどんどん過《す》ぎてしまう。」です。短《みじか》い夢《ゆめ》の中《なか》で、春《はる》から秋《あき》へとあっという間《ま》に過《す》ぎていく、というたとえも「春草《しゅんそう》」「梧葉《ごよう》（青桐《あおぎり》の葉《は》）」のように美《うつく》しいイメージで表《あらわ》されています。リズムがいいのも特色《とくしょく》です。

俳句《はいく》

中学年以上《ちゅうがくねんいじょう》

「俳句《はいく》」は、五音《ごおん》・七音《しちおん》・五音《ごおん》の十七音《じゅうしちおん》でつくられた日本独特《にほんどくとく》の短《みじか》い詩《し》です。例《たと》えば、「しずかさや岩《いわ》にしみいる蟬《せみ》の声《こえ》」（松尾《まつお》芭蕉《ばしょう》）という有名《ゆうめい》な俳句《はいく》も、

12345	1234567	12345
しずかさや	いわにしみいる	せみのこえ

と五《ご》・七《しち》・五《ご》の十七音《じゅうしちおん》でつくられています。

　わたしたちの使《つか》っている日本語《にほんご》は、この五《ご》・七《しち》・五《ご》のリズムがぴったりと合《あ》う言語《げんご》です。ですから、俳句《はいく》は声《こえ》に出《だ》して読《よ》んでみると、気持《きも》ちよく読《よ》むことができます。

　また、俳句《はいく》には、独特《どくとく》の決《き》まりがいくつかあります。一《ひと》つは、この五《ご》・七《しち》・五《ご》のリズムをできるだけ守《まも》るということです。もう一《ひと》つ大切《たいせつ》なのは、季節《きせつ》を表《あらわ》す言葉《ことば》を必《かなら》ず入《い》れるということです。この言葉《ことば》のことを「季語《きご》」といいます。俳句《はいく》は、五《ご》・七《しち》・五《ご》という短《みじか》い表現《ひょうげん》の中《なか》で、季節《きせつ》の美《うつく》しさや感《かん》じたこと、心《こころ》の動《うご》きなどを表《あらわ》さなければなりません。「これは夏《なつ》の様子《ようす》を表《あらわ》した俳句《はいく》です」ということをいわなくても、「せみ」という言葉《ことば》が使《つか》われていれば、「ああ、夏《なつ》の俳句《はいく》だな」とすぐに分《わ》かります。俳句《はいく》を読《よ》むときには、季語《きご》はどの言葉《ことば》だろうかと考《かんが》えながら、俳句《はいく》に表現《ひょうげん》された世界《せかい》を想像《そうぞう》してみましょう。

　一方《いっぽう》、「川柳《せんりゅう》」も俳句《はいく》と同《おな》じように五《ご》・七《しち》・五《ご》のリズムで表《あらわ》されますが、季語《きご》を使《つか》う必要《ひつよう》がありません。その分《ぶん》、身《み》の回《まわ》りのできごとや思《おも》ったこと・感《かん》じたことを自由《じゆう》に表現《ひょうげん》することができます。

短歌《たんか》

中学年以上《ちゅうがくねんいじょう》

「短歌《たんか》」は、日本《にほん》に古《ふる》くからある歌《うた》の形式《けいしき》の一《ひと》つです。五《ご》・七《しち》・五《ご》・七《しち》・七《しち》の三十一《さんじゅういち》音《おん》からできているもので、別名《べつめい》を「三十一文字」と書《か》いて、「みそひともじ」ともいいます。また、歌《うた》を数《かぞ》えるときには、一首《いっしゅ》、二首《にしゅ》と数《かぞ》えます。

　では、短歌《たんか》の特徴《とくちょう》を、具体的《ぐたいてき》に一首《いっしゅ》挙《あ》げて説明《せつめい》します。例《たと》えば、阿倍仲麻呂《あべのなかまろ》という人《ひと》がつくった短歌《たんか》に「あまのはら　ふりさけみれば　かすがなる　みかさのやまに　いでしつきかも」というものがあります。声《こえ》に出《だ》して繰《く》り返《かえ》し読《よ》むと、五音《ごおん》と七音《しちおん》のリズムがとても心地《ここち》よく、暗唱《あんしょう》することも簡単《かんたん》です。

　また、この三十一音《さんじゅういちおん》の中《なか》に、美《うつく》しい景色《けしき》や人《ひと》の気持《きも》ちなどが表《あらわ》されています。この歌《うた》は、「大空《おおぞら》を見渡《みわた》すと、ちょうど月《つき》が出《で》ているのが見《み》えた。ああ、あの月《つき》は故郷《こきょう》の春日《かすが》にある三笠山《みかさやま》の上《うえ》に出《で》ていた月《つき》と同《おな》じ月《つき》なのだなあ。」という意味《いみ》です。故郷《こきょう》から遠《とお》く離《はな》れた土地《とち》にいる作者《さくしゃ》が月《つき》を見《み》て、故郷《こきょう》の山《やま》から昇《のぼ》った月《つき》を思《おも》い出《だ》し、故郷《こきょう》を懐《なつ》かしく思《おも》っている、ということがよく伝《つた》わってきます。空《そら》に浮《う》かぶ美《うつく》しい月《つき》と故郷《こきょう》を懐《なつ》かしく思《おも》う作者《さくしゃ》の気持《きも》ちの両方《りょうほう》がこの歌《うた》から伝《つた》わってきます。

　このような古《ふる》くから伝《つた》わる有名《ゆうめい》な短歌《たんか》を百首集《ひゃくしゅあつ》めてつくったかるたを「百人一首《ひゃくにんいっしゅ》」といいます。三十一音《さんじゅういちおん》を二《ふた》つに分《わ》け、五《ご》・七《しち》・五《ご》を上《かみ》の句《く》、七《しち》・七《しち》を下《しも》の句《く》としてかるた遊《あそ》びが行《おこな》われてきました。読《よ》み札《ふだ》には上《かみ》の句《く》と下《しも》の句《く》の両方《りょうほう》が書《か》かれ、取《と》り札《ふだ》には下《しも》の句《く》だけが書《か》かれます。短歌《たんか》をおぼえておくと、上《かみ》の句《く》が読《よ》まれ始《はじ》めたら、すぐに取《と》り札《ふだ》を探《さが》せます。

ものです。

「首《くび》を長《なが》くする」という慣用句《かんようく》は、「今《いま》か今《いま》かと、早《はや》くからものごとが実現《じつげん》するのを待《ま》つこと」という意味《いみ》で使《つか》われます。この場合《ばあい》、本当《ほんとう》に「首《くび》」を「長《なが》くする」わけではないけれど、それほど心待《こころま》ちにしている様子《ようす》が想《そう》像《ぞう》できます。また、慣用句《かんようく》には体《からだ》の一部《いちぶ》、動物《どうぶつ》の名前《なまえ》、身《み》の回《まわ》りの道具《どうぐ》の名前《なまえ》など、多《おお》くの人々《ひとびと》にとって親《した》しみやすい題材《だいざい》からつくられているものが数多《かずおお》くあります。

（例《れい》）体《からだ》の一部《いちぶ》を使《つか》った慣用句《かんようく》

頭《あたま》をかかえる　目《め》にあまる
鼻《はな》が高《たか》い　口《くち》が軽《かる》い
腹《はら》が立《た》つ　手《て》を抜《ぬ》く
肩《かた》を落《お》とす　腕《うで》を上《あ》げる

このように、表現《ひょうげん》しようとしている意味《いみ》が連想《れんそう》しやすく、広《ひろ》く人々《ひとびと》に親《した》しまれて使用《しよう》されているのも慣用句《かんようく》の特徴《とくちょう》です。

慣用句《かんようく》は、多《おお》くの場合単独《ばあいたんどく》ではなく、他《ほか》の言葉《ことば》と一緒《いっしょ》に用《もち》いられます。「あの試合《しあい》は手《て》に汗《あせ》をにぎるような展開《てんかい》だった。」（手《て》に汗《あせ》をにぎる）、「あの人《ひと》はあげ足《あし》をとってばかりいる。」（あげ足《あし》をとる）などがその例《れい》です。

慣用句《かんようく》に関連《かんれん》する用語《ようご》として「ことわざ」があります。はっきりと区別《くべつ》できないものもありますが、慣用句《かんようく》に比《くら》べてことわざには、何《なん》らかの教訓《きょうくん》が込《こ》められているものが多《おお》くあります。また、慣用句《かんようく》が他《ほか》の言葉《ことば》と一緒《いっしょ》に用《もち》いられることが多《おお》いのに対《たい》して、ことわざは、名詞《めいし》のような形《かたち》で単独《たんどく》で用《もち》いられることが多《おお》いという特徴《とくちょう》があります。

故《こ》事《じ》成《せい》語《ご》

中学年以上《ちゅうがくねんいじょう》

主《おも》に中国《ちゅうごく》の有名《ゆうめい》な古《ふる》い話《はなし》や言《い》い伝《つた》えられてきた話《はなし》（故事《こじ》）をもとにしてつくられた言葉《ことば》を「故事成語《こじせいご》」（または「故事成句《こじせいく》」）といいます。相手《あいて》の理解《りかい》を助《たす》けるためのたとえ話《ばなし》としてや、相手《あいて》に教訓《きょうくん》を伝《つた》えるために用《もち》いられます。

「五十歩百歩《ごじっぽひゃっぽ》」という故事成語《こじせいご》を例《れい》にして考《かんが》えてみると、「五十歩《ごじっぽ》」も「百歩《ひゃっぽ》」も、それぞれ歩《ある》いた歩数《ほすう》を表《あらわ》しているだけです。しかし、そのもとになっている故事《こじ》（戦《たたか》いに負《ま》けて五十歩《ごじっぽ》逃《に》げた兵士《へいし》が、百歩《ひゃっぽ》逃《に》げた兵士《へいし》をおくびょう者《もの》だといって笑《わら》ったが、どちらも逃《に》げ出《だ》したことには変《か》わりがないという話《はなし》）を由来《ゆらい》として、「どちらも大差《たいさ》はない」という新《あたら》しい意味《いみ》が生《う》まれています。このように、由来《ゆらい》となる話《はなし》や言《い》い伝《つた》えがあることが故事成語《こじせいご》の特徴《とくちょう》です。

故事成語《こじせいご》は、日常《にちじょう》の様々《さまざま》な場面《ばめん》で用《もち》いられていて、他《ほか》にも「矛盾《むじゅん》」や「完璧《かんぺき》」など、今《いま》では他《ほか》の日本語《にほんご》と同《おな》じように使《つか》われている故事成語《こじせいご》もあります。

故事成語《こじせいご》について学習《がくしゅう》するときには、意《い》味《み》だけを取《と》り出《だ》して覚《おぼ》えるのではなくて、その故事成語《こじせいご》の由来《ゆらい》となった故事《こじ》もあわせて学《まな》び、なぜそういう意味《いみ》で使《つか》われるようになったのか、その由来《ゆらい》を理解《りかい》することが大切《たいせつ》です。

故事成語《こじせいご》に関連《かんれん》する用語《ようご》として「ことわざ」があります。故事《こじ》をもとにしてつくられた故事成語《こじせいご》に対《たい》して、「ことわざ」は生活《せいかつ》の中《なか》での体験《たいけん》やたとえからつくられているのが特徴《とくちょう》です。

共有《きょうゆう》

高学年以上《こうがくねんいじょう》

「共有《きょうゆう》する」とは、分《わ》かち合《あ》うことであり、学習《がくしゅう》場面《ばめん》では成果《せいか》を分《わ》かち合《あ》い、成果《せいか》と学習《がくしゅう》そのものを振《ふ》り返《かえ》ることです。

人《ひと》の前《まえ》で話《はな》すときには、話《はな》し手《て》は相手《あいて》の反《はん》応《のう》を踏《ふ》まえ、資料《しりょう》や機器《きき》を用《もち》い、場《ば》の状《じょう》況《きょう》に応《おう》じて言葉《ことば》を選《えら》び、自分《じぶん》の考《かんが》えが分《わ》かりやすく伝《つた》わるように表現《ひょうげん》を工夫《くふう》します。聞《き》き手《て》は話《はな》し手《て》が伝《つた》えたいことを意識《いしき》しながら聞《き》き、感想《かんそう》や考《かんが》えをもちます。話《はな》し合《あ》いでは、互《たが》いの意見《いけん》や考《かんが》えなどを関《かか》わらせながら、考《かんが》えをまとめたり広《ひろ》げたりします。

文章《ぶんしょう》を書《か》くときには文章《ぶんしょう》に対《たい》する感想《かんそう》や意見《いけん》を伝《つた》え合《あ》い、根拠《こんきょ》の明確《めいかく》さや表現《ひょうげん》の工《く》夫《ふう》とその効果《こうか》、論理《ろんり》の展開《てんかい》など互《たが》いの文章《ぶんしょう》の内容《ないよう》や表現《ひょうげん》のよいところを見《み》つけることが大切《たいせつ》です。また、文章《ぶんしょう》を読《よ》むときには、文章《ぶんしょう》を読《よ》んで形成《けいせい》した自分《じぶん》の考《かんが》えを表現《ひょうげん》し、互《たが》いの考《かんが》えを認《みと》め合《あ》ったり、比較《ひかく》して違《ちが》いに気付《きづ》いたりすることを通《とお》して、感《かん》じたことや分《わ》かったことを共有《きょうゆう》して、自分《じぶん》の考《かんが》えを広《ひろ》げたり深《ふか》めたりすることが重要《じゅうよう》です。

言《げん》語《ご》文《ぶん》化《か》

ことわざ

中学年以上《ちゅうがくねんいじょう》

日々《ひび》の生活《せいかつ》の中《なか》で役立《やくだ》つ知恵《ちえ》や心構《こころがま》えなどを、短《みじか》く分《わ》かりやすい言葉《ことば》にまとめたものを「ことわざ」といいます。ことわざには、実際《じっさい》に起《お》こったできごとをもとにつくられているものと、想像《そうぞう》やたとえ話《ばなし》や教訓《きょうくん》などからつくられているものとがあります。

ことわざはあるとき突然《とつぜん》にできあがるものではなく、少《すこ》しずつ多《おお》くの人々《ひとびと》に使《つか》われるようになっていき、次第《しだい》にある一定《いってい》の言《い》い回《まわ》しとして世《よ》の中《なか》に定着《ていちゃく》していくものです。つまり、人々《ひとびと》が長《なが》い時間《じかん》をかけて、少《すこ》しずつつくり上《あ》げてきたものだといえます。

ことわざには昔《むかし》から広《ひろ》く人々《ひとびと》に親《した》しまれてきた歴史《れきし》があります。そのため、誰《だれ》かに説《せつ》明《めい》をしたり、誰《だれ》かを説得《せっとく》したりするとき、長《なが》い言葉《ことば》で詳《くわ》しく説明《せつめい》するよりも、その場《ば》に応《おう》じたことわざを用《もち》いたほうが、より適切《てきせつ》にすばやく自分《じぶん》の意図《いと》が伝《つた》わることがあります。短《みじか》い言葉《ことば》の中《なか》にも明確《めいかく》なメッセージを込《こ》められるのがことわざの特徴《とくちょう》です。

ことわざの範囲《はんい》は非常《ひじょう》に広《ひろ》く、「急《いそ》がば回《まわ》れ」「ちりも積《つ》もれば山《やま》となる」などの生活《せいかつ》の中《なか》で役立《やくだ》つ知識《ちしき》を盛《も》り込《こ》んだものもあれば、「千里《せんり》の道《みち》も一歩《いっぽ》から」や「二兎《にと》を追《お》うものは一兎《いっと》をも得《え》ず」などの人《ひと》の生《い》き方《かた》にかかわる教訓《きょうくん》もあります。また、「月《つき》とすっぽん」や「医者《いしゃ》の不養生《ふようじょう》」のように、風刺《ふうし》やユーモアが込《こ》められたことわざも多《おお》くあります。

ことわざに関連《かんれん》する用語《ようご》として「慣用句《かんようく》」や「故事成語《こじせいご》」があります。これらは、それぞれに言葉《ことば》の成《な》り立《た》ち（由来《ゆらい》）や用法《ようほう》に特《とく》徴《ちょう》があります。

慣用句《かんようく》

中学年以上《ちゅうがくねんいじょう》

人々《ひとびと》に習慣《しゅうかん》として、長《なが》い間《あいだ》広《ひろ》く使《つか》われてきた、ある特定《とくてい》のひとまとまりの言葉《ことば》や言《い》い回《まわ》しのことを慣用句《かんようく》といいます。慣用句《かんようく》は、それぞれ別《べつ》の意味《いみ》をもつ二《ふた》つ以上《いじょう》の言葉《ことば》同《どう》士《し》が組《く》み合《あ》わさることで、本来《ほんらい》もっている意《い》味《み》とは違《ちが》う新《あたら》しい意味《いみ》をもつようになった

相違《そうい》

中学校以上《ちゅうがっこういじょう》

「相違《そうい》」とは、ことがら同士《どうし》の様子《ようす》や特徴《とくちょう》などが異《こと》なっていることです。相違《そうい》が分《わ》かるということは、一見似《いっけんに》たように見《み》えるもの同《どう》士《し》でも見方《みかた》によっては異《こと》なる部分《ぶぶん》を見《み》いだせることであり、異《こと》なるもの同士《どうし》のどこが異《こと》なっているのかを明《あき》らかにすることです。

相違《そうい》は「共通《きょうつう》」と対比《たいひ》する形《かたち》で使《つか》われることがあります。共通《きょうつう》とはことがら同士《どうし》が同《おな》じ部分《ぶぶん》をもっているということです。共《きょう》通点《つうてん》や相違点《そういてん》に着目《ちゃくもく》することで、ことがら同士《どうし》を比較《ひかく》したり分類《ぶんるい》したり関係付《かんけいづ》けたりすることができます。相違点《そういてん》に着目《ちゃくもく》し、異《こと》なる立場《たちば》の考《かんが》えを、話《はなし》を聞《き》く場面《ばめん》や文章《ぶんしょう》を読《よ》む場面《ばめん》で、取《と》り入《い》れることで、自分《じぶん》の考《かんが》えを広《ひろ》げることができます。また、話《はな》し合《あ》いの場面《ばめん》では異《こと》なる立場《たちば》の考《かんが》えとの相違点《そういてん》を整理《せいり》し折《お》り合《あ》いをつけることで、合意《ごうい》を形成《けいせい》することができます。

類似《るいじ》

中学校以上《ちゅうがっこういじょう》

「類似《るいじ》」とは、似《に》かよっていること、共通《きょうつう》点《てん》があることです。類似《るいじ》する点《てん》をもとにして、他《ほか》のことを推《お》し量《はか》ること（類推《るいすい》）ができます。似《に》ている言葉《ことば》で共通《きょうつう》という言葉《ことば》がありますが、共通《きょうつう》とは、二《ふた》つ以上《いじょう》のものどれにも当《あ》てはまり、通用《つうよう》することであり、類《るい》似《じ》の方《ほう》が共通《きょうつう》よりも同一《どういつ》である部分《ぶぶん》があいまいであるといえます。

類似《るいじ》という言葉《ことば》が使《つか》われる場面《ばめん》として、例《たと》えば、宮沢賢治《みやざわけんじ》の『雪《ゆき》わたり』には「しみ雪《ゆき》しんこ、かた雪《ゆき》かんこ」という部分《ぶぶん》がありますが、これは、「反復《はんぷく》」という表現方法《ひょうげんほうほう》であり、類似《るいじ》した表現《ひょうげん》を繰《く》り返《かえ》しているということができます。また、複数《ふくすう》の情報《じょうほう》を関係《かんけい》付《づ》けるとき、類似《るいじ》する点《てん》をもとにして他《ほか》のことを類推《るいすい》することができます。「三才《さんさい》から卓《たっ》球《きゅう》を始《はじ》めた選手《せんしゅ》が大活躍《だいかつやく》している」という情報《じょうほう》と「三才《さんさい》から将棋《しょうぎ》を始《はじ》めた棋士《きし》が大活《だいかつ》躍《やく》している」という情報《じょうほう》の類似点《るいじてん》から、英《えい》才教育《さいきょういく》は大切《たいせつ》であるだろうと類推《るいすい》することができます。

構造《こうぞう》

中学校以上《ちゅうがっこういじょう》

「構造《こうぞう》」とは、文章全体《ぶんしょうぜんたい》の構成《こうせい》や展開《てんかい》のことです。文章《ぶんしょう》は、題名《だいめい》に関《かか》わるいくつかの話題《わだい》をもとに内容《ないよう》が書《か》かれており、それらの内容《ないよう》の関係《かんけい》を明《あき》らかにしたものが構造《こうぞう》です。

話《はなし》を聞《き》くときには論理《ろんり》の展開《てんかい》などに注意《ちゅうい》して、話《はなし》の展開《てんかい》を予測《よそく》しながら聞《き》くことで、話《はなし》の構造《こうぞう》を理解《りかい》することができます。

説明的文章《せつめいてきぶんしょう》の読《よ》みでは、文章《ぶんしょう》の中心的《ちゅうしんてき》な部分《ぶぶん》と付加的《ふかてき》な部分《ぶぶん》、事実《じじつ》と意見《いけん》との関係《かんけい》、主張《しゅちょう》と例示《れいじ》との関係《かんけい》、論理《ろんり》の展開《てんかい》の仕方《しかた》、文章全体《ぶんしょうぜんたい》の構成《こうせい》などを捉《とら》えることで、文章《ぶんしょう》の構造《こうぞう》を理解《りかい》します。文学的文章《ぶんがくてきぶんしょう》の読《よ》みでは、場面《ばめん》の展開《てんかい》や登場人物《とうじょうじんぶつ》の相互関係《そうごかんけい》、心《しん》情《じょう》の変化《へんか》、言動《げんどう》の意味《いみ》、設定《せってい》の仕方《しかた》、物語《ものがたり》の展開《てんかい》の仕方《しかた》などを捉《とら》えることで、文章《ぶんしょう》の構造《こうぞう》を理解《りかい》します。単純《たんじゅん》に物語《ものがたり》の筋《すじ》を捉《とら》えるのではなく、どのようないきさつがあり、それとの関係《かんけい》でどのような事態《じたい》になったのか、そのような結末《けつまつ》になったのはなぜかというような文章《ぶんしょう》の展開《てんかい》のもととなったものを明《あき》らかにすることが重要《じゅうよう》です。

比較《ひかく》

中学校以上《ちゅうがっこういじょう》

「比較《ひかく》」とは、複数《ふくすう》の文章《ぶんしょう》や情報《じょうほう》、材料《ざいりょう》、考《かんが》えなどを比《くら》べることです。話《はな》し手《て》の考《かんが》えと自分《じぶん》の考《かんが》えとを比較《ひかく》することで共通点《きょうつうてん》や相違点《そういてん》を整理《せいり》したり、自分《じぶん》の考《かんが》えをまとめたりすることができます。

文章《ぶんしょう》を書《か》くときには、同《おな》じような材料《ざいりょう》を比較《ひかく》して、どちらが自分《じぶん》の書《か》きたい事柄《ことがら》に合《あ》っているかを考《かんが》えることで、伝《つた》えたいことを明確《めいかく》にすることができます。また、文章《ぶんしょう》を比較《ひかく》しながら読《よ》むことで、共通点《きょうつうてん》や相違点《そういてん》が明確《めいかく》になり、それぞれの文章《ぶんしょう》をよく理解《りかい》することにつながります。

同《おな》じテーマの説明的文章《せつめいてきぶんしょう》を読《よ》む場合《ばあい》、筆者《ひっしゃ》の主張《しゅちょう》、理由《りゆう》や事例《じれい》の取《と》り上《あ》げ方《かた》、段落《だんらく》の構成《こうせい》、表現《ひょうげん》の方法《ほうほう》を比較《ひかく》して読《よ》むことで、自分《じぶん》の考《かんが》えを深《ふか》めることができます。文学的文章《ぶんがくてきぶんしょう》を読《よ》む場合《ばあい》、登場人物同士《とうじょうじんぶつどうし》の行動《こうどう》や気持《きも》ちを比較《ひかく》したり、中心《ちゅうしん》となる登場人物《とうじょうじんぶつ》と自分《じぶん》を比較《ひかく》したり、語《かた》り手《て》と自分《じぶん》を比較《ひかく》したりすることで、多面的《ためんてき》により深《ふか》く読《よ》むことができます。

分類《ぶんるい》

中学校以上《ちゅうがっこういじょう》

「分類《ぶんるい》」とは、複数《ふくすう》の文章《ぶんしょう》や情報《じょうほう》、材料《ざいりょう》、考《かんが》えなどを共通点《きょうつうてん》や類似点《るいじてん》にもとづいて分《わ》けることです。共通点《きょうつうてん》や類似点《るいじてん》は比較《ひかく》によって明確《めいかく》になります。さらに、分類《ぶんるい》された材料《ざいりょう》を関係付《かんけいづ》けることもできます。

例《たと》えば、集《あつ》めた材料《ざいりょう》を、目的《もくてき》や意図《いと》、相手《あいて》に応《おう》じて、主張《しゅちょう》の理由《りゆう》、事例《じれい》として適切《てきせつ》なものを選《えら》んだり、優先順位《ゆうせんじゅんい》を考《かんが》えて並《なら》べたりすることで、伝《つた》えたいことを明確《めいかく》にすることや書《か》き表《あらわ》し方《かた》を工夫《くふう》することができます。賛成《さんせい》の立場《たちば》から集《あつ》めた材料《ざいりょう》と反対《はんたい》の立場《たちば》から集《あつ》めた材料《ざいりょう》とに分類《ぶんるい》することで、一方《いっぽう》の立場《たちば》からの材料《ざいりょう》の不足《ふそく》に気付《きづ》き、さらに集《あつ》めることが必要《ひつよう》な情報《じょうほう》が分《わ》かってきます。

分類《ぶんるい》の方法《ほうほう》として「カードによるグルーピング」があります。あるテーマに関《かか》わる材《ざい》料《りょう》（言葉《ことば》）をたくさん集《あつ》め、カードに書《か》き出《だ》し、共通点《きょうつうてん》や類似点《るいじてん》にもとづいていくつかのグループに分類《ぶんるい》する方法《ほうほう》です。このことによりそのテーマに関《かか》わる材料《ざいりょう》（言葉《ことば》）を多面的《ためんてき》に整理《せいり》できます。

批評《ひひょう》

中学校以上《ちゅうがっこういじょう》

「批評《ひひょう》」とは、作品《さくひん》や文章《ぶんしょう》などのよい点《てん》やそうでない点《てん》などを取《と》り上《あ》げて、評価《ひょうか》したり意見《いけん》を述《の》べたりすることです。

例《たと》えば、俳句《はいく》を批評《ひひょう》する場合《ばあい》には、その作品《さくひん》に表《あらわ》れているものの見方《みかた》や考《かんが》え方《かた》について、共感《きょうかん》できるかそうでないかを考《かんが》えます。一方《いっぽう》、倒置《とうち》や反復《はんぷく》などの言葉《ことば》の並《なら》べ方《かた》や、比喩《ひゆ》や擬人法《ぎじんほう》などの表現技法《ひょうげんぎほう》についても、その効果《こうか》などを考《かんが》えます。

このように、批評《ひひょう》をするには、作品《さくひん》や文章《ぶんしょう》の内容《ないよう》についての視点《してん》と表現《ひょうげん》についての視点《してん》との、両方《りょうほう》から論《ろん》じたり評価《ひょうか》をしたりしていくことが求《もと》められます。

また、批評《ひひょう》は、詩歌《しいか》や小説《しょうせつ》だけではなく、論説《ろんせつ》や報道《ほうどう》などの説明的《せつめいてき》な文章《ぶんしょう》を読《よ》む際《さい》にも行《おこな》われます。書《か》かれている内容《ないよう》について自分《じぶん》の意見《いけん》をもって考《かんが》えるとともに、文章《ぶんしょう》の構成《こうせい》や論理《ろんり》の展開《てんかい》、表現《ひょうげん》の仕方《しかた》などについて着目《ちゃくもく》し、説得力《せっとくりょく》の度合《どあ》いや読《よ》み手《て》への訴《うった》えかけの効果《こうか》など、根拠《こんきょ》をもとに判断《はんだん》し評価《ひょうか》しながら論《ろん》じていきます。

です。また、「事例《じれい》」とは、考《かんが》えなどを説明《せつめい》するために用《もち》いる、具体的《ぐたいてき》なことがらのことです。

例《たと》えば、自分《じぶん》の意見《いけん》を相手《あいて》に伝《つた》えるときに、ただ、意見《いけん》を言《い》うだけでなく、「なぜ、そのように考《かんが》えたのかというと、○○だからです」と理由《りゆう》をつけて話《はな》したり、「例《たと》えば、○○や○○から、そのように考《かんが》えられます」と事例《じれい》を加《くわ》えて説明《せつめい》したりすることで、こちらの考《かんが》えが相手《あいて》にきちんと伝《つた》わります。このように、理由《りゆう》や事例《じれい》は、意見《いけん》や考《かんが》えを支《ささ》えるものであるといえます。

説明的《せつめいてき》な文章《ぶんしょう》を読《よ》むときには、筆者《ひっしゃ》が考《かんが》えや主張《しゅちょう》をどのような理由《りゆう》や事例《じれい》を挙《あ》げて説明《せつめい》しているのか、考《かんが》えながら読《よ》むことが大切《たいせつ》です。また、書《か》いたり話《はな》したりするときには、用《もち》いている理由《りゆう》や事例《じれい》が自分《じぶん》の考《かんが》えを支《ささ》えるものになっているかどうかや、他《ほか》に適切《てきせつ》な理由《りゆう》や事例《じれい》はないかなど、丁寧《ていねい》に考《かんが》えることが大切《たいせつ》です。

原因《げんいん》・結果《けっか》

高学年以上《こうがくねんいじょう》

「原因《げんいん》」とは、何《なに》かが起《お》こったもととなった、わけやものごとのことです。「結果《けっか》」とは、何《なに》かの物事《ものごと》が原因《げんいん》となって起《お》きた、できごとや様子《ようす》のことです。何《なに》かが起《お》きるには原《げん》因《いん》があり、逆《ぎゃく》に、あるものごとが原因《げんいん》となって何《なに》かの結果《けっか》をもたらします。

例《たと》えば、説明文《せつめいぶん》の中《なか》に、「八月《はちがつ》の平均気温《へいきんきおん》が高《たか》い年《とし》ほど、夏《なつ》の電力《でんりょく》の使用量《しようりょう》は増《ふ》えます。」とあったとします。夏《なつ》が暑《あつ》い年《とし》ほど電《でん》力《りょく》の使用量《しようりょう》が増《ふ》えるという「結果《けっか》」は書《か》いてありますが、何《なに》が「原因《げんいん》」でそうなるのかは書《か》いてありません。そこで、例《たと》えば、「気《き》温《おん》が高《たか》いほど、エアコンを使《つか》う時間《じかん》が長《なが》くなる」「エアコンをたくさん使《つか》えば、電力《でんりょく》の使《し》用量《ようりょう》も増《ふ》える」というように、「原因《げんいん》」を文《ぶん》章《しょう》から考《かんが》えることができます。

説明文《せつめいぶん》を読《よ》むときには、原因《げんいん》と結果《けっか》がどのように書《か》かれているかを、結《むす》び付《つ》けて読《よ》むことができます。また、どちらか一方《いっぽう》だけしか書《か》いていないときには、書《か》かれていないもう一方《いっぽう》を自分《じぶん》で考《かんが》えることも大切《たいせつ》です。

具体《ぐたい》・抽象《ちゅうしょう》

中学校以上《ちゅうがっこういじょう》

「具体《ぐたい》」とは、一《ひと》つ一《ひと》つのことをイメージしやすいように、はっきりと表現《ひょうげん》することです。反対《はんたい》に、「抽象《ちゅうしょう》」とは、一《ひと》つ一《ひと》つのことから共通《きょうつう》する特徴《とくちょう》などを抜《ぬ》き出《だ》したり、まとめて表現《ひょうげん》したりすることです。

例《たと》えば、文章《ぶんしょう》の中《なか》に「規則正《きそくただ》しい生活《せいかつ》をすると、健康《けんこう》によい」とあったとします。この場合《ばあい》、規則正《きそくただ》しい生活《せいかつ》とは、早寝《はやね》・早起《はやお》きをすることや決《き》まった時間《じかん》に食事《しょくじ》することなど、様々《さまざま》な行動《こうどう》が含《ふく》まれていると考《かんが》えられます。これらの一《ひと》つ一《ひと》つの行動《こうどう》が具体《ぐたい》であり、まとめて「規則正《きそくただ》しい生活《せいかつ》をする」と一《ひと》言《こと》で表現《ひょうげん》しているのが、抽象《ちゅうしょう》になります。具体《ぐたい》と抽象《ちゅうしょう》は、お互《たが》いに示《しめ》しているものやことがつながっています。

抽象的《ちゅうしょうてき》な表現《ひょうげん》に出合《であ》ったら、具体《ぐたい》にあたるものを考《かんが》え、具体例《ぐたいれい》に出合《であ》ったら、抽《ちゅう》象的《しょうてき》にまとめると何《なん》といえるのかを考《かんが》えてみましょう。自分《じぶん》が表現《ひょうげん》する際《さい》にも、具体《ぐたい》的《てき》に表《あらわ》すのか抽象的《ちゅうしょうてき》に表《あらわ》すのかを、相手《あいて》や目的《もくてき》に応《おう》じて考《かんが》えることが大切《たいせつ》です。

はじめ・中《なか》・終《お》わり

全学年《ぜんがくねん》

文章《ぶんしょう》の、はじめから終《お》わりまでの簡単《かんたん》な組《く》み立《た》てを「はじめ・中《なか》・終《お》わり」といいます。

文章《ぶんしょう》を書《か》く場合《ばあい》も読《よ》む場合《ばあい》も、はじめ・中《なか》・終《お》わりがどこからどこまでで、どんな内《ない》容《よう》か、はっきりさせることが大切《たいせつ》です。

文章《ぶんしょう》を書《か》く場合《ばあい》は、書《か》くために用意《ようい》した材料《ざいりょう》をはじめ・中《なか》・終《お》わりに分《わ》けることで、書《か》こうとしていることがらに対《たい》する自分《じぶん》の考《かんが》えがはっきりしたり、書《か》こうとする題《だい》材《ざい》に必要《ひつよう》なことがらがはっきりしたりします。例《たと》えば経験《けいけん》したことを書《か》く場合《ばあい》は、はじめ・中《なか》・終《お》わりをできごとの順序《じゅんじょ》にすることもあれば、中《なか》だけをできごとの順序《じゅんじょ》に整《せい》理《り》することもあります。

また、多《おお》くの説明文《せつめいぶん》の組《く》み立《た》てもはじめ・中《なか》・終《お》わりになっています。

序論《じょろん》・本論《ほんろん》・結論《けつろん》

高学年以上《こうがくねんいじょう》

説明文《せつめいぶん》が大《おお》きく三《みっ》つの部分《ぶぶん》で組《く》み立《た》てられている場合《ばあい》、前《まえ》から順《じゅん》に「序論《じょろん》・本論《ほんろん》・結《けつ》論《ろん》」といいます。

序論《じょろん》は、その文章《ぶんしょう》で取《と》り上《あ》げる話題《わだい》や解《かい》決《けつ》しようとするテーマについて問題《もんだい》・疑問《ぎもん》を述《の》べる部分《ぶぶん》です。本論《ほんろん》は、話題《わだい》の詳《くわ》しい内容《ないよう》や事例《じれい》を挙《あ》げながら結論《けつろん》に向《む》けて、解決《かいけつ》を進《すす》めます。結論《けつろん》は、本論《ほんろん》を受《う》けて話題《わだい》や問題《もんだい》・疑問《ぎもん》に対《たい》する解答《かいとう》や筆者《ひっしゃ》の考《かんが》えを述《の》べます。

説明文《せつめいぶん》を読《よ》む際《さい》には、序論《じょろん》・本論《ほんろん》・結論《けつろん》に分《わ》けて捉《とら》えることで、内容《ないよう》を整理《せいり》して理解《りかい》することができます。

ただし、説明文《せつめいぶん》がどんなものでも序論《じょろん》・本《ほん》論《ろん》・結論《けつろん》の順序《じゅんじょ》で構成《こうせい》されているわけではありません。結論《けつろん》が最後《さいご》にある場合《ばあい》は尾括型《びかつがた》といいます。また結論《けつろん》が最初《さいしょ》にある場合《ばあい》を頭《とう》括型《かつがた》、結論《けつろん》が最初《さいしょ》にも最後《さいご》にもある場合《ばあい》を双《そう》括型《かつがた》といいます。

頭括型《とうかつがた》や双括型《そうかつがた》は、説明的《せつめいてき》な文章《ぶんしょう》の中《なか》でも、筆者《ひっしゃ》の主張《しゅちょう》・意見《いけん》を中心《ちゅうしん》にして書《か》いている論説文《ろんせつぶん》に多《おお》い型《かた》です。結論《けつろん》（主張《しゅちょう》・意《い》見《けん》）と本論《ほんろん》（理由《りゆう》・事例《じれい》）を区別《くべつ》したうえで、これらの関係《かんけい》を理解《りかい》して読《よ》むと、筆者《ひっしゃ》の主張《しゅちょう》がはっきり分《わ》かります。

結論《けつろん》

高学年以上《こうがくねんいじょう》

「結論《けつろん》」とは、最終的《さいしゅうてき》な決定《けってい》や判断《はんだん》、意見《いけん》のまとめや主張《しゅちょう》のことです。「話《はな》し合《あ》いの結《けっ》果《か》、このような結論《けつろん》となりました」「結論《けつろん》は最後《さいご》の段落《だんらく》に書《か》いてあります」など、国語《こくご》の学習《がくしゅう》ではいろいろな場面《ばめん》で使《つか》われます。

例《たと》えば、話《はな》し合《あ》いの場合《ばあい》、議題《ぎだい》や提案《ていあん》にそって相談《そうだん》を進《すす》めますが、最後《さいご》には話《はな》し合《あ》った結《けっ》果《か》をまとめて結論《けつろん》を出《だ》す必要《ひつよう》があります。

また、意見文《いけんぶん》を書《か》く場合《ばあい》には、自分《じぶん》の意見《いけん》や主張《しゅちょう》を結論《けつろん》としてどの部分《ぶぶん》にどのように書《か》くのか、文章《ぶんしょう》の組《く》み立《た》てを考《かんが》えることが必要《ひつよう》です。文章《ぶんしょう》の構成《こうせい》には、序論《じょろん》・本論《ほんろん》・結論《けつろん》などの組《く》み立《た》て方《かた》があります。

さらに、説明文《せつめいぶん》を読《よ》むときにも、「筆者《ひっしゃ》の主張《しゅちょう》はどの段落《だんらく》に書《か》かれているか」「文章《ぶんしょう》の結論《けつろん》はどの部分《ぶぶん》にあたるのか」などのことを考《かんが》えながら読《よ》むことが大切《たいせつ》です。

理由《りゆう》・事例《じれい》

中学年以上《ちゅうがくねんいじょう》

「理由《りゆう》」とは、そのようになったわけや、なぜそのように考《かんが》えたのかを説明《せつめい》するもの

み立《た》てた文章《ぶんしょう》を目的《もくてき》などに合《あ》わせて推敲《すいこう》することが大切《たいせつ》です。

物語文《ものがたりぶん》を読《よ》むときには、「発端《ほったん》・経過《けいか》・結《けつ》末《まつ》」が基本《きほん》の構成《こうせい》となります。これに加《くわ》えて、登場人物《とうじょうじんぶつ》や場面《ばめん》の設定《せってい》が書《か》かれている部《ぶ》分《ぶん》があったり、後日談《ごじつだん》が加《くわ》えられている部分《ぶぶん》があったりする場合《ばあい》もあります。また、ファンタジーやSF作品《えすえふさくひん》の場合《ばあい》は、仮想《かそう》と現《げん》実《じつ》の切《き》り替《か》えなどに注意《ちゅうい》して読《よ》むことも必《ひつ》要《よう》です。

このように構成《こうせい》を意識《いしき》して読《よ》み進《すす》めると、場面《ばめん》の移《うつ》り変《か》わりや関係《かんけい》、登場人物《とうじょうじんぶつ》の関係《かんけい》などが捉《とら》えやすくなり、想像豊《そうぞうゆた》かに読《よ》むことができるようになります。

説明文《せつめいぶん》を読《よ》むときには、段落構成《だんらくこうせい》を意識《いしき》して読《よ》むと、「序論《じょろん》・本論《ほんろん》・結論《けつろん》」として、話《はなし》の大筋《おおすじ》がつかみやすくなります。そして、ことがらの事実《じじつ》と筆者《ひっしゃ》の意見《いけん》の区別《くべつ》、事実《じじつ》と根《こん》拠《きょ》の妥当性《だとうせい》、原因《げんいん》と結果《けっか》などの因果関係《いんがかんけい》、具《ぐ》体例《たいれい》と主張《しゅちょう》の整合性《せいごうせい》などの段落《だんらく》の役割《やくわり》と段《だん》落同士《らくどうし》の関係性《かんけいせい》を捉《とら》えることで、筆者《ひっしゃ》の考《かん》えを意識《いしき》して読《よ》むことができます。慣《な》れるまでは、文章構成図《ぶんしょうこうせいず》に関係性《かんけいせい》を表《あらわ》したり、小《こ》見出《みだ》しをつけて段落《だんらく》の役割《やくわり》を意識《いしき》したりして読《よ》み進《すす》めるとよいでしょう。

伝《つた》える側《がわ》と受《う》け取《と》る側《がわ》とに分《わ》けて構成《こうせい》を考《かん》えてきましたが、話《はな》し言葉《ことば》であっても書《か》き言葉《ことば》であっても上手《じょうず》に伝《つた》えたり受《う》け取《と》ったりするためには、構成《こうせい》の型《かた》を知《し》っておくと便利《べんり》です。

例《たと》えば、できごとの順《じゅん》を示《しめ》す型《かた》や、できごとの原因《げんいん》と結果《けっか》や理由《りゆう》の関係《かんけい》を示《しめ》す型《かた》などがあります。また、考《かん》えを伝《つた》えるためには、文章《ぶんしょう》の主張《しゅちょう》を全体《ぜんたい》のどの部分《ぶぶん》に置《お》くかによって（頭括型《とうかつがた》〈最初《さいしょ》に置《お》く〉・尾括型《びかつがた》〈終《お》わりに置《お》く〉・双括型《そうかつがた》〈両方《りょうほう》に置《お》く〉）伝《つた》わり方《かた》も変《か》わってきます。しかし、どのような場合《ばあい》も、目的《もくてき》や内容《ないよう》によって話《はなし》の構成《こうせい》に変化《へんか》が出《で》ます。そこを工夫《くふう》することで伝《つた》わりやすくなります。

展開《てんかい》

高学年以上《こうがくねんいじょう》

物語《ものがたり》には「人物《じんぶつ》」が登場《とうじょう》します。そしてその人物《じんぶつ》に関係《かんけい》する様々《さまざま》な「できごと」が起《お》こります。このできごとが次々《つぎつぎ》につながって物語《ものがたり》の筋《すじ》（ストーリー）が進《すす》んでいく様子《ようす》のことを物語《ものがたり》の「展開《てんかい》」といいます。また、物語《ものがたり》は「設定《せってい》・展開《てんかい》・山場《やまば》・結末《けつまつ》」や「起《き》・承《しょう》・転《てん》・結《けつ》」などの場面《ばめん》で構成《こうせい》されています。この場面《ばめん》が移《うつ》り変《か》わることによって物語《ものがたり》が展開《てんかい》していきます。

物語《ものがたり》の展開《てんかい》を読《よ》み取《と》るには、前後《ぜんご》の場面《ばめん》で時間《じかん》や場所《ばしょ》、人物《じんぶつ》の行動《こうどう》や気持《きも》ち、性格《せいかく》がどのように変《か》わったか、地《じ》の文《ぶん》や会話《かいわ》の文《ぶん》の表現《ひょうげん》に注意《ちゅうい》することが大切《たいせつ》です。

例《たと》えば『ごんぎつね』（新美南吉《にいみなんきち》・作《さく》）では、兵十《ひょうじゅう》の言葉《ことば》づかいの変化《へんか》から、ごんに対《たい》する気持《きも》ちの移《うつ》り変《か》わりを読《よ》み取《と》ることができます。兵十《ひょうじゅう》は、一《いち》の場面《ばめん》では「うわあ、ぬすっとぎつねめ。」といっていましたが、六《ろく》の場面《ばめん》では「ごん、おまえだったのか。いつも、くりをくれたのは。」といい方《かた》が変化《へんか》しています。はじめは「きつね」と呼《よ》んでいたものが「ごん」と名前《なまえ》でよぶことに変化《へんか》しています。さらにはじめは「め」というい方《かた》をしていたところから兵十《ひょうじゅう》の気持《きも》ちが分《わ》かります。

中心《ちゅうしん》

中学年以上《ちゅうがくねんいじょう》

文《ぶん》や文章《ぶんしょう》の中《なか》で、書《か》き手《て》の最《もっと》も伝《つた》えたいことがまとめられているところが「中心《ちゅうしん》」です。

文《ぶん》や文章《ぶんしょう》を読《よ》むときには、中心《ちゅうしん》はどんなことか、考《かんが》えながら読《よ》むと、長《なが》い文章《ぶんしょう》でも分《わ》かりやすくなり、他《ほか》の人《ひと》に説明《せつめい》することも上手《じょうず》にできるようになります。

読《よ》むときに中心《ちゅうしん》を捉《とら》えるには、次《つぎ》のようなことが大切です。

①大事《だいじ》だと思《おも》う言葉《ことば》に線《せん》を引《ひ》いたり、その言《こと》葉《ば》と同《おな》じことを言《い》い表《あらわ》している他《ほか》の言葉《ことば》を見《み》つけたりする

②段落《だんらく》ごとに題名《だいめい》をつけたり、段落《だんらく》と段落《だんらく》の関係《かんけい》を図《ず》にかいたりしてみる

③中心《ちゅうしん》の段落《だんらく》を見《み》つけ、題名《だいめい》の意味《いみ》と書《か》いてあることとを結《むす》び付《つ》ける

④書《か》き手《て》の伝《つた》えたいことの中心《ちゅうしん》を簡単《かんたん》な文《ぶん》に書《か》き表《あらわ》してみる

文章《ぶんしょう》を書《か》くときにも、中心《ちゅうしん》に気《き》を付《つ》けてみましょう。文章《ぶんしょう》が長《なが》くなるとだんだん書《か》きたいことが分《わ》からなくなってくることはありませんか。書《か》くときにも、まず、④のように自分《じぶん》の言《い》いたいことや伝《つた》えたいことの中《ちゅう》心《しん》をはっきりさせましょう。その後《あと》に、どんな題名《だいめい》がふさわしいか、そのことが伝《つた》わりやすくなるために、どんなできごとや事実《じじつ》を取《と》り上《あ》げて書《か》いたらよいか、どんな順序《じゅんじょ》で書《か》いたらよいか、計画《けいかく》を立《た》てて書《か》くようにしましょう。

物語《ものがたり》を読《よ》むときには、「中心人物《ちゅうしんじんぶつ》」は誰《だれ》か、大《おお》きな変化《へんか》が起《お》こるところはどこかなどに気《き》を付《つ》けて読《よ》むと、中心《ちゅうしん》が分《わ》かりやすくなります。

構成《こうせい》

高学年以上《こうがくねんいじょう》

「構成《こうせい》」とは、話《はなし》や文章《ぶんしょう》の内容《ないよう》や意図《いと》を聞《き》き手《て》や読《よ》み手《て》に分《わ》かりやすく伝《つた》えるために、話《はなし》や文章全体《ぶんしょうぜんたい》における文《ぶん》や段落《だんらく》や段落《だんらく》のまとまりの役割《やくわり》を考《かんが》え、組《く》み立《た》てることです。また、その組《く》み立《た》て方《かた》のことをいいます。

話《はな》すときには、目的《もくてき》（説明《せつめい》・報告《ほうこく》・勧誘《かんゆう》・解説《かいせつ》・説得《せっとく》など）、相手《あいて》、場面《ばめん》（スピーチ・討論会《とうろんかい》・パネルディスカッション・対話《たいわ》など）、内容《ないよう》を考《かんが》えます。そして、より聞《き》き手《て》に伝《つた》わりやすいように、話《はなし》の内容《ないよう》として具《ぐ》体的《たいてき》な材料《ざいりょう》と話《はな》し手《て》の主張《しゅちょう》をまとめ、その小《ちい》さなまとまりごとに役割《やくわり》を考《かんが》えたうえで、話《はなし》を組《く》み立《た》てます。話《はな》し言葉《ことば》は消《き》えてなくなりますから、大切《たいせつ》な部分《ぶぶん》は繰《く》り返《かえ》して話《はな》すなどの工夫《くふう》が必要《ひつよう》です。実際《じっさい》には、話《はなし》の構成《こうせい》メモといって話《はなし》の小《ちい》さなまとまりごとに順序《じゅんじょ》だけ記《しる》しておき、あとは相手《あいて》の様《よう》子《す》を見《み》ながら話《はなし》を進《すす》めていく方法《ほうほう》がよいでしょう。一方《いっぽう》、聞《き》く側《がわ》も構成《こうせい》を意識《いしき》して聞《き》き、大切《たいせつ》な部分《ぶぶん》はメモをとる、または、分《わ》からない部分《ぶぶん》は質問《しつもん》するなど、積極的《せっきょくてき》な聞《き》き手《て》としての態度《たいど》が必要《ひつよう》です。

書《か》くときにも同様《どうよう》に、目的《もくてき》、相手《あいて》、内容《ないよう》、文種《ぶんしゅ》（手紙文《てがみぶん》・創作文《そうさくぶん》・説明文《せつめいぶん》・随筆《ずいひつ》・推薦《すいせん》文《ぶん》・新聞記事《しんぶんきじ》など）を考《かんが》えます。読《よ》み手《て》に伝《つた》わりやすいように、文章《ぶんしょう》の内容《ないよう》として具《ぐ》体的《たいてき》な材料《ざいりょう》と書《か》き手《て》の主張《しゅちょう》やテーマ、思《おも》いなどをまとめ、段落《だんらく》ごとに役割《やくわり》を考《かんが》えたうえで「はじめ・中《なか》・終《お》わり」のだいたい大《おお》きく三《みっ》つに分《わ》けて文章《ぶんしょう》を組《く》み立《た》てます。書《か》き言葉《ことば》は後《あと》から見直《みなお》すことができますので、組《く》

情報《じょうほう》

順序《じゅんじょ》

全学年《ぜんがくねん》

ものやことがらの並《なら》び方《かた》を表《あらわ》す言葉《ことば》を「順序《じゅんじょ》」といいます。例《たと》えば、季節《きせつ》の順序《じゅんじょ》は、春《はる》・夏《なつ》・秋《あき》・冬《ふゆ》です。

順序《じゅんじょ》には、時間《じかん》の順序《じゅんじょ》とことがらの順《じゅん》序《じょ》があります。

○「話《はな》す」とき

「話《はな》すこと」の順序《じゅんじょ》は、話《はな》すことがらの並《なら》び方《かた》です。時間《じかん》の順序《じゅんじょ》やできあがる順序《じゅんじょ》、調《しら》べたことの順序《じゅんじょ》、好《す》きな順序《じゅんじょ》などで話《はな》したりします。例《たと》えば、おふろそうじの仕方《しかた》を話《はな》すときには、次《つぎ》のような順序《じゅんじょ》で話《はな》します。

①はじめに、水《みず》をぬきます。

②次《つぎ》に、スポンジに洗剤《せんざい》をつけてふろおけをこすります。

③最後《さいご》に、洗剤《せんざい》を流《なが》して終《お》わりです。

話《はなし》の途中《とちゅう》で、気《き》が付《つ》いたことや、思《おも》ったことや感《かん》じたことも入《い》れるとさらに詳《くわ》しく話《はな》すことができます。

○「書《か》く」とき

「書《か》くこと」の順序《じゅんじょ》は、思《おも》い出《だ》したことがらの順番《じゅんばん》や時間《じかん》の順番《じゅんばん》です。文章《ぶんしょう》を書《か》くときには、どんなことがらをどんな順序《じゅんじょ》で書《か》くか、考《かんが》えてから書《か》きましょう。

①はじめ…何《なに》を伝《つた》えたいのかを書《か》く

②中《なか》…伝《つた》えたいことを詳《くわ》しく書《か》く

③終《お》わり…思《おも》ったことを書《か》く

思《おも》い出《だ》すときには、場面《ばめん》の様子《ようす》を絵《え》にかいてみたり、できごとを順番《じゅんばん》に言葉《ことば》で書《か》いてみたりするとよいでしょう。また、順序《じゅんじょ》を表《あらわ》す言葉《ことば》には、

①まず　はじめに　最初《さいしょ》に（は）

②次《つぎ》に　また

③さらに

④最後《さいご》に

などがありますが、これらの言葉《ことば》を文《ぶん》や段落《だんらく》の最初《さいしょ》につけて書《か》くと、順序《じゅんじょ》が分《わ》かりやすい文章《ぶんしょう》になります。

○「読《よ》む」とき

説明文《せつめいぶん》を読《よ》むときには、何《なに》がどんな順序《じゅんじょ》で書《か》かれているか考《かんが》えながら読《よ》みます。

例《たと》えば、『きつつき』では、「用意《ようい》するざいりょう」「作《つく》り方《かた》」「上手《じょうず》なうごかし方《かた》」「ほかのあそび方《かた》」の四《よっ》つのことが説明《せつめい》されています。これは、ことがらの順序《じゅんじょ》です。また、ことがらの順序《じゅんじょ》とは違《ちが》って、『たんぽぽのちえ』では、たんぽぽの花《はな》が咲《さ》いてわた毛《げ》を飛《と》ばすまでの時間《じかん》をおって、たんぽぽにどんなちえがあるのか説明《せつめい》しています。これは時間《じかん》の順序《じゅんじょ》になっています。

お話《はなし》を読《よ》むときには、どんな人物《じんぶつ》が出《で》てきて、どんなことをしたか考《かんが》えながら読《よ》みます。

『おおきなかぶ』は、時間《じかん》がたつごとに、かぶをひっぱる人《ひと》や動物《どうぶつ》が増《ふ》えていきました。おじいさん、おばあさん、まご、いぬ、ねこが出《で》てきてひっぱってもかぶはぬけませんでしたが、最後《さいご》に小《ちい》さなねずみが出《で》てきてひっぱったら、おおきなかぶがぬけました。次《つぎ》は何《なに》が出《で》てくるか、どんなことが起《お》こるのか、予想《よそう》しながら（思《おも》い浮《う》かべながら）読《よ》むと、いっそうおもしろさが増《ま》します。

熟語《じゅくご》

中学年以上《ちゅうがくねんいじょう》

二文字《ふたもじ》以上《いじょう》の漢字《かんじ》を組《く》み合《あ》わせてできた言葉《ことば》を「熟語《じゅくご》」といいます。熟語《じゅくご》の多《おお》くは、二文字《ふたもじ》の漢字《かんじ》で書《か》き表《あらわ》されます。

漢字《かんじ》二文字《ふたもじ》の熟語《じゅくご》の構成《こうせい》（熟語《じゅくご》の組《く》み立《た》て）には、次《つぎ》のような種類《しゅるい》があります。

①反対《はんたい》の意味《いみ》の漢字《かんじ》を組《く》み合《あ》わせたもの
（例《れい》）大小《だいしょう》（大《おお》きい⇕小《ちい》さい）
勝負《しょうぶ》（勝《か》つ ⇕負《ま》ける）
②似《に》た意味《いみ》の漢字《かんじ》を組《く》み合《あ》わせたもの
（例《れい》）寒冷《かんれい》（寒《さむ》い・冷《つめ》たい）
岩石《がんせき》（岩《いわ》・石《いし》）
③上《うえ》から下《した》へ読《よ》むと意味《いみ》がわかるもの
（例《れい》）新米《しんまい》（新《あたら》しい米《こめ》）
国営《こくえい》（国《くに》が営《いとな》む）
④下《した》から上《うえ》へ読《よ》むと意味《いみ》がわかるもの
（例《れい》）登山《とざん》（山《やま》に登《のぼ》る）
読書《どくしょ》（書《しょ》を読《よ》む）
⑤上《うえ》が下《した》の意味《いみ》を打《う》ち消《け》すもの
（例《れい》）無情《むじょう》（情《なさ》けが無《な》い）
未着《みちゃく》（未《いま》だ着《つ》かない）

このような熟語《じゅくご》の構成《こうせい》を考《かんが》えることで、意味《いみ》の分《わ》からない熟語《じゅくご》に出合《であ》ったとき、だいたいの意味《いみ》を考《かんが》えることができる場合《ばあい》があります。また、それぞれの漢字《かんじ》の意味《いみ》を考《かんが》えることも、熟語《じゅくご》の意味《いみ》を想像《そうぞう》することにつながります。

漢字《かんじ》を組《く》み合《あ》わせてできた言葉《ことば》には、四文字《よんもじ》の漢字《かんじ》が結《むす》び付《つ》いて一《ひと》つの意味《いみ》を表《あらわ》す言葉《ことば》もあり、それを特《とく》に「四字熟語《よじじゅくご》」といいます。四字熟語《よじじゅくご》の構成《こうせい》には、二文字《ふたもじ》の熟語《じゅくご》を組《く》み合《あ》わせたもの（自由自在《じゆうじざい》・有名無実《ゆうめいむじつ》・終始一貫《しゅうしいっかん》）などがあります。

文《ぶん》・文章《ぶんしょう》

全学年《ぜんがくねん》

「文《ぶん》」は、語句《ごく》という意味《いみ》をもったいくつかの言葉《ことば》が集《あつ》まってつくられます。文《ぶん》は、ふつう一《ひと》つのまとまった内容《ないよう》を表《あらわ》します。その文《ぶん》がいくつか集《あつ》まって、さらに様々《さまざま》なことを述《の》べたものを「文章《ぶんしょう》」といいます。

いくつかの文《ぶん》が集《あつ》まってできる「段落《だんらく》」が集《あつ》まることで、文章《ぶんしょう》がつくられます。ただし、日本語《にほんご》の中《なか》には短歌《たんか》や俳句《はいく》などのように、一《ひと》つの文《ぶん》で一《ひと》つの文章《ぶんしょう》となるものもあります。

口語《こうご》・文語《ぶんご》

高学年以上《こうがくねんいじょう》

「口語《こうご》」は、現在《げんざい》のわたしたちが話《はな》したり書《か》いたりするときに使《つか》っている言葉《ことば》です。一方《いっぽう》、「文語《ぶんご》」は、昔《むかし》の人《ひと》たちが使《つか》っていた言葉《ことば》です。

かぐや姫《ひめ》が出《で》てくる有名《ゆうめい》な『竹取物語《たけとりものがたり》』は、平安時代《へいあんじだい》という古《ふる》い時代《じだい》につくられたお話《はなし》です。このお話《はなし》は、「今《いま》は昔《むかし》、竹取《たけとり》のおきなといふものありけり」で始《はじ》まります。これは、文語《ぶんご》で書《か》かれています。口語《こうご》に直《なお》すと、「今《いま》となっては昔《むかし》のことではあるが、竹《たけ》取《とり》のおきなという者《もの》がいた。」となるでしょう。

「いふ」と「いう」、「ありけり」と「いた」のように、文語《ぶんご》と口語《こうご》を比《くら》べると、同《おな》じ日本語《にほんご》ですが、使《つか》う言葉《ことば》や言葉《ことば》の使《つか》われ方《かた》に違《ちが》うところがあります。

文語《ぶんご》は、古《ふる》い時代《じだい》の日本語《にほんご》の使《つか》い方《かた》ですが、現在《げんざい》でも短歌《たんか》や俳句《はいく》、詩《し》、歌詞《かし》などに使《つか》われています。

へん	にんべん	亻	休 倍 作
	ごんべん	言	話 語 記
つくり	おおがい	頁	順 頭 顔
	のぶん	攵	教 放 数
かんむり	くさかんむり	艹	草 花 薬
	たけかんむり	⺮	答 笛 算
あし	したごころ	心	思 感 想
たれ	まだれ	广	店 庭 庫
にょう	しんにょう	辶	道 進 速
かまえ	くにがまえ	囗	国 園 図

一方《いっぽう》、「へん」「つくり」「かんむり」のようなグループに入《はい》らない部首《ぶしゅ》もあります。例《たと》えば、「上」「七」「下」の漢字《かんじ》の部首《ぶしゅ》は、いずれも「一」（いち）という名前《なまえ》の部首《ぶしゅ》です。「中」は「｜」（ぼう）という部首《ぶしゅ》になります。漢字《かんじ》には必《かなら》ず部首《ぶしゅ》がありますが、「へん」や「つくり」のようなグループに入《はい》らない部首《ぶしゅ》もたくさんあります。

送《おく》りがな　全学年《ぜんがくねん》

「送《おく》りがな」は、漢字《かんじ》の後《うし》ろにつける平仮《ひらが》名《な》のことです。例《たと》えば、「細《ほそ》い」の「い」や「細《こま》かい」の「かい」の部分《ぶぶん》が送《おく》りがなにあたります。

送《おく》りがなは、その漢字《かんじ》をどう読《よ》むかということと関係《かんけい》しています。「細《さい》」という漢字《かんじ》を「こまかい」と読《よ》みたいときには「細《こま》かい」と「かい」を送《おく》り、「ほそい」と読《よ》みたいときには「い」を送《おく》ります。「こまかい砂《すな》」と書《か》きたいときに、「細い砂《すな》」とまちがった送《おく》りがなを使《つか》ってしまうと、「ほそい砂《すな》？」とおかしなことになってしまいます。

また、送《おく》りがなは、その後《うし》ろにくる言葉《ことば》によって、かたちが変《か》わります。「歩《ある》く」の場《ば》合《あい》、送《おく》りがなの「く」の部分《ぶぶん》は、「歩《ある》か｜（ない）」「歩《ある》き｜（ます）」「歩《ある》け｜（ば）」「歩《ある》こ｜（う）」のように変化《へんか》します。

かぎ・かっこ　全学年《ぜんがくねん》

会話《かいわ》（話《はな》し言葉《ことば》）を書《か》くとき、本《ほん》の題名《だいめい》などを書《か》くときには「　」（かぎ）をつけて書《か》きます。

「　」の中《なか》に、さらに「　」を使《つか》うときは、『　』（ふたえかぎ）を使《つか》います。

例《れい》「お母《かあ》さんは『いいですよ。』だって。」

とまさおさんは言《い》いました。

また、何《なに》かに書《か》いてある文章《ぶんしょう》を自分《じぶん》の文《ぶん》章《しょう》の中《なか》で使《つか》うときにも、分《わ》かりやすいように使《つか》う部分《ぶぶん》を「　」でくくります。

文《ぶん》の中《なか》で一部《いちぶ》を他《ほか》と区別《くべつ》するために使《つか》うのが（　）（丸《まる》かっこ）です。

語句《ごく》を説明《せつめい》するために注記《ちゅうき》や参照《さんしょう》を加《くわ》える場合《ばあい》に（　）を使《つか》います。

句読点《くとうてん》　中学年以上《ちゅうがくねんいじょう》

文章《ぶんしょう》に使《つか》われる「。」や「、」のことを「句読点《くとうてん》」といいます。句点《くてん》（。）は、一《ひと》つの文《ぶん》を完全《かんぜん》に言《い》い切《き》ったところに必《かなら》ず用《もち》います。読点《とうてん》（、）は、文《ぶん》の意味《いみ》の切《き》れ目《め》に用《もち》います。句読点《くとうてん》は、書《か》き手《て》の意図《いと》を正《ただ》しく伝《つた》えることを目的《もくてき》としています。読点《とうてん》を打《う》つところが違《ちが》うと、文《ぶん》の意味《いみ》も違《ちが》ってきます。

（例《れい》）・ここでは、きものを買《か》う。

・ここで、はきものを買《か》う。

音《おん》読《よ》み・訓《くん》読《よ》み

中学年以上《ちゅうがくねんいじょう》

漢字《かんじ》の読《よ》み方《かた》には、「音読《おんよ》み」と「訓読《くんよ》み」があります。

漢字《かんじ》ははるか昔《むかし》に中国《ちゅうごく》で生《う》まれたものです。日本《にほん》には、もともと文字《もじ》がなかったので中国《ちゅうごく》の漢字《かんじ》を使《つか》って日本語《にほんご》を書《か》き表《あらわ》せるようにしました。

このとき、中国《ちゅうごく》で読《よ》まれていた読《よ》み方《かた》が「音読《おんよ》み」です。「山」を「サン」と読《よ》む読《よ》み方《かた》で、「サン」と読《よ》む漢字《かんじ》は、他《ほか》にも「三」「算」「参」などいくつもありますから、意味《いみ》が通《つう》じません。

「訓読《くんよ》み」は、日本《にほん》でもともと使《つか》っていた読《よ》み方《かた》を中国《ちゅうごく》から伝《つた》わってきた漢字《かんじ》に当《あ》てはめた読《よ》み方《かた》です。「山」を「やま」と読《よ》む読《よ》み方《かた》で、これを読《よ》んだだけで意味《いみ》が通《つう》じます。

画数《かくすう》・筆順《ひつじゅん》

全学年《ぜんがくねん》

漢字一文字《かんじひともじ》の形《かたち》をつくる点《てん》や線《せん》の数《かず》を、「画数《かくすう》」といいます。例《たと》えば、「山《やま》」という漢《かん》字《じ》の画数《かくすう》は、三画《さんかく》となります。

漢字一文字《かんじひともじ》の、どの点《てん》・どの線《せん》から書《か》き始《はじ》めて、次《つぎ》にどの点《てん》・どの線《せん》を書《か》き続《つづ》けていくかというように、漢字《かんじ》を書《か》く順番《じゅんばん》のことを「筆順《ひつじゅん》」といいます。

漢字《かんじ》を書《か》くときに、画数《かくすう》や筆順《ひつじゅん》が違《ちが》うと、バランスの悪《わる》い字《じ》になってしまい、正《ただ》しい漢字《かんじ》を書《か》くことができません。画数《かくすう》や筆《ひつ》順《じゅん》を正《ただ》しく覚《おぼ》えるようにしましょう。

【画数《かくすう》比《くら》べ】
○画数《かくすう》が少《すく》ない漢字《かんじ》「一《いち》」「乙《おつ》」（一画《いっかく》）
○画数《かくすう》が多《おお》い漢字《かんじ》「麤《そ》」（三十三画《さんじゅうさんかく》）

【筆順《ひつじゅん》の決《き》まり】
①左《ひだり》から右《みぎ》へ
「川《かわ》」は、左《ひだり》から順番《じゅんばん》に書《か》いていきます。
②上《うえ》から下《した》へ
「三《さん》」は、上《うえ》から順番《じゅんばん》に書《か》いていきます。

簡単《かんたん》な漢字《かんじ》でも、筆順《ひつじゅん》をまちがえやすい漢字《かんじ》もあります。次《つぎ》の漢字《かんじ》は、太《ふと》くなっているところが一画目《いっかくめ》です。確《たし》かめてみましょう。

右　左　入

部首《ぶしゅ》

中学年以上《ちゅうがくねんいじょう》

「部首《ぶしゅ》」は、漢字《かんじ》に見《み》られる共通《きょうつう》した部分《ぶぶん》のことです。例《たと》えば、「海《うみ》」と「波《なみ》」は、ともに、漢字《かんじ》の左側《ひだりがわ》の部分《ぶぶん》が共通《きょうつう》しています。この部分《ぶぶん》を「へん」といいます。「海《うみ》」「波《なみ》」で使《つか》われている「へん」は、「さんずい」とよびます。「板《いた》」と「柱《はしら》」で使《つか》われている「へん」は、「きへん」とよびます。

部首《ぶしゅ》には「へん」以外《いがい》にも、「つくり」「かんむり」「あし」「たれ」「にょう」「かまえ」などのグループがあります。

同《おな》じ部首《ぶしゅ》の漢字同士《かんじどうし》は、意味《いみ》のうえでも関《かん》係《けい》のある場合《ばあい》が多《おお》くあります。例《たと》えば、部首《ぶしゅ》が「さんずい」の漢字《かんじ》には、「海《うみ》」「波《なみ》」「河《かわ》」「沼《ぬま》」「湯《ゆ》」など、水《みず》に関係《かんけい》する意味《いみ》をもつものがたくさんあります。

歩《ある》くぼくらの後《うし》ろから
でっかい声《こえ》でよびかける」
（阪田寛夫《さかたひろお》『夕日《ゆうひ》がせなかをおしてくる』）

仮名《かな》

全学年《ぜんがくねん》

「仮名《かな》」は、「ひらがな」（平仮名《ひらがな》）と「カタカナ」（片仮名《かたかな》）をまとめてよぶよび方《かた》です。どちらの仮名《かな》の文字《もじ》も、中国《ちゅうごく》から伝《つた》わった漢字《かんじ》をもとにつくられました。

平仮名《ひらがな》は、漢字全体《かんじぜんたい》を崩《くず》して書《か》いた形《かたち》からつくられました。「あ」は「安」から、「い」は「以」から、「う」は「宇」から、それぞれつくられています。

一方《いっぽう》、片仮名《かたかな》は、漢字《かんじ》そのものの形《かたち》や一《いち》部《ぶ》の形《かたち》を取《と》ってつくられました。例《たと》えば、「イ」は「伊」の偏《へん》の部分《ぶぶん》、「エ」は「江」のつくりの部分《ぶぶん》が使《つか》われています。また、「セ」は「世」から、「チ」は「千」からつくられており、漢字《かんじ》そのものの形《かたち》が生《い》かされています。

ローマ字《じ》

中学年以上《ちゅうがくねんいじょう》

「ローマ字《じ》」は、英語《えいご》で用《もち》いられるA《えい》からZ《ぜっと》までの二十六《にじゅうろく》の文字《もじ》（アルファベット）を使《つか》って、日本語《にほんご》の言葉《ことば》を書《か》き表《あらわ》す方法《ほうほう》です。

ローマ字《じ》は、漢字《かんじ》や平仮名《ひらがな》と並《なら》んで、日本《にほん》語《ご》を書《か》き表《あらわ》す文字《もじ》として、わたしたちの身《み》の回《まわ》りで様々《さまざま》なところに使《つか》われています。例《たと》えば、駅《えき》のホームにある駅名《えきめい》の表示《ひょうじ》や道路《どうろ》にある看板《かんばん》の地名《ちめい》の表示《ひょうじ》は、多《おお》くが漢《かん》字《じ》と一緒《いっしょ》にローマ字《じ》が使《つか》われています。ローマ字《じ》で書《か》かれていることで、漢字《かんじ》や平仮名《ひらがな》を知《し》らない外国《がいこく》の人《ひと》たちにも、駅名《えきめい》や地名《ちめい》を伝《つた》えることができます。

また、コンピュータを使《つか》うときにも、このローマ字《じ》が役《やく》に立《た》ちます。

【ローマ字《じ》表《ひょう》（ヘボン式《しき》）】

あ	A	い	I	う	U	え	E	お	O
か	KA	き	KI	く	KU	け	KE	こ	KO
さ	SA	し	SHI	す	SU	せ	SE	そ	SO
た	TA	ち	CHI	つ	TSU	て	TE	と	TO
な	NA	に	NI	ぬ	NU	ね	NE	の	NO
は	HA	ひ	HI	ふ	FU	へ	HE	ほ	HO
ま	MA	み	MI	む	MU	め	ME	も	MO
や	YA			ゆ	YU			よ	YO
ら	RA	り	RI	る	RU	れ	RE	ろ	RO
わ	WA	ゐ	I			ゑ	E	を	O

濁音《だくおん》（濁点《だくてん》〈゛〉をつけたもの）半濁音《はんだくおん》（半濁点《はんだくてん》〈゜〉をつけたもの）

が	GA	ぎ	GI	ぐ	GU	げ	GE	ご	GO
ざ	ZA	じ	JI	ず	ZU	ぜ	ZE	ぞ	ZO
だ	DA	ぢ	JI	づ	ZU	で	DE	ど	DO
ば	BA	び	BI	ぶ	BU	べ	BE	ぼ	BO
ぱ	PA	ぴ	PI	ぷ	PU	ぺ	PE	ぽ	PO

拗音《ようおん》（一《ひと》つの音《おと》を二文字《ふたもじ》で表《あらわ》すもの）

きゃ	KYA	きゅ	KYU	きょ	KYO
しゃ	SHA	しゅ	SHU	しょ	SHO
ちゃ	CHA	ちゅ	CHU	ちょ	CHO
にゃ	NYA	にゅ	NYU	にょ	NYO
ひゃ	HYA	ひゅ	HYU	ひょ	HYO
みゃ	MYA	みゅ	MYU	みょ	MYO
りゃ	RYA	りゅ	RYU	りょ	RYO
ぎゃ	GYA	ぎゅ	GYU	ぎょ	GYO
じゃ	JA	じゅ	JU	じょ	JO
びゃ	BYA	びゅ	BYU	びょ	BYO
ぴゃ	PYA	ぴゅ	PYU	ぴょ	PYO

反復《はんぷく》　高学年以上《こうがくねんいじょう》

詩《し》や文《ぶん》で、同《おな》じ言葉《ことば》や文《ぶん》を二回以上《にかいいじょう》使《つか》うことを「反復《はんぷく》」といいます。「繰《く》り返《かえ》し」ともいい、強調《きょうちょう》したいことを表《あらわ》したり、読《よ》み手《て》に印象付《いんしょうづ》けたりするときに使《つか》います。同《おな》じ表現《ひょうげん》を繰《く》り返《かえ》すことで、文《ぶん》や詩《し》には一定《いってい》のリズムが生《う》まれ、勢《いきお》いをもたせることができます。

（例）「あの日《ひ》も、ぼくは自転車《じてんしゃ》に乗《の》っていた。
ざりがにをつりに行《い》った日《ひ》、どろやなぎの葉《は》が風《かぜ》に光《ひか》る川原《かわら》で、ぼくはのぶちゃんと待《ま》ち合《あ》わせをした。
あの日《ひ》も、ぼくは自転車《じてんしゃ》に乗《の》っていた。
まつの実《み》、しいの実《み》、どんぐりの実《み》、いろんな実《み》のふる音《おと》の中《なか》を、ぼくはのぶちゃんとどこかへ急《いそ》いでいた。
あの日《ひ》も、ぼくは自転車《じてんしゃ》に乗《の》っていた。」
（舟崎靖子《ふなざきやすこ》『やい、トカゲ』）

倒置法《とうちほう》　高学年以上《こうがくねんいじょう》

言葉《ことば》の順序《じゅんじょ》をふつうの言《い》い方《かた》と変《か》えて表現《ひょうげん》する方法《ほうほう》を、「倒置法《とうちほう》」といいます。
倒置法《とうちほう》を使《つか》うことで、印象《いんしょう》を強《つよ》めたり、強調《きょうちょう》したりすることができます。また、読《よ》み手《て》の注意《ちゅうい》を引《ひ》きつけたり、登場人物《とうじょうじんぶつ》の気《き》持《も》ちを強《つよ》く表《あらわ》したりするときにも使《つか》われます。

（例《れい》）「スイミーはおよいだ、くらい海《うみ》のそこを。」（レオ＝レオニ『スイミー』）
（例《れい》）「みんなおやりよ、母《かあ》さん。おにぎりを……。」（今西祐行《いまにしすけゆき》『一《ひと》つの花《はな》』）
（例《れい》）「だから、絶対《ぜったい》に「ごめんなさい。」は言《い》わない。言《い》うもんか、お父《とう》さんなんかに。」（重松清《しげまつきよし》『カレーライス』）

比喩《ひゆ》　高学年以上《こうがくねんいじょう》

ものごとの状態《じょうたい》や様子《ようす》を他《ほか》のものごとにたとえて表《あらわ》すことを「比喩《ひゆ》」といいます。
比喩《ひゆ》は、「まるで〜だ。」「〜のような」「〜のようだ。」「〜みたいだ。」などの言葉《ことば》を使《つか》って表《あらわ》す場合《ばあい》があります。「この赤《あか》ちゃんは、まるで天使《てんし》のようだ。」や「太陽《たいよう》のような笑顔《えがお》だ。」などです。また、それらの言葉《ことば》を使《つか》わずに、他《ほか》のものごとにたとえて表《あらわ》す場合《ばあい》があります。「その土地《とち》はねこの額《ひたい》ほどの広《ひろ》さだ。」「お客様《きゃくさま》は神様《かみさま》だ。」などです。
比喩《ひゆ》は、たとえたものごとをいきいきと豊《ゆた》かに表《あらわ》したり、強調《きょうちょう》したりできるという効果《こうか》があります。比喩《ひゆ》の表現《ひょうげん》に着目《ちゃくもく》して想像《そうぞう》しながら読《よ》むと、豊《ゆた》かに読《よ》むことができます。

擬人法《ぎじんほう》　中学年以上《ちゅうがくねんいじょう》

人《ひと》ではないものを人《ひと》のように見立《みた》てて表現《ひょうげん》する方法《ほうほう》を「擬人法《ぎじんほう》」といいます。
擬人法《ぎじんほう》は、文章表現《ぶんしょうひょうげん》を豊《ゆた》かにし、分《わ》かりやすくします。また、書《か》かれている「もの」に対《たい》して、親《した》しみを感《かん》じやすくします。

（例《れい》）・「木《き》がおこって、両手《りょうて》で「お化《ば》けぇ。」って、上《うえ》からおどかすんだ。」
（斎藤隆介《さいとうりゅうすけ》『モチモチの木《き》』）
・「夕日《ゆうひ》がせなかをおしてくる
まっかなうでおしてくる

う言葉《ことば》です。へりくだる言葉《ことば》ともいいます。
「先生《せんせい》、次《つぎ》の参観日《さんかんび》には祖母《そぼ》が参《まい》ります。」の「祖母《そぼ》」「参《まい》る」が謙譲語《けんじょうご》です。謙譲語《けんじょうご》は、「行《い》く」→「参《まい》る」のように別《べつ》の言葉《ことば》で表《あらわ》す場合《ばあい》と、「およびする」のように「お……する」という形《かたち》で表《あらわ》す場合《ばあい》とがあります。

丁寧語《ていねいご》は、相手《あいて》に敬意《けいい》を表《あらわ》す言葉《ことば》です。「これから学級会《がっきゅうかい》を始《はじ》めます。」の「ます」が丁寧語《ていねいご》です。文《ぶん》の終《お》わりに用《もち》いられます。他《ほか》に「です」「ございます」があります。

物《もの》の名前《なまえ》の前《まえ》に「お」や「ご」をつけて丁《てい》寧《ねい》にする形《かたち》もあり、それを「美化語《びかご》」とよぶこともあります。

複合語《ふくごうご》

高学年以上《こうがくねんいじょう》

二《ふた》つ以上《いじょう》の言葉《ことば》が合《あ》わさって、別《べつ》の一《ひと》つの言葉《ことば》になったものを「複合語《ふくごうご》」といいます。

以下《いか》のようなでき方《かた》があります。

①ものの名前《なまえ》を表《あらわ》す言葉《ことば》（名詞《めいし》）の複合語《ふくごうご》　雨《あめ》＋雲《くも》→雨雲《あまぐも》、国語《こくご》＋辞典《じてん》→国語辞典《こくごじてん》、雪《ゆき》＋遊《あそ》び→雪遊《ゆきあそ》び

②動作《どうさ》を表《あらわ》す言葉《ことば》（動詞《どうし》）の複合語《ふくごうご》　引《ひ》く＋出《だ》す→引《ひ》き出《だ》す、かける＋上《あ》がる→かけ上《あ》がる

③様子《ようす》を表《あらわ》す言葉《ことば》の複合語《ふくごうご》　せまい＋苦《くる》しい→せま苦《くる》しい、甘《あま》い＋辛《から》い→甘辛《あまから》い

④同《おな》じ言葉《ことば》の組《く》み合《あ》わせの複合語《ふくごうご》　寒《さむ》い＋寒《さむ》い→寒々《さむざむ》しい、冷《ひ》える＋冷《ひ》える→冷《ひ》え冷《び》え

ただし、複合語《ふくごうご》になったときに、もとの言葉《ことば》と形《かたち》が変《か》わったり、発音《はつおん》が変化《へんか》したりするものもあります。それぞれの言葉《ことば》の意味《いみ》から複合語《ふくごうご》としての意味《いみ》を知《し》ることも大切《たいせつ》です。

擬音語《ぎおんご》・擬態語《ぎたいご》

中学年以上《ちゅうがくねんいじょう》

「擬音語《ぎおんご》」とは、物音《ものおと》をまねてつくった言葉《ことば》のことです。例《たと》えば、「カーン、カーンとかねが鳴《な》っていました。」の「カーン」、「ドンとうちました。」の「ドン」、「ピュ、ピュ、ピュと口笛《くちぶえ》を吹《ふ》きました。」の「ピュ、ピュ、ピュ」などが擬音語《ぎおんご》です。

擬音語《ぎおんご》の中《なか》でも特《とく》に、動物《どうぶつ》の鳴《な》き声《ごえ》などをまねてつくった言葉《ことば》を「擬声語《ぎせいご》」といいます。「犬《いぬ》がワンワンと鳴《な》く。」の「ワンワン」、「チンチロリン、チンチロリンと松虫《まつむし》が鳴《な》いています。」の「チンチロリン」などです。擬音語《ぎおんご》や擬声語《ぎせいご》は片仮名《かたかな》で書《か》いて表《あらわ》すことが多《おお》いです。

「擬態語《ぎたいご》」は、様子《ようす》や状態《じょうたい》をまねてつくった言葉《ことば》のことです。「くすくす笑《わら》う。」の「くすくす」、「ぴょいと草《くさ》の中《なか》から飛《と》び出《だ》す。」の「ぴょい」、「鳥《とり》がぐんぐんと近《ちか》づいてきます。」の「ぐんぐん」などです。

擬態語《ぎたいご》は平仮名《ひらがな》で書《か》いて表《あらわ》すことが多《おお》いです。

これらをまとめて「オノマトペ」という言《い》い方《かた》をすることもあります。

擬音語《ぎおんご》や擬態語《ぎたいご》を使《つか》って表《あらわ》すと、ものごとをいきいきと豊《ゆた》かに表現《ひょうげん》することができ、例《たと》えば、「ドアをトントンたたく」と「ドアをドンドンたたく」とでは、たたく強《つよ》さの違《ちが》いが擬音語《ぎおんご》で表現《ひょうげん》されています。どのような擬音語《ぎおんご》・擬態語《ぎたいご》を使《つか》うかで、相手《あいて》に異《こと》なった印象《いんしょう》を与《あた》えるので、自分《じぶん》の伝《つた》えたいことがぴったりと表現《ひょうげん》できる擬音語《ぎおんご》・擬《ぎ》態語《たいご》を使《つか》う必要《ひつよう》があります。

和《わ》語《ご》・漢《かん》語《ご》・外《がい》来《らい》語《ご》

高学年以上《こうがくねんいじょう》

「和語《わご》」は、中国《ちゅうごく》から文字《もじ》（漢字《かんじ》）が伝《つた》わる前《まえ》から日本《にほん》にあって使《つか》われてきた言葉《ことば》で、「やまと言葉《ことば》」ともいいます。「かわ（川《かわ》）」、「ひろい（広《ひろ》い）」などがそうです。漢字《かんじ》を使《つか》っても書《か》きますが、もともと和語《わご》です。漢《かん》字《じ》を訓読《くんよ》みしている言葉《ことば》は和語《わご》といえます。「目《め》、手《て》、ひとつ、見《み》る」のように体《からだ》や生活《せいかつ》と結《むす》び付《つ》いた言葉《ことば》や「月見《つきみ》、雪国《ゆきぐに》」などの熟語《じゅくご》もあります。

「漢語《かんご》」は、中国《ちゅうごく》の言葉《ことば》という意味《いみ》で、漢《かん》字《じ》と一緒《いっしょ》に伝《つた》えられ日本語《にほんご》になりました。漢《かん》字《じ》を音読《おんよ》みしている言葉《ことば》は漢語《かんご》です。漢字《かんじ》が盛《さか》んに使《つか》われるようになると、漢語《かんご》の形《かたち》をまねた「心配《しんぱい》、残念《ざんねん》」のような言葉《ことば》がたくさんつくられました。これらも音読《おんよ》みをし、漢《かん》語《ご》といいます。「野球《やきゅう》、説明会《せつめいかい》」などの二文《ふたも》字《じ》以上《いじょう》の熟語《じゅくご》と、「絵《え》、詩《し》、肉《にく》」のように一字《いちじ》だけの漢語《かんご》もあります。

「外来語《がいらいご》」は、外国《がいこく》から入《はい》ってきて、日本《にほん》語《ご》に取《と》り入《い》れられた言葉《ことば》をいいます。外来語《がいらいご》の中《なか》でいちばん古《ふる》いといわれているものは、室町時代《むろまちじだい》にポルトガルの宣教師《せんきょうし》などから伝《つた》わった、「カステラ」「たばこ」「かるた」などです。外来語《がいらいご》はカタカナで書《か》くこともありますが、入《はい》ってきた時代《じだい》が古《ふる》いものは、もともとの日本語《にほんご》と同《おな》じように平仮名《ひらがな》や漢字《かんじ》で書《か》きます。江戸時代《えどじだい》ではオランダから、「ガラス」「コップ」などの言葉《ことば》が入《はい》ってきました。明治時代以後《めいじじだいいご》になると、ヨーロッパの文《ぶん》化《か》を取《と》り入《い》れた影響《えいきょう》で、ドイツ語《ご》から「ガーゼ」「カルテ」などの医学用語《いがくようご》、フランス語《ご》から、「アトリエ」「デッサン」などの美術《びじゅつ》用語《ようご》、イタリア語《ご》から「オペラ」「テンポ」などの音楽用語《おんがくようご》、といった外来語《がいらいご》が増《ふ》えてきました。

「やど」「旅館《りょかん》」「ホテル」のように、宿泊《しゅくはく》の施設《しせつ》を指《さ》す言葉《ことば》でも、和語《わご》・漢語《かんご》・外来語《がいらいご》を使《つか》って様々《さまざま》に表《あらわ》すことができます。意味《いみ》としては似《に》ていますが、和語《わご》を使《つか》って「やど」と表現《ひょうげん》する場合《ばあい》と、外来語《がいらいご》を使《つか》って「ホテル」と表現《ひょうげん》する場合《ばあい》とでは、言葉《ことば》から受《う》ける印象《いんしょう》が異《こと》なってきます。

敬《けい》語《ご》

高学年以上《こうがくねんいじょう》

言葉《ことば》で何《なに》かを表《あらわ》すとき、それを聞《き》いたり、読《よ》んだりする相手《あいて》に対《たい》して敬《うやま》う気持《きも》ちを表《あらわ》した丁寧《ていねい》な言葉《ことば》づかいを「敬語《けいご》」といいます。

敬語《けいご》は、①目上《めうえ》の人《ひと》に対《たい》して話《はなし》をしたり、手紙《てがみ》を書《か》いたりするとき、②よく知《し》らない人《ひと》やあまり親《した》しくない人《ひと》と話《はなし》をするとき、③大勢《おおぜい》の人《ひと》に向《む》かって改《あらた》まった話《はなし》をするときに使《つか》われ、尊敬語《そんけいご》、謙譲語《けんじょうご》、丁寧語《ていねいご》の三《みっ》つに分《わ》けられます。

尊敬語《そんけいご》は、相手《あいて》や話題《わだい》になっている人物《じんぶつ》を高《たか》めていう言葉《ことば》です。「先生《せんせい》はどちらからいらっしゃるのですか。」の「いらっしゃる」が尊敬語《そんけいご》です。尊敬語《そんけいご》は、「話《はな》す」→「おっしゃる」のように別《べつ》の言葉《ことば》で表《あらわ》す場合《ばあい》、「お話《はな》しになる」のように「お……になる」という形《かたち》で表《あらわ》す場合《ばあい》、「話《はな》される」のように「れる（られる）」をつけて表《あらわ》す場合《ばあい》とがあります。

謙譲語《けんじょうご》は、自分《じぶん》や自分《じぶん》の身内《みうち》の動作《どうさ》をけんそんして、その動作《どうさ》を受《う》ける人《ひと》を高《たか》めてい

大《おお》きなぞうが、ゆっくり歩《ある》いている。

きれいな魚《さかな》たちが、楽《たの》しそうに泳《およ》いでいた。

この文《ぶん》のように、「大《おお》きな」が「ぞう」を、「きれいな」が「魚《さかな》たち」の意味《いみ》を詳《くわ》しく説明《せつめい》しています。また「ゆっくり」が「歩《ある》いている」を、「楽《たの》しそうに」が「泳《およ》いでいた」という様子《ようす》を詳《くわ》しく説明《せつめい》しています。また、

わたしは九州《きゅうしゅう》の友達《ともだち》に手紙《てがみ》を書《か》きました。

この文《ぶん》のように、どこの友達《ともだち》なのかを詳《くわ》しくはっきりとさせるはたらきもあります。

文章《ぶんしょう》を書《か》くときには、修飾語《しゅうしょくご》を使《つか》うと読《よ》み手《て》に様子《ようす》が伝《つた》わりやすくなります。また、文章《ぶんしょう》を読《よ》むときに修飾語《しゅうしょくご》を見《み》つけたら、どの言葉《ことば》をどのように修飾《しゅうしょく》しているのかを考《かんが》えながら読《よ》みましょう。

指示語《しじご》

中学年以上《ちゅうがくねんいじょう》

何《なに》かを指《さ》し示《しめ》す言葉《ことば》を「指示語《しじご》」といいます。「この」「その」「あの」「どの」などのように、頭《あたま》に「こ・そ・あ・ど」のつく言葉《ことば》が中心《ちゅうしん》となり、「もの」「人《ひと》」「場所《ばしょ》」などを指《さ》し示《しめ》すので「こそあど言葉《ことば》」ともいいます。

「こそあど言葉《ことば》」は、話《はな》し手《て》や聞《き》き手《て》が対象《たいしょう》とする「もの」「人《ひと》」「場所《ばしょ》」との距離《きょり》によって使《つか》い分《わ》けます。

こ…話《はな》し手《て》の近《ちか》くにあるものを指《さ》す場合《ばあい》

そ…聞《き》き手《て》の近《ちか》くにあるものを指《さ》す場合《ばあい》

あ…話《はな》し手《て》からも聞《き》き手《て》からも遠《とお》くにあるものを指《さ》す場合《ばあい》

ど…指《さ》し示《しめ》すものがはっきりしない場合《ばあい》

	こ	そ	あ	ど
ものごと	これ この	それ その	あれ あの	どれ どの
場所《ばしょ》	ここ	そこ	あそこ	どこ
方向《ほうこう》	こちら （こっち）	そちら （そっち）	あちら （あっち）	どちら （どっち）
様子《ようす》	こんな こう	そんな そう	あんな ああ	どんな どう

接続語《せつぞくご》

高学年以上《こうがくねんいじょう》

言葉《ことば》と言葉《ことば》、文《ぶん》と文《ぶん》、段落《だんらく》と段落《だんらく》をつなぐ言葉《ことば》で、つなぎ言葉《ことば》ともいわれます。「接続語《せつぞくご》」には、つなぐ前後《ぜんご》の関係《かんけい》を示《しめ》す役割《やくわり》があります。

順接《じゅんせつ》 前《まえ》のことがらを原因《げんいん》、理由《りゆう》とし、その結果《けっか》を後《あと》で示《しめ》す「だから・それで・すると」

逆接《ぎゃくせつ》 前《まえ》のことがらと逆《ぎゃく》のことがらが後《あと》に来《く》る「しかし・けれど・ところが」

並列《へいれつ》 対等《たいとう》に並《なら》べる「また・ならびに」

添加《てんか》 前《まえ》のことがらに付《つ》け加《くわ》える「そして・そのうえ」

転換《てんかん》 話題《わだい》を変《か》える「さて・ところで」

それぞれの接続語《せつぞくご》の役割《やくわり》を理解《りかい》しておくと、後《あと》に来《く》るものが、おおよそどのような内《ない》容《よう》なのか予想《よそう》することができます。

言葉《ことば》

五十音《ごじゅうおん》

全学年《ぜんがくねん》

「五十音《ごじゅうおん》」とは、平仮名《ひらがな》や片仮名《かたかな》の並《なら》びを整理《せいり》したものです。表《ひょう》にすると、左《ひだり》のように縦《たて》に「あ段《だん》」「い段《だん》」……「お段《だん》」、横《よこ》に「あ行《ぎょう》」「か行《ぎょう》」……「わ行《ぎょう》」と並《なら》びます。

あ	い	う	え	お
か	き	く	け	こ
さ	し	す	せ	そ
た	ち	つ	て	と
な	に	ぬ	ね	の
は	ひ	ふ	へ	ほ
ま	み	む	め	も
や	（い）	ゆ	（え）	よ
ら	り	る	れ	ろ
わ	（ゐ）	（う）	（ゑ）	を
ん				

この五十音《ごじゅうおん》の順番《じゅんばん》のことを「五十音《ごじゅうおん》順《じゅん》」といいます。「あ」から始《はじ》まり「ん」で終《お》わります。五十音順《ごじゅうおんじゅん》は、クラスの名簿《めいぼ》や国語辞典《こくごじてん》など、わたしたちの身《み》の回《まわ》りに多《おお》く使《つか》われています。特《とく》に国語辞典《こくごじてん》を引《ひ》くときには、見出《みだ》しの言葉《ことば》が五十音順《ごじゅうおんじゅん》のルールで並《なら》んでいることを知《し》っておく必要《ひつよう》があります。

主語《しゅご》・述語《じゅつご》

全学年《ぜんがくねん》

「主語《しゅご》」と「述語《じゅつご》」は文《ぶん》の骨組《ほねぐ》みとなるもので、文《ぶん》の頭《あたま》と体《からだ》にあたります。

例《たと》えば、

鳥《とり》が　鳴《な》く。
花《はな》は　きれいだ。
わたしは　小学生《しょうがくせい》です。

の文《ぶん》で、「鳥《とり》が」「花《はな》は」「わたしは」のように動作《どうさ》や様子《ようす》のもとになる言葉《ことば》を、その文《ぶん》の主語《しゅご》といいます。主語《しゅご》は、「～が」「～は」の形《かたち》で表《あらわ》されますが、「兄《あに》も小学生《しょうがくせい》です。」のように、「～も」の形《かたち》で表《あらわ》すこともあります。

また、「鳴《な》く」「きれいだ」「小学生《しょうがくせい》です」のように、「どうする（どうした）」「どんなだ」「なんだ」などを表《あらわ》す部分《ぶぶん》を、その文《ぶん》の述語《じゅつご》といいます。

日本語《にほんご》の文《ぶん》の多《おお》くは、主語《しゅご》と述語《じゅつご》がそろっています。しかし、主語《しゅご》がない文《ぶん》もあります。

一緒《いっしょ》に野球《やきゅう》をやりましょう。
早《はや》く寝《ね》なさい。

など、誘《さそ》いかけたり、命令《めいれい》したりする文《ぶん》の場合《ばあい》には主語《しゅご》がありません。また、同《おな》じ主語《しゅご》が繰《く》り返《かえ》される場合《ばあい》には、その主語《しゅご》が省略《しょうりゃく》されることもあります。

「～は」は、述《の》べたい内容《ないよう》を説明《せつめい》するときに用《もち》いられ、「～が」はできごとや様子《ようす》を表《あらわ》すときに用《もち》いられます。

「かたつむりくんは、まだやって来《き》ません。かえるくんがやって来《き》て、言《い》いました。」
（アーノルド＝ローベル『お手紙《てがみ》』）

文《ぶん》の骨組《ほねぐ》みとなる主語《しゅご》と述語《じゅつご》の結《むす》び付《つ》きに気《き》を付《つ》けることで、文章《ぶんしょう》の内容《ないよう》がよく理解《りかい》でき、いいたいことをはっきりさせた文章《ぶんしょう》を書《か》くことができるようになります。

修飾語《しゅうしょくご》

中学年以上《ちゅうがくねんいじょう》

ある言葉《ことば》について、意味《いみ》や様子《ようす》を詳《くわ》しくするための言葉《ことば》を「修飾語《しゅうしょくご》」といいます。

第３章

用語解説編

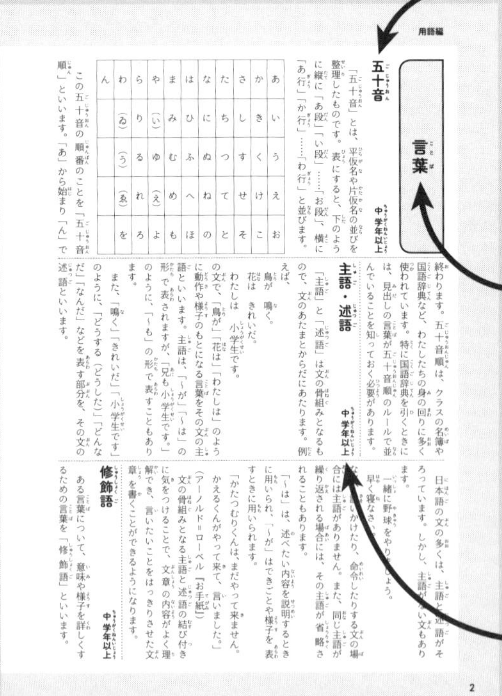

言葉《ことば》

五十音《ごじゅうおん》　中学年以上《ちゅうがくねんいじょう》

「五十音《ごじゅうおん》」とは、平仮名《ひらがな》や片仮名《かたかな》の並《なら》びを整理《せいり》したものです。表《ひょう》にすると、下《した》のように縦《たて》に「あ段《だん》」「い段《だん》」……「お段《だん》」、横《よこ》に「あ行《ぎょう》」「か行《ぎょう》」……「わ行《ぎょう》」と並《なら》びます。

あ	い	う	え	お
か	き	く	け	こ
さ	し	す	せ	そ
た	ち	つ	て	と
な	に	ぬ	ね	の
は	ひ	ふ	へ	ほ
ま	み	む	め	も
や	(い)	ゆ	(え)	よ
ら	り	る	れ	ろ
わ	(ゐ)	(う)	(ゑ)	を
ん				

この五十音《ごじゅうおん》の順番《じゅんばん》のことを「五十音順《ごじゅうおんじゅん》」といいます。「あ」から始《はじ》まり「ん」で終《お》わります。五十音順《ごじゅうおんじゅん》は、クラスの名簿《めいぼ》や国語辞典《こくごじてん》など、わたしたちの身《み》の回《まわ》りに多《おお》く使《つか》われています。特《とく》に国語辞典《こくごじてん》を引《ひ》くときには、見出《みだ》しの言葉《ことば》が五十音順《ごじゅうおんじゅん》のルールで並《なら》んでいることを知《し》っておく必要《ひつよう》があります。

主語《しゅご》・述語《じゅつご》　中学年以上《ちゅうがくねんいじょう》

「主語《しゅご》」と「述語《じゅつご》」は文《ぶん》の骨組《ほねぐ》みとなるもので、文《ぶん》のあたまとからだにあたります。例《たと》えば、

鳥《とり》が　鳴《な》く。
花《はな》は　きれいだ。
わたしは　小学生《しょうがくせい》です。

の文《ぶん》で、「鳥《とり》が」「花《はな》は」「わたしは」のように動作《どうさ》や様子《ようす》のもとになる言葉《ことば》をその文《ぶん》の主語《しゅご》といいます。主語《しゅご》は、「〜が」「〜は」の形《かたち》で表《あらわ》されますが、「兄《あに》も小学生《しょうがくせい》です。」のように、「〜も」の形《かたち》で表《あらわ》すこともあります。

また、「鳴《な》く」「きれいだ」「小学生《しょうがくせい》です」のように、「どうする（どうした）」「どんなだ」「なんだ」などを表《あらわ》す部分《ぶぶん》を、その文《ぶん》の述語《じゅつご》といいます。

日本語《にほんご》の文《ぶん》の多《おお》くは、主語《しゅご》と述語《じゅつご》がそろっています。しかし、主語《しゅご》がない文《ぶん》もあります。

早《はや》く寝《ね》なさい。
一緒《いっしょ》に野球《やきゅう》をやりましょう。

な[illegible]いかけたり、命令《めいれい》したりする文《ぶん》の場合《ばあい》には主語《しゅご》がありません。また、同《おな》じ主語《しゅご》が繰《く》り返《かえ》される場合《ばあい》には、その主語《しゅご》が省略《しょうりゃく》されることもあります。

「〜は」は、述《の》べたい内容《ないよう》を説明《せつめい》するときに用《もち》いられ、「〜が」はできごとや様子《ようす》を表《あらわ》すときに用《もち》いられます。

「かたつむりくんは、まだやって来《き》ません。かえるくんがやって来《き》て、言《い》いました。」
（アーノルド＝ローベル『お手紙《てがみ》』）

文《ぶん》の骨組《ほねぐ》みとなる主語《しゅご》と述語《じゅつご》の結《むす》び付《つ》きに気《き》をつけることで、文章《ぶんしょう》の内容《ないよう》がよく理解《りかい》でき、言《い》いたいことをはっきりさせた文章《ぶんしょう》を書《か》くことができるようになります。

修飾語《しゅうしょくご》　中学年以上《ちゅうがくねんいじょう》

ある言葉《ことば》について、意味《いみ》や様子《ようす》を詳《くわ》しくするための言葉《ことば》を「修飾語《しゅうしょくご》」といいます。

【活用の仕方】

子どもにそのまま説明する、または必要な用語の部分をコピーし、点線に沿って切り取り、黒板に貼ったり、ノートに貼ったりして活用してください。

・用語は、「言葉」「情報」「言語文化」「話す・聞く」「書く」「読むこと（説明文）」「読むこと（文学）」「文章の種類」「話し合いの方法」という種類別に並んでいます。
　一つの単語を説明する時に、その周辺におかれている単語の一緒に説明することで、国語科学習用語の理解がさらに深まります。

・用語の意味の理解を目指す対象学年の目安を示しています。

用語を探す時には、187ページからの「索引」をご活用ください。

索　引

太字・下線部は、「用語解説編」の見出し語として掲載されているページを表す。

あ

か

さ

た

な

は

おわりに

本書の前身に当たるのは、2013年に刊行された『小学校　子どもが生きる国語科学習用語』（東洋館出版社）である。同書は、大熊徹・片山守道・工藤哲夫の三氏を編者として、東京学芸大学国語教育学会による共同研究の成果として刊行された。

国語科は、何を学んだのかが分かりにくい教科だといわれる。「言葉を学ぶ」という性質上、1時間の授業で何かが急にできるようになったり、理解が深まったりすることはあまりないかもしれない。しかし、だからといって、「何を学んだのか」と問われて、「『大造じいさんとガン』を読んだよ」という答えでは、国語科とは物語を学ぶ教科になってしまう。

実は、実際の授業では、情景を描いた表現に着目して、大造じいさんの心情や性格などを想像したり、人物像を捉えたりする学習に取り組んでいるのである。ところが、そうした「言葉の学び」の部分は、どうしても子どもの中では背景化されやすく、何を学んだのか＝物語を読んだ、という図式になりがちである。

子ども自身が国語科での学びをそのように捉えてしまうと、学んだことの積み上げができなくなってしまう。「大造じいさんとガン」で情景に着目して、人物像を想像したり表現の効果を考えたりしたことが、次の6年生の物語の読みの学習に生かされなくなる。

そこで、学習用語が必要となる。「情景」「人物像」などの用語を知り、それを使いこなせるようになるということは、どの物語を読むときにも、読むための着眼点として使えるということである。読むことに関する学習用語を増やしていくということは、その着眼点を増やしていくということになる。結果として、学年が上がるほどそれらは多くなり、目の前の物語をどの学習用語を生かして読むかという選択もできるようになってくる。学びが積み重なるとは、そういうことである。

学習用語は、国語科の学習を積み重ね、学年が上がるほど子どもの学びを深めていく上で、欠かすことのできないものだといえるだろう。

冒頭に示したように、本書は、『小学校　子どもが生きる国語科学習用語』（東洋館出版社）の改訂版に当たる。改訂に当たっての基礎的な研究は、科研費「小学校・中学校国語科における学習用語の選定と活用方法の開発」（課題番号15K04461、研究代表：工藤哲夫）の助成を受けて進められた。

平成29年版の学習指導要領の完全実施に向けて、本書が、小学校そして中学校の国語科の授業改善にお役に立てば幸いである。

2019年3月

編著者

編著者一覧

【編著者】 所属等は 2019 年 1 月現在

工藤哲夫	白鴎大学教授
中村和弘	東京学芸大学准教授
片山守道	お茶の水女子大学附属小学校教諭

【執筆者】 執筆順、所属等は 2019 年 1 月現在

工藤哲夫	前掲
片山守道	前掲
中村和弘	前掲
大塚健太郎	東京学芸大学附属小金井小学校教諭
廣瀬修也	お茶の水女子大学附属小学校教諭
成家雅史	東京学芸大学附属小金井小学校教諭
渡邉裕	東京学芸大学附属世田谷中学校教諭
福田淳佑	東京学芸大学附属世田谷小学校教諭
渡邉光輝	お茶の水女子大学附属中学校教諭
森顕子	東京学芸大学附属竹早中学校副校長
今村行	東京学芸大学附属大泉小学校教諭
愛甲修子	東京学芸大学附属小金井中学校教諭
荻野聡	東京学芸大学附属竹早中学校教諭

小学校・中学校
学習用語で深まる国語の授業　実践と用語解説

2019（平成31）年３月10日　初版第１刷発行
2024（令和６）年９月13日　初版第２刷発行

編 著 者：工藤哲夫・中村和弘・片山守道
発 行 者：錦織圭之介
発 行 所：株式会社　東洋館出版社
〒101-0054　東京都千代田区神田錦町２丁目９番１号
コンフォール安田ビル２階
代　表　電話 03-6778-4343　FAX 03-5281-8091
営業部　電話 03-6778-7278　FAX 03-5281-8092
振替　00180-7-96823
URL　https://www.toyokan.co.jp
装　　幀：仲川里美（藤原印刷株式会社）
イラスト：パント大吉
印刷・製本：藤原印刷株式会社

ISBN978-4-491-03660-1　Printed in Japan

お願い　第３章「用語解説編」は、東京学芸大学国語教育学会・大熊徹、片山守道、工藤哲夫編『小学校　子どもが生きる国語科学習用語』（東洋館出版社、2013年）の「用語編」を改訂したものです。改訂に当たり、著作者の許諾を得て掲載しております。しかしながら、各方面に問い合わせたものの、連絡先が不明な方がおり、許諾を得られなかったものもございます。本書をご覧いただき、お心当たりのある方は弊社までご一報ください。